中观课堂的思考与实践

李传英 编著

山东教育出版社

图书在版编目(CIP)数据

中观课堂的思考与实践/李传英编著. —济南:山东教育出版社,2016
ISBN 978－7－5328－9480－2

Ⅰ.①中…　Ⅱ.①李…　Ⅲ.①课堂教学—教学研究　Ⅳ.①G424.21

中国版本图书馆 CIP 数据核字(2016)第 155580 号

中观课堂的思考与实践

李传英　编著

主　管: 山东出版传媒股份有限公司
出版者: 山东教育出版社
(济南市纬一路 321 号　邮编:250001)
电　话: (0531)82092664　**传真:** (0531)82092625
网　址: www. sjs. com. cn
发行者: 山东教育出版社
印　刷: 山东海博印务有限公司
版　次: 2016 年 6 月第 1 版第 1 次印刷
规　格: 710mm×1000mm　16 开本
印　张: 15 印张
字　数: 260 千字
书　号: ISBN 978－7－5328－9480－2
定　价: 45. 00 元

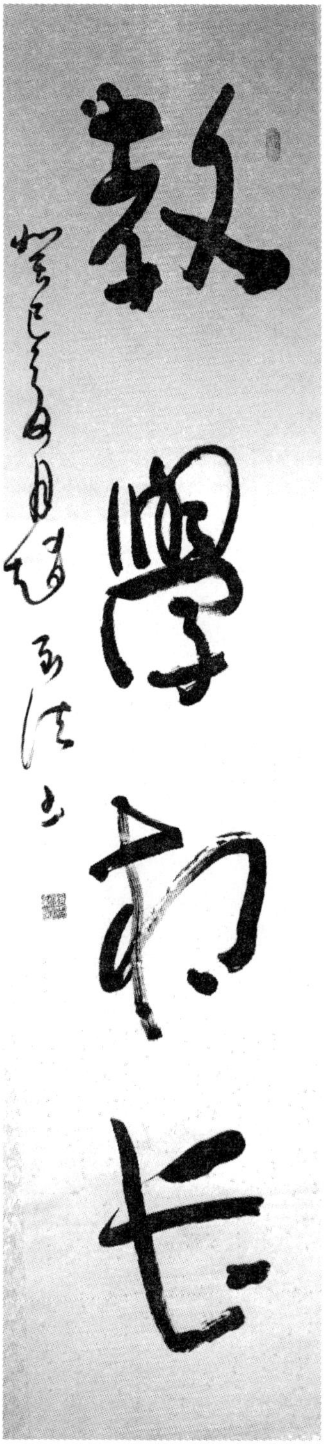
教學相長

本书编委会

主　　编：李传英
副 主 编：邢保海　韦凤莲
委　　员：王长艳　刘敬生　邢美珍　王循茂
　　　　　胡静霞　顾红燕　董　波　徐迎春
　　　　　朱俊凤　田玉静　曹小燕　李　娟

中观课堂项目组成员

组　长: 李传英

副组长: 邢保海　韦凤莲　王长艳　刘敬生　邢美珍　王循茂　胡静霞　顾红燕　董　波　徐迎春　朱俊凤　田玉静　曹小燕　李　娟

成　员:（排名不分先后）

田飞飞　陈　敏　崔晓敏　丁秀军　丁　红　李华丽
齐　灏　王晓娟　张丽娜　宗飞飞　李文光　王爱玲
石建华　陈　亮　胡　月　刘　淼　吕　萍　米春燕
乔　峰　田　雨　邢艳兵　徐晓婷　徐珍珍　钟　杰
李凤香　姜裴裴　于　艳　李肖肖　刘　会　赵婷婷
高贝丽　李　霞　刘剑英　宋　玮　李文静　寇力群
王洪波　张　玲　董先花　汪夕茹　周　丽　周　玫
王　猛　杜金玲　赵　鹏　曹永强　张贵宇　王永超
陈维婷　单光云　赵卫星　张　俊　邵传俊　邢美丽
巩加路　信　晶　张艳红　陈　强　邢　倩　曹建军
满小虎　石海强　邢　亮　朱俊凤　韩　霁　刘遵阁
王锦绣　张金凤　邴　雷　王　娜　张　晓　张　伟
王俊峰　孟晓丽　杨文汇　解红霞　王道香　刘　晨
孙玉祥　何会芹　张　莉　杜明辉　刘冬梅　刘金芝
郭红霞　牛　会　王　萍　张建强　张华丽　满建利
刘西成　宗云霞　商　玲　亓玉花　李艳娟　杨修志

做知“道”的教育

代序

教师累、学生苦、社会怨的教育，病根究竟在哪？如何让学生学得快乐，教师教得幸福？是教育改革与发展的一个永恒话题，也是理论界与实践界的共同话题。作为一个教育人，对教育的命运做力所能及的思考和实践，这是应有的良知和责任。

就教学现状而言，首都师范大学文喆教授带着他的博士研究生在北京做了对10万初中生的取样调查，研究结果是初中语文需要老师讲解的只有5%，初中数学需要老师讲授的只有12%。那么这5%和12%指的是什么？该怎样控制呢？

思考之一：哲学家斯马茨(J. C. Smuys)在《整体论与进化》一书中率先使用了“整体论”。斯马茨说，“整体远比部分之和大”。整体不能分割为部分，即使分割了，总会丧失些什么。这里所谓的“什么”，正是整体之所以成为整体的“什么”。从课程的角度分析，当课程以单元、篇章形式呈现的时候，语文中的这5%和数学中的这12%是不是指“整体论”中的“什么”？这个“什么”对于一个学科来说是不是指一个学科的思想和结构呢？

思考之二：不论是皮亚杰的“图式”理论、布鲁纳的结构发现学习还是奥苏贝尔的有意义学习理论以及“为理解而学”的现代认知观，都强调教学中应重视知识结构的系统构建和内在关联。那么，根据脑科学、心理学、认知理论的发展成果，如何理解、体现、感知这5%或12%呢？

思考之三：课堂是学校教育的主渠道，忽视课堂教学和只重视课堂教学的形而下技法的做法都有失中庸之道。那么，我们能不能通过“中观课堂”在课堂上实践一下，让课堂不只是教学生知识，还会潜移默化地传递一种积极的价值观和人生观呢？

所以，我们先尝试给“中观课堂”下个定义：“中观课堂”是遵循先见森林再见树木的教学原则，教师站在系统的高度教，学生用联系的方法学的课堂；具体到学科，则是指以学科思想为指导，通过构建中观线索，形成学科知识结构，落实课程标准的课堂。

“中观课堂”预期实现三个目标：一是加速具体知识的学习和促进学习结果的迁移，提升学习力，同时激发学生的兴趣和自信心；二是教师摆脱职业性专断，不再天经地义地把片段的“课程”塞给学生，同时提高自己的专业素养，享受教学相长的乐趣；三是通过“一切都在相互关联中，无时无刻不在相互关联中”这种学习实感，培养师生对自己、对他人以及对社会的责任感，真正从知“识”的教育转向知“道”的教育。

围绕目标，我们进行了一系列的“中观课堂”实践：培训会暨启动会；学科主任示范课；教研组长研讨课；骨干教师达标课；六步循环集体备课教研；全体教师设计比赛活动；数学、物理、化学、生物阶段成果展示活动；语文“1＋X”阅读研讨活动；“中观思维拓展训练”活动；全市初中校长培训会发言交流……

努力就有收获，“中观课堂”硕果累累：学生成绩提高，中考成绩同比提高10.64%，学生学习力、兴趣和自信心增强；教师学科素养提升，两年来出示市级以上公开课20余节，两次获淄博市教科研成果一等奖，多篇论文发表在核心期刊上，“中观课堂”项目获淄博市创新奖；学科思想、学科核心概念、学科知识结构图、课堂评价方法逐步明确完善，并结集印制校本课程9本。对于中观课堂的实践与成果情况，《淄博日报》《淄博晚报》分别整版作了介绍……

由于“中观课堂”实践层面可借鉴的案例寥寥无几，故而实施“中观课堂”策略的有效性要依靠后续工作甚至是相当长一段时间积累的数据、资料、成果来加以证实，所以，目前尚不敢谈什么经验，只是把老师们付出艰辛努力的一些研讨、尝试过程记录下来，权且叫《中观课堂的思考与实践》吧。

参与此项目的老师们，辛苦了！

李传英

2016年3月

目 录

第一章　导　论

第一节　中观课堂的提出背景

一、实践背景

(一) 课程改革的需要

从上个世纪末开始的我国新一轮基础教育课程改革，历经了十几个年头。新课程相对以前比较封闭、孤立、僵化的课程有了很大的改观，也给教学实践带来了一些新的气象，然而随着基础教育课程改革的深入，也凸显出一些不容忽视的问题。

1. 从课程本质看：通过对教师的调查，发现教师在实施新课程时也存在诸多困惑与迷茫，比如当问及"在新课程的教学中，您感到的困惑是什么"时，75.2%的教师选择了"如何解决教材内容多而教学时间紧之间的矛盾"①。为什么会出现这种情况呢？这与以后现代知识观为主导的知识观不无相关。后现代知识观主张"生成性思维应该是当前课程认识论的视野与选择"，并依此否定学校应该传授具有相对确定性、客观性、基础性的知识，力图还原生活、复演生活，倡导打破理论知识的系统性、逻辑性。新课程借鉴后现代知识观中的"生成性思维"，强调基于学生生活体验的学习，这符合新课程理念，但过于强调了这一点并以此否定知识的确定性、基础性，因为任何知识都倡导生成是不可取的，将不可避免地导致教育实践上的混乱。知识的未尽性、不确定性给学生以求知、探索、发现、体验的巨大空间，但这种求知、探索、发现、体验必须以已知的确定的知识法则、方法做基础，倘若没有思维的"质料"、不循思维的法则，如何去探索"未尽"、又如何能感到"不确定"呢？② "新课程极力贬抑传统课程的学科性，把学科理论知识的系统性、逻辑性置于可有可无之境"，殊不知

① 梁红京. 教师胜任感不足的原因及对策[J]. 江苏教育，2002(12)：36.

② 于慧慧，刘要悟. 多尔后现代课程观质疑[J]. 比较教育研究，2006，(7)：71－74.

"拼盘式、随机组合式的知识,不仅无力形成学生未来成功参与社会生产生活的科学思维方式和可靠的人格与人力,而且也无法让学生真正具备应对眼前社会生产生活的能力"①。

该如何协调知识的生成性思维与知识的确定性思维之间的矛盾呢?抓住学科本质和基本结构(科学的确定性思维)并有效地嫁接到学生生活认知经验(知识的生成性)中,可以有效地解决这一矛盾。所谓学科的基本结构,主要是指各门学科的基本概念、公式、原则和法则等。结构主义的代表人物布鲁纳认为,把学科的知识结构和儿童的认识结构结合起来,就可以通过相应的形式把这种基本结构传授给任何年龄阶段的学生。教一门学科就是在教一种整合的认知结构,学科教学本身就是一种形式的整合教学(Bruner, 1960)。由此可见,在实行课程改革时,如何抓住学科本质和基本结构,如何有效地嫁接到学生的认知结构中,是教师必须具备的学科素养。

2. 从实施过程看:世界各国重视学生开展自主探究学习活动的大背景无疑对我国的新课改产生了较大影响,学生学习方式的转变遂成为新课改的重要目标之一。只不过由于教师对新课程的某些理念存在简单化、片面化、极端化认识与理解,诸如将新课程与"旧"课程及其教学完全对立起来,将实践活动、自主课堂、探究学习、生活经验、动手能力等新名词与新术语看做是新课程的根本属性或品质等,再加之部分教师缺乏实施新课程的有效方法,导致教师不能全面地深刻地理解新课改的精神实质和核心旨趣,使得教学方式存在着重形式、轻内涵的现象。教师为体现新课程"自主、合作、探究"的理念,一味强调学生的活动,让学生自己查资料、提问题或者分组讨论,表面上看似花样繁多,实际上学生反应平平。一堂课下来,教师传授知识以及价值引导的作用没能体现出来,学生没有获得什么知识,学习能力也得不到真正的提高,不知不觉中出现了"穿新鞋走老路"的现象。

基于此,教与学的方式如何才能真正落实实施新课程的精神内涵和内在价值,真正促进学生学习力等综合素养的提升,是值得我们去探索的。

3. 从实施效果看:新课改的理念是在减少学生学业负担的情况下促进学生综合素质的发展,然而从实施效果来看,学生的学业负担不减反增。关于学生的学业负担问题,石鸥早在 2001 年就指出过,自那以后自上而下的减负运动铺天盖地地向中小学涌来,出现了包括以减轻学生书包重量、减短学生在校时间、减少学生作业量和课程门类等"四减"为主的多种举措。这些举措寄托了人们对推动素质教育、促进学生身心健康发展的美好理想。那么,自 2001 年课改实验以来,学生学业负担的实际情况到底如何?是加重了还是减轻了

① 傅松涛,车玉平. 专业性——新基础教育课程理念的历史性缺失及其超越[J]. 河北大学学报,2006,(5):6—10.

呢？有研究者指出，“改革效果并不令人十分乐观，仅看初中学生的课业负担，就会让人痛心疾首。课程改革之后，学生的课业负担不是减轻了，而是加重了。”

下面是某地方日报以《一位母亲的来信》①为题的报道：

> 我是一个七岁孩子的母亲，我的孩子去年入学，就读于市里一所知名学校，高高兴兴地当上了一年级的小学生……孩子今天晚上的语文作业有七项，列举如下：
>
> 一、在田字簿上抄写词语10排。
>
> 二、做讲义(入学至今几乎每天晚上雷打不动)。
>
> 三、读词语表上词语1—10行，顺着读倒着读2遍(每行有11个词语，也就是说，这110个词语要读4遍)，然后听写全部。(在这张密密麻麻、极其充实丰富的词语表中，有很多诸如“定亲”、“分会”、“亲事”、“休书”等孩子平时接触不到的词语，因为意思不明白，很容易写错。如写错1个，错字罚写5遍，词语罚写5遍。很“不幸”，孩子错了6个，要罚写60个，老师说了，不能说谎，孩子很认真、很吃力地坚持着。)
>
> 四、读生字表。414个生字从头到尾读一遍，不会的要圈出来多读几遍。
>
> 五、语文书第11课—14课、语文百花园各读2遍(包括课后题)，并会背。由于时间长了，孩子背起来结结巴巴的，一般要再读几遍才行。
>
> 六、读熟P178—P182两篇文章(有时好的段落还要背熟，老师要抽查)。
>
> 七、课外阅读最少二十分钟，要求记录好词语、好句子。
>
> 两个学期来，只有“六一”节两个晚上老师没有布置家庭作业，孩子为此乐翻了天，除此之外，每天晚上孩子都要埋头苦做……

减轻学生学业负担是新课改的出发点之一，然而，回顾新课改走过的历程，我们却不得不得出这样的结论：新课程背景下学生的学业负担依然很重甚至有所加重！对此我们不得不深刻反思：目前，促进教师教学设计的精细化是学校采取的主要措施，但依旧很难从根本上得到改变，学生学业负担依然很重。要从根本上提升教学效率、实现学科的教育价值，必须转变师生教与学的思维方式，站在系统的高度，用联系的观点，抓住学科本质。

(二) 学校课堂改革的需要

淄博高新区实验中学是一所在原四宝山中学、石桥中学、卫固中学等基础上合并而成的农村中学，93.7%的学生来源于高新区57个村庄和5个社区，

---

① 叶海英.一位母亲的来信[N].台州日报，2006—09—18.

6.3%的学生是外来务工人员子女。尽管学校硬件设施一流，但是学生学习的质量、能力与城里学生相比还有很大差距，具体表现在：学习态度不端正，学习动机不明确，学习兴趣不浓，学习能力不强。以 2012—2013 年第一学期期末考试平均分为例：

学科	语文	数学	英语	物理	化学
张店区	94.51	72.80	77.24	65.39	72.92
本校	84.28	49.03	58.82	51.18	64.56

从表中可以看出每科平均分大都相差 10 多分，有的学科达 20 多分。为何农村学生学习质量、学习能力与城里学生相比差距这么大？农村学生怎么才能学得更好？怎么才能让农村老师付出同样的努力取得和城里老师一样的教学质量？如何帮助学生学会学习？带着疑问和思考，反复地深入课堂听课、调研、座谈，发现除了家庭教育、学习习惯等原因外，最主要的问题来自于课堂。

从教师角度讲，教师教育敏感力较弱，对学科本质的理解和把握不够深，不能领会新课改的精髓，上课时“新瓶装旧酒”，虽具有了单独解决某一知识点的能力，却不能将相关知识形成体系，分析问题缺乏条理性，思路不畅通。每节课就知识教知识，只见树木不见森林，课堂思维含量小、教学内容不系统、传授知识割裂现象严重，导致教学效率低下。

从学生角度看，学生学习比较被动，思维视野狭窄，不能将相关知识形成体系，在学科意识、学科素养、思维品质、思维能力、想象力、知识建构及应用能力等综合素质非常薄弱。这与教师不相信学生的学习能力有关。首都师范大学文喆教授带着他的博士研究生在北京做了对 10 万初中生的取样调查，如此大的调研基数说明这个研究结果是有一定科学性的。其中的第一道题目就是“初中语文老师不讲，你自己能看懂多少？”最后取出的平均值是：语文老师不讲，学生能看懂 95%。第二道题是“初中数学老师不讲，你自己做或者跟同学讨论，你能做出的题目有多少？”10 万人的答案经过计算机处理，取出的平均值是 88%。这两个数据，明显地告诉大家，初中语文老师需要讲解的只有 5%，初中数学需要老师讲授的只有 12%。优秀的老师善于把握“度”，那么这 5% 和 12%的“度”我们又该怎样控制呢？

基于以上分析我们做了如下思考：

① 不增加学习时间和强度，如何提高学习效率？

② 如何让学生喜欢你教的学科？

③ 如何调动学生学习的积极性和主动性？

④ 如何帮助学生学会学习？

要解决教学中存在的上述问题，就要启动学生学习的动力系统：激发兴趣，建立自信。教师要改变散点状的教学现状，站在系统的高度进行教学设计，构建中观线索，整合知识，明了相关知识之间的衔接点及衔接条件，使学生将各知识点之间的关系内化成发现问题、提出问题、分析问题、解决问题的能力，提高学生综合运用知识进行综合思维的能力；要强调基于理解的教学，基于学生学习兴趣与需求，激发学生学习的兴趣，通过问题序列化分解，努力提高他们的理解能力和迁移能力，让他们学会独立思考、自己解决问题。

怎样让教师基于学生学情和教材文本进行系统规划、整合资源、站在系统的高度进行教学、从而让学生用联系的观点学习、将各知识点之间的关系内化成解决问题的能力呢？结合学校现状，确立了"中观课堂"这一项目，以期转变思维方式、打造智慧头脑、建设高效课堂、提升师生学科素养和综合素质。

二、理论背景

（一）脑科学

著名科学家钱学森说过，教育工作的最终机理在于人脑的思维过程。脑科学研究所取得的重大进展促进了教育思想的重大转变。

脑科学也称为神经科学（neuro sciences），也常常与神经生物学（neuro biology）通用。根据认知神经科学的研究，学习和记忆是头脑中神经网络的神经元间突触接触强度变化的结果。所谓神经元就是神经系统中参与信息处理和传递的一个基本单位，它由细胞体和两种突起（树突和轴突）构成。神经元之间通过突触作用而建立神经联系，这种联系越强，学习和记忆就可能更有成效。从神经网络信息传递的机理来看，某个特定的知识通常由一小部分神经网络结构组成，或者是局部神经环路。当新奇而连贯的经历不断刺激人的大脑时，较强的神经联结才得以形成，有效的学习才可能发生。创设联结，就是要创设与学生旧知识、旧经验相关的情境，然后把新内容镶嵌在旧知识中。教师不能一上来就把新东西教给孩子，而是要先了解学生的先前知识和经验，看看他们的大脑里有什么，然后将其与新知识建立联系，否则就不会有真正的学习。从这个意义上说，在教学中要努力以相联系的方式向学生提供丰富的知识背景，避免教学中孤立强调某些学科知识点，引导学生使用关联的信息来建构自己的学习，从而达到有效学习的目的。

脑科学研究显示，学习不仅与神经突触的联结相关，它还涉及了神经突触的消亡和选择。Gerald Edelman 建议，学习是神经突触的选择而不是突触的生成。[①] 人类出生时产生了远远超过所需的神经突触，这些神经突触正是为了学习做准备。从这个意义上讲，学习就是根据个体经历中有用的经验不断进行突触的选择和联结的过程。在一定的学习活动中，神经突触不断地接受某些特定的刺激而形成联结(是一种习惯)，而另一些神经突触则无法形成联结，但是学习并不是一种"没有错误的联结"过程，人们不当的经验也能够导致"错误的"神经联结。有效的教学就需要不断改进不当的神经联结，建立"未完成的联结"。认知神经科学认为，当经验促成了神经联结之后，联结是一种习惯，它无法由教师的一句"错了"就可以纠正它的原有的联结。所以说，在教学中，学习者的"错误"是源于其某些经验的。教学并不一定具有改变大脑神经联结的功用，但是它应该促进大脑神经的有效联结。因此，教师要不断地提升学科业务素养，努力在科学教学中避免提供"错误的"感知觉信息，用体现学科性质的概念、观念以及思维程式引导学生进行反复操练，以强化有效的大脑神经联结，完善他们对学科核心概念、基本观念和思想方法的理解。

从脑科学的角度来说，在人类所有的感官认知里，最强大的就是视觉认知，视觉的信息记忆效果最好。有人曾做过相关的实验，发现看图的记忆准确率要大大高于看文字的准确率[②]。这说明，图示给人的信息是很强烈的，记忆的效果也更好。比如思维导图就是一种帮助大脑进行全方位思考的图示，它直观形象地阐明在知识领域里学习者是怎样使概念之间产生关联的，引导学生进行"看得见"的学习，即将学生的"思维可视化"。据此，在教学中，应该从学科的核心概念或主题方面进行总结，引领学生梳理学习过程中零碎的知识，建立思维导图，使知识更加结构化，从而提升教学效率。

有研究表明，大脑具有空间记忆系统，可以快速检索已有的经验。这种记忆系统使人唤起的是完整的影像。这从一定程度上说明统整的经验、统整的知识所导致的统整学习是较为有效的学习方式，以中观思想为引领进行的中观课堂教学即为一种符合脑科学的统整学习方式。

(二) 现代认知理论

认知结构，一般可理解为学生头脑里的知识结构。广义地说，它是某一学习者的观念的全部内容和组织；狭义地说，它是学习者在某一特殊知识领域内的观念的内容和组织。

认知结构的核心地位来自于它的重要作用。近年来在有关专家和新手解决问题的比较研究中发现，专家之所以能迅速地解决问题，就在于专家头脑中有某类知识的大约 5—20 万个知识组块，这些知识组块按层次网络的

---

① 孙可平，冯兰. 脑科学视野下理科教育中科学探究教学有效性的辩议[J]. 全球教育展望，2013，(10)：119—128.

② 游永永，罗琬华. 脑科学对中学物理教学的启示[J]. 教育导刊，2013，12(上)：76—78.

方式排列，这使得专家在解决问题时能更注意问题的结构。而新手却相反，他们有关的知识较少，知识之间处于零散和孤立水平排列状态，在解决问题时更多注意问题的细节。可见，良好的认知结构的确在学习中发挥着强大的作用。

在20世纪的早期，格式塔心理学家们就提出了知觉的整体性问题，指出学习受到图形和关系的知觉的影响，学习不是知觉的简单总和，而是要掌握事物之间的关联。

皮亚杰的认知图式理论证实了认识结构的客观存在，提出了系统的关于认识结构的理论，从而使认识结构问题成为认识论研究中的一个不容忽视的问题。在皮亚杰的发生认识论中，图式是一个特别重要的概念。关于图式，皮亚杰说："在一个活动中，我们把其中的那个能被从一个情景传递到另一个情景因而能加以普遍化和分化的东西称作动作图式。换言之，图式就是同一活动在多次重复和运用中共同具有的那个东西。举例来说，我们把幼儿堆积木的行为或较大的儿童搜集物品加以分类的行为称为'聚集图式'。像这样的图式形式我们可以发现很多，甚至把两类事物联系起来的逻辑运算也是一种图式(父亲＋母亲＝父母，等等)。"[①]在皮亚杰那里，图式与行为模式、认识结构是同等的概念。皮亚杰指出并说明了图式在认识的形成和发展中的重要作用。他认为人的认识的发展不仅表现在知识的增加，更表现在认识结构的完善和发展，图式的发展水平是人的认识发展水平的重要标志。图式既是认识发展的产物，又是认识发展的基础和条件，没有图式，人就无法反应刺激、认识事物、把握客体。

认知结构理论的体系化者是J. S. 布鲁纳，他主张学习应最先建立学科基本结构即学科的知识体系所能抽象概括的具有普遍和强有力适应性的、能广泛迁移的系统构架。他认为教育应该教会学生学习与思维，学生的认知发展是要遵循自己独有的认识程序的，同时还认为教学是要帮助学生认识发展，教师的任务是把知识转换成一种适应正在发展的学生的恰当形式。当然这里所说的发现并不只限于发现人类尚未发现的事物，而且还包括用自己的头脑亲自获得知识的一切形式。他提倡学生自己独立阅读思考，发现教材的结构、规律和结论，发展学生探索新情境的态度。这种学习方法，要求学生像科学家一样去思考、探索，从而达到对知识的理解和掌握。

奥苏贝尔是认知结构理论的具体化的实用化者[②]。他通俗地认为认知结构就是书本知识在学生头脑中的再现形式，是有意义学习的结果和条件。他

---

① 石向实. 论皮亚杰的图式理论[J]. 内蒙古社会科学，1994，(3)：11—18.

② 吕巧娟. 认知结构理论对现代教育的启示[J]. 昭通师范高等专科学校学报，2009，31(4)：34—37.

着重强调了概括性强、清晰、牢固、具有可辨别性和可利用性的认知结构在学习过程中的作用，并把建立学习者对教材的清晰、牢固、适当的认知结构作为教学的主要任务，认为教学内容的设计要以条理化、结构化和整合化为原则。奥苏贝尔的有意义学习理论着重强调了认知结构的地位，围绕着认知结构提出的上位学习、下位学习、相关类属学习、并列结合学习和创造学习等几种学习类型，为新旧知识是如何组织的提供了一条较有说服力的解释。

以现代教育理论为心理学基础的新时代教育强调理解教育，强调“为理解而学”。①

在理解教育教学中，教师对于学科内容的理解是开放的，具有真正的主体意识。学科的“基本要素”不仅包括知识，还包括概念以及它们之间的关系，这种运动的思考活动不仅参与到备课中，还应集中体现在上课环节里。而在现实教育中不难发现，教学过程基本是单向的、零散的、割裂的，这种仅仅通过堆砌“基本知识点”的教学行为会造成一个很坏的影响：学生原有的前结构遭到抑制。在心理学中，前结构类似于皮亚杰的图式概念。图式是一种可以同化新信息、与原有认知结构相作用的模式。存在主义哲学家海德格尔认为理解的过程就是得到新信息后不断改变“前有”的过程。显然，割裂的单向的教学行为将遮蔽学生认知中的“前结构”，意味着与学生过去认知经验断裂，失去发展的个性基础和根基，这必然不利于学生学习力的提升。

多元智能理论的创始人加德纳认为，“非理解”教学有两大弊端：一是在“非理解”的教学中，学生仅靠死记硬背获得知识，学习的深度比较浅，遗忘的速度也就很快；二是“非理解”的教学，学生对所学习的知识缺乏深层次的理解，无法实现融会贯通，因此难以用来解决现实中的问题。②

20 世纪 90 年代由斯宾塞基金资助的零点项目和哈佛大学教育研究生院研究开发的“为理解的教学”（Teaching for Understanding）的教学模式，已通过 WIDE World 培训项目在世界范围内推广。“为理解的教学”模式将课本知识与学生的认知经验联系起来，制定清晰的教学目标，设计、完善学生积极参与、有助于形成理解的学习活动并进行有针对性的教学评价，所有这些策略都有助于学生对复杂学科内容的理解。③

在这种模式下，为理解而学的学生不仅要学习内容本身，还要学会用一定的方式将学习内容进行加工，使学习内容和自己已有经验和知识形成联结，不断更新完善自己的认知结构，塑造强大的大脑，从而学得更主动、更明白、更具智慧。

① 邓友超. 教育解释学[M]. 北京：教育科学出版社，2009.

② 霍华德・加德纳. 多元智能[M]. 北京：新华出版社，1999，10.

③ 李克建. 为理解而教学[J]. 上海教育，2006，(05A)：38—39.

哈佛大学网站上给出了“为理解的教学”模式的框架①：

“为理解的教学”模式的框架

序号	框架中的具体元素	各具体元素的介绍
1	课程贯穿线索 (Throughlines)	整个学年或整个课程要达到的重要、总体理解目标。
2	启发性论题 (Generative Topic)	学生需要理解的最重要的内容或理念是什么？为什么这些值得去学习？
3	理解目标 (Understanding Goals)	学生需要理解一个单元中的哪些核心概念、过程和技能？
4	理解活动 (Undertanding Performance)	学生建立自己的理解并且证明自己已经理解时需要做些什么？
5	持续性评价 (Ongoing Assessment)	教师和学生怎么知道学生已经理解了什么，学生怎样进行更深度的理解？
6	新技术 (New Technologies)	新技术是怎样加强“为理解的教学”的？

“为理解而教”中的“理解”并不是通过死记硬背或者灌输而获得的毫无意义的、零散的知识，而是要通过学生的亲身体验和实践探索，运用所学到的知识、技能来解决问题，在活动中对所学内容进行深入的整合，搭建知识之间的内部联系，包括对知识的扩展、重建和变通，并能以不同的方式展现出来。要求教师能综观学科全局，结合学科特点认真思考哪些知识最为重要，应该培养学生哪些学习方法和思维品质，高屋建瓴地设计“贯穿线索”(Throughlines)，这是跨越单元或章节教学而又指导单元或章节教学的学科教学纲领，其作用在于引导教师更深层次地思考学科教学的目的，以免“只见树木不见森林”，乃至有失偏颇，把知识传授当做课堂教学的鹄的。

2006年上海教委就已组织教师进行该模式的网上学习，紧接着国内兴起对“为理解的教学”的研究，但研究主要集中在教学理念和理论体系等方面，没有做实践层面的教学探讨。“中观课堂”正是对这一理念的实践探索。

综上所述，不难发现，现代认知理论都非常重视知识结构的系统构建和内在关联问题。从这个角度思考，教学不能为个别事物而教，而是要使学生掌握概括化的知识结构，如基本的概念与原理、学科基本思想、知识间的内在联系

① 王会，张琨.哈佛“为理解的教学”模式及其应用实例探析[J].软件导刊·教育技术，2010，1(下)：16—18.

等。中观课堂教学的实践探索符合认知结构理论的科学规律，强调在课堂教学中以学科基本思想为指导，构建中观线索，形成学科知识结构，从而加速具体知识的学习和促进学习结果的迁移，同时也有利于学习动机的激发与儿童智力的发展，极具研究价值。

(三) 课程原理

"理"的本义指玉石内部的纹路、层次，其广义为事物本身的次序，引申义指顺着事物本身的规律对事物进行加工和处置，可称为"顺事而为"(理事)①。

20 世纪 80 年代以来的国际化课程改革，强调融合学科课程与经验课程于一体，强调知识的整体性、学生获得经验的完整性和关注学生全面发展，称为整体主义课程范式。② 1996 年加拿大著名的课程学家约翰·P·米勒(J. P. Miller)在其专著《整体课程》(The Holistic Curriculum)中认为："整体课程在本质上关注人的经验之间的关联——身心之间的关联、线性思维和直觉认知方式之间的关联、学术性学科之间的关联、个人和社会之间的关联、个人的自我与超个人的自我(所有的另行传统都认为它存在于个人的自我之外)之间的关联。"澳大利亚塔斯马尼亚州整体教育网认为，课程应该是"受探究驱动的、跨学科的和整合的，基于相互关联、完整、多维存在等明显假设的课程。"从以上表述不难看出，"关联"处于整体课程的核心地位，是整体课程的主要特征。

回到现实的课程领域，我们被湮没在一个片段化的世界中。克拉克以智力拼图作类比概括了这一片段化情形。他说："获得一种教育就像拼凑一幅智力拼图。学生们花了很多年尽可能多地记忆拼图组件的形状、颜色和大小。他们学习收集组件并把组件分成适当的一组，每一组贴有一个标签——数学、科学、历史、艺术等。偶尔他们能把几个组件拼在一起，但是因为他们无法获得更多的有关谜底的提示，因此他们没有相关的画面用以了解怎样组合单独的组件。没有相关的背景帮助他们理解，他们所收集的组件在本质上是无意义的，因此也是无用的。"③确实，片段化塑造了我们整个的课程体系：知识被分割为学术科目，每个科目继续被分成更加离散的单元，每个单元又被分成分立的事实。由于这些事实能够被明确地教授，我们思考问题的方式也逐渐片段化。对此，米勒也认为我们把知识划分为学科、单元、课，然而学生常常并不能理解学科之间、学科中的事实之间的联系，或者学科与生活中的相互联系。关于整体课程的基本要求，米勒提出三点：平衡、包容和关联。他认为，课程与学习不是孤立的，学生与课程不是分离的而是联系的。通过学习，促进学生作为一个"完人"的发展。树立联系的观念，妥善处理好各种关系，有利于整体课程

① 汪潮. 基于学理的语文教学[J]. 福建教育，2015，(5)：34—36.

② 傅敏. 论学校课程范式及其转型[M]. 教育研究，2005，(7).

③ 安桂清. 整体课程研究[D]. 上海：华东师范大学，2004.

的真正确立。后来又指出整体学习即是创造联结(connection)的学习，提出包括知识领域之间、自我与本性、身体与心灵、线性思维与直觉等六类联结。①

杜威在其名著《儿童与课程》中列举了两种相互冲突的观点:“学科中心论”和“儿童中心论”。他指出，两种截然对立的观点在儿童的经验与构成科目的各种不同形式的教材之间设置了一条无法逾越的鸿沟。他从整体的角度考察了儿童与课程的关系，他富有智慧地写道:“我们认识到，儿童和课程仅仅是构成一个单一的过程的两极。正如两点构成一条直线一样，儿童现在的观点以及构成各种科目的事实和真理构成了教学。从儿童的现有经验进展到已有组织体系的真理，即我们称之为各门科目为代表的东西，是继续改造的过程。”②

此外，在后现代课程研究中，许多课程学家都不约而同地提出课程的整体联系观，美国学者鲍尔斯(C. A. Bowers)认为课程必须培养一种联系意识；澳大利亚课程学家高夫(N. Gough)批评传统课程与教学从不强调“整体性”，其设计、组织、实施等方方面面实际上都潜在地贯穿了一种原子论的世界观。课程被精细地分门别类，教学有精确的时间表，学生跟从专门的教师在专门的教室里学习各门不同的科目，这代表并产生了一种分割的世界观。③ 在众多学者和课程论专家倡导下，整体主义课程理论正日趋成熟，并受到越来越多人的关注。

以上不难看出，课程本质讲究整体性、关联性。那么在传授课程的过程中，也需要讲究结构的关联。当代著名教育技术与设计理论家、教育心理学家M·戴维·梅里尔博士研究确定了各种教学原理共同赞成的五项首要原理:(1) 当学习者介入解决实际问题时，才能够促进学习；(2) 当激活已有知识并将它作为新知识的基础时才能够促进学习；(3) 当新知识展示给学习者时，才能够促进学习；(4) 当学习者应用新知识时，才能够促进学习；(5) 当新知识与学习者的生活世界融于一体时，才能够促进学习。④

有效教学的阶段(梅里尔，2002)

① 史琴. 整体主义课程理论及其对我国课程改革的启示[D]. 安徽:安徽师范大学，2006.

② 安桂清. 整体课程研究[D]. 上海:华东师范大学，2004.

③ 汪霞.《课程研究:现代与后现代》[M]. 上海:上海科技教育出版社，2003:238—272.

④ M. David Merirl. 盛群力，马兰译. 首要教学原理[J]. 远程教育杂志，2003，4:20—25.

这五条首要原理可以简单理解为:情境创设——自主探索——展示交流——应用反馈——融合提升。首先要具体展示一个完整的任务,以此向学生交代他们将学会完成的整体任务的类型,然后通过“图示激活”旧经验,知识发生有效迁移之后再进行充分展示,加以操作训练,形成技能,最后再回到实际生活中进行融会贯通。其中,自主探索即关于原有经验的激活最为关键,M·戴维·梅里尔博士认为,只是通过简单的回忆信息作为激活旧经验的手段,常常是鲜有其效的。Ander(1997)引证的理论和研究倾向于支持“图式激活”,如采用“先行组织者”方式。如果学习者有能用于组织新知识的心理模式,那就应鼓励他们激活这些模式。如果已有的心理模式尚不足以充分支撑组织起新内容,那么,就应该向学习者提供能用以构建理解新知识所必需的某种框架结构,以此促进学习。Ander(1997)探讨了先行组织者为后续学习提供结构的实际作用。Mayer(1975)也提出,向学习者提供一种概念结构模式能够促进掌握。Clark 和 Blake(1997)曾建议提供一种动态的图式结构和类比方式来促进实现远迁移。

另外,从学科学习心理角度看,在不同的学科及学科中不同的知识技能类别学习中,学生会有不同的学习心理,也存在课程学习原理,比如从语文教学角度看主要有汉字(汉语)学习心理、阅读学习心理、写作学习心理等。每一类中又有许多心理学现象和范畴,如汉字(汉语)学习心理有字音学习心理、词义学习心理、字形学习心理、汉字书写心理、口语交际心理等。数学学科主要有概念学习心理、例题学习心理、原理和命题学习心理、习题学习心理等,而概念学习心理中,又包括代数概念学习心理、几何概念学习心理、统计与概率学习心理等。[①]

程翔认为,学理有两层含义:一是已有的原理和法则,二是新生的原理和法则。[②] 语文教学必须遵循的教育原理和法则有:培养学生健康独立的人格,使学生得到全面和谐的发展;尊重学生的生命、人格和个性;处理好教育的世界性与民族性的关系,把“培养什么样的中国人”作为教育的灵魂;教育类似农业,警惕“过度教育”,防止“教育异化”;教师的天职是促进学生的发展。

他指出,语文教学又属于教学与课程的范畴,必须体现教学论与课程论的原理和法则:激发学生兴趣;注重学生的参与、体验、内化与生成;善于引导、启发学生,教授方法和规律,促进学生思维品质的提升;充分体现课程的功能,教师是“用教材教”,不仅仅是“教教材”;教学的有效性主要表现在教师引导下的学生自主体验与内化生成上。语文教育姓“语”,语文的“核”是语言文字,语文教学要促进学生语言文字符号意识的觉醒。语文教师要好好研究各种关于语

---

① 汪潮. 基于学理的语文教学[J]. 福建教育,2015,(5):34—36.

② 杨桂青. 教有学理的语文——访北京一零一中学副校长、特级教师程翔[N]. 中国教育报,2015-05-20(9).

言的理论。为了寻求语文的学理，程翔研读过符号学、解释学、叙事学、心理学等各类学术书籍。

通过以上课程原理的分析，我们师生都应该明确，学习的目的不是仅仅获得知识结论，练习的目的也不仅是为了获得答案。其目的是内部认知结构的抽象化、概括化的结构性组织和策略性的建构。所以站在系统的高度，用联系的观点以中观的视角进行知识结构化教学可以有效地促进学生的学习。

正是基于以上实践背景和理论背景的分析，结合当前学校教育的发展现状，我们提出了“中观课堂”这一创新项目，旨在探索一种立足于学生终身学习力提升而不增加学生学业负担的更为高效的教与学的方式，当然，这个过程也是对教师学科素养提升的有效探索。

第二节　中观课堂的研究现状

截止到现在，在中国知网基础教育资源总库中以“中观课堂”为关键词进行检索，记录为 0 条；以“中观”为关键词进行检索，共有 103 条记录；以“中观”为题名进行检索，共有 252 条记录，时间大部分为 2000 年以后。从具体内容来看，主要涉及哲学、佛学、经济学、教育等领域，与本项目直接相关的文献研究寥寥无几。可以说，目前我们的研究是零起点、无借鉴的。不过从中观哲学的研究角度来看却源远流长，中观思想的研究也在各领域有所体现，中观教学设计（主题单元设计）研究也越来越多地见诸报端。下面仅对此做以简单概述，以便于理解中观的内涵。

一、关于中观哲学的研究现状概述

清华大学哲学系教授、博士生导师胡伟希在《中观哲学论》①和《从中西哲学比较到中观哲学》②中综合阐述了中国哲学中的中观思维，他认为哲学是对于世界或者存在的一种“观”，而中国哲学的观相对于西方哲学的观而言，可以称之为“中观”，中国哲学属于中观思维，一即一切与一切即一其实是中观哲学的一体两面。其特征有五：1. 分别“两边”；2. 执两用中；3. 否定辩证法；4. 讲究经权；5. 强调“时中”。中观不仅是认识论与方法论，而且是存在论与人生的在世方式，它要解决的是“有”与“无”这两个世界的对立与紧张关系；而这个问题的最终解决，依于中观的修行而定，故中国的中观哲学其实是认识论、方

① 胡伟希. 中观哲学论[J]. 学术月刊，2008，40：46—52.

② 胡伟希. 从中西哲学比较到中观哲学[J]. 文史哲，2008，(1)：30—37.

法论、存在论与修行论的合一。假如我们用西方哲学的术语表述之，中观思维可以说是一种否定的辩证法。他在《老子的中观哲学——对人类社会价值重建的启示》一文中提到，老子的中观哲学启示我们：凡事要把握“度”，简单的是最好的。把握住事物发展的度，不让一方完全消灭另一方，使对立的双方保持一种适度的平衡，这才是老子中观哲学的实质。这种对于度的把握，老子称之为中。他说：“多闻数穷，不若守于中。”意思是说，让事物老处于不断变动中，不如把握于中之道。“至虚，恒也；守中，笃也。”意思是说，凡事要留有余地，紧紧地把握住中道，才是最稳当的。老子这种守中，是在动态的变化过程中的守中，而不是固定于某一点的守中。总之，在老子看来，在事物的变化过程之中，牢牢地掌握住“中”，不让一方把另一方完全消灭，事物就会保持其强盛的生命力，才能永远地发展与不断地否定自己。

黄冈师范学院的刘清、欧阳杰在《浅说儒家时中观的理论内涵和现实意义》①一文中阐述了儒家中庸学说中的“时中观”的内涵及意义，文中提到“中庸之为德也，甚至矣乎，民鲜久矣”。中庸即不偏不倚，无过不及，切合实际，平易可行。中庸是处理事物和矛盾的一种普通的原则。“中庸”一词首创于孔子，包含三层内容：“中道”、“中正”、“中和”及“时中”，这三者从不同的角度反映了中庸的内涵。时中观念最早见于《周易》：“天地盈虚，与时消息”、“损刚益柔有时，损益盈虚，与时偕行”、“以亨行，时中也。”如是等等，都强调人们的言行应随时而中。孔子也十分重视时中。孔子说：“君子中庸也，君子而时中。”他认为应不拘常规，不法常可，随时变通，以适应时势的变化。

浙江师范大学的王斌、骆莉莉在《〈周易〉的适时守中观与体育健身养生》②一文中阐述了《周易》中的中观哲学思想：《周易》以中表示为事物的最佳状态和最高境界，同时也指处理各种事情的最佳原则和方法。易学追求中正原则，无过无不及，过犹不及，物极而必反。另外，还必须遵循适时的原则，因时而用中。

武汉大学哲学系居易在《僧肇的中观思想》③一文中阐述了佛学中的中观哲学思想。龙树所著《中论》云：“因缘所生法，我说即是空，亦为是假名，亦是中道义。”世界诸法，因缘变化，本无自性，即为空。“空”并不独立于万有，也不指什么都不存在，而是说现象世界是假象的存在。《中观》云：“物无彼此，而人以此为此，以彼为彼，彼亦以此为彼，以彼为此。”(《大正藏》第45卷，152页。)僧肇的思想继承了龙树的中观思想，他论证了不偏执一方的中道空观，消除了玄学本末对立的思想，标志着佛学玄学化倾向的终结。

---

① 刘清，欧阳杰. 浅说儒家时中观的理论内涵和现实意义[J]. 黄冈师范学院学报，2004，4(1)：27—30.

② 王斌，骆莉莉.《周易》的适时守中观与体育健身养生[J]. 体育文化导刊，2007，2：81—82.

③ 居易. 僧肇的中观思想[J]. 郧阳师范高等专科学校学报，2007，27(5)：25—26.

二、关于中观思维在各领域中的应用概述

湖北省社会科学院长江所副研究员秦尊文在《中观经济刍议》[①]一文中阐述了中观思想在经济领域中的应用。他指出，国家经济为宏观经济，研究企业或厂商以及独立生产的居民和农户等个体经济为微观经济，介于两者之间的则为中观经济。宏观研究的是森林，微观研究的是树木，中观研究的是一片树木。也就是说，中观非宏观非微观、亦宏观亦微观，处于宏观、微观之间。他认为中观经济具有创新和突破作用，为宏观经济起到"试验田"作用，能发挥稳定和协调功能，有效削弱宏观经济的过度振荡，起到"稳定器""减压阀"作用；能完善国民经济控制系统，分散集中控制的风险。

中国政法大学社会学院应星在《着力从社会结构的视角把握中观层面和谐社会概念》[②]一文中论证了中观思想在构建和谐社会中的应用。他认为对于和谐社会可以作宏观、中观和微观之概念离析。所谓宏观，是《中共中央关于构建社会主义和谐社会若干重大问题的决定》里涉及的层面，政治、经济、社会，林林总总的问题尽在其中，它所涉及的实际上是中国社会转型的总体性方向。所谓微观，它所涉及的层面接近初级群体或熟悉人的社会层面，如家庭、邻居、社区等等，是传统社会学或社会工作中的一个局部领域。作为一个有自己独特视角、研究方法和思想传统的学科，社会学关注和谐社会的立足点不宜放在宏观层面，因为这可能使社会学漫无边际，近于国策清议。不过，社会学对和谐社会的关注也不宜停留在微观层面，因为这又会使社会学自缚手脚，显得小里小气，远不足论对中国社会转型应有的贡献。社会学对和谐社会的关注应该立足在中观层面上。中观层面，就是坚持用社会结构的眼光来处理和谐社会的概念。

肇庆学院的陈优生在《与时俱进 广聚人才 着眼中观 树立形象》[③]中阐述了在单位管理中中观思想的应用。他认为，与微观相比，中观层次有一定的宏观优势——把握方向；与宏观相比，中观层次又有一定的微观特点——便于操作。因此，一个单位工作的关键是以中观思维方式做好宏观与微观的结合，既从全局角度思考问题，又看到本单位的优势和特点；既总结过去、分析现状，又展望未来、创造性地开展工作。

江苏省通州市委办公室的杨松、顾克非在《关于建立中观决策辅助系统的思考》一文中阐述了中观思想在行政管理领域中的运用。作者针对处于中观位置的县市管理，提出建立中观决策辅助系统，这一层次的决策起着承上启下

① 秦尊文. 中观经济刍议[J]. 江汉论坛，2001，(1)：20—22.

② 应星. 着力从社会结构的视角把握中观层面和谐社会概念[J]. 社会学研究，2007，2：203—206.

③ 陈优生. 与时俱进 广聚人才 着眼中观 树立形象[J]. 肇庆学院学报，2002，23(6)：1—3.

的作用，既有面的要领，又有点的特色。

曲阜师范大学信息技术与传播学院的王永收在《论波德维尔电影诗学的中观研究策略》①中阐述了中观思想在文艺领域中的应用。文中提到，电影理论中的“中观”研究（middle-levelstudy，又译为“中间层面”研究、“中层”研究等），是与“宏大理论”研究相对的概念，是美国学者大卫·波德维尔在《后理论：重建电影研究》中所提出并力推的电影研究思路。“中观”研究聚焦有限范围的问题，采用理性与经验结合的方式探究，并最终形成具体性的解释，形成可被采纳的知识。“中观”研究的理念影响了电影诗学的范围、探究思路与具体目标，也与电影诗学的形式本体与认知建构问题有着密切的关联。这种研究思路的提出，对约束、限定宏大理论研究中一些过度抽象和空泛的“大而无当”问题有着相当的助益，也能取得丰富的研究成果。

裘正义在复旦学报上发表的《传媒市场取向与中国新闻改革中观思路的若干问题》②中提出了新闻传媒领域中的中观思路，他首次提出了以传媒管理为驱动轴的“中国新闻改革的中观思路”这一构想。它既不同于业务技能改进的经验性很强的微观改革，也不同于根本体制变动的理念性很强的宏观改革，而与当前蓬勃发展的传媒实践结合，是具体化了的宏观、全局化了的微观。

发表在《计算机安全》(2006 年 7 月号)的特别报道《中观思想落实等级保护实效——启明星辰首席战略官潘柱廷解析信息安全等级保护》中强调了中观思想在信息安全领域中的应用。中观思想方法等级保护作为企业的使命和任务，当属于宏观层面。防火墙、入侵检测、评估服务、加固服务、应急响应、渗透测试等产品与服务则属于微观层面。如何把宏观与微观联系起来，实现等级保护的实效，潘柱廷提出，这中间需要一个承上启下的中观层次发挥作用。从宏观到微观，是一个从虚到实的过程，需要承上启下的中观层面。潘柱廷分析，我国信息领域在宏观上并不缺乏各种各样的理念和使命，在微观上也不缺乏丰富多彩的产品和服务，但却缺乏承上启下的中观方法，人们需要用中观思想方法来解决信息安全问题，达到等级保护的实效。

河南大学王英杰在《中观层面的政府卫生资源配置角色分析》③一文中提到了中观思想在卫生领域中的应用。他指出，从宏观的角度出发，重视整个社会资源的公正；基层地方政府的主要职责是执行各种政策指令。处于这两个层次之间的省市地方政府属于中观范畴，既要考虑政策指令，又要考虑本地区

---

① 王永收. 论波德维尔电影诗学的中观研究策略[J]. 求索，2004，6：146—145.

② 裘正义. 传媒市场取向与中国新闻改革中观思路的若干问题［J］. 复旦学报，1995，(3)：226—232.

③ 王英杰. 中观层面的政府卫生资源配置角色分析[J]. 齐齐哈尔高等师范专科学校学报，2015，(1)：115—121.

特点，在卫生资源配置方面，省市地方政府的责任重之又重。

关于中观思想在全国教育领域中的应用，在1997年《教育科学》第四期杂志上，辽宁师大教科所编辑于晶和辽宁省教育学院讲师杜惠洁在《中国中观教育：问题与对策》中进行了阐述。文中讲到，在对教育研究成果的分析中发现有这样一个明显的倾向，那就是教育研究的课题重在宏观和微观领域。无论是基础理论还是学科理论，都处于微观研究成果丰富、宏观理论还需加强建构的状态(如素质教育策略，素质教育与21世纪人才培养目标)。相比之下，中观教育研究课题显得格外薄弱。所谓中观，是针对宏观和微观而言的，宏观是指整体，是指关系到整个教育事业生存与发展的带有全局性的教育问题和教育现象，如中国教育运行机制的研究。微观是指构成这个整体的个体，微观教育一般是指某一学校、某一学科(专业)和某一节课的课堂教学等具有相对独立性的教育问题与现象。这里所说的中观教育，介于宏观教育与微观教育的中间环节，主要是指省、市、县等地区性的教育问题、现象及其管理，它具有特殊的意义。“一切都是经过中介，连成一体，通过转化而联系的”。事实证明，在全国这样一个庞大的教育体系中，任何一个宏观教育改革的战略方针的提出，必须借助于中观教育，经过这一层次的转化，才能在微观得以实施。同理，微观的教学研究与实验，也必须经过区域性的中观的实验与论证方能具有宏观的推广价值。

三、关于中观教学设计的研究

上海市浦东发展教育研究院的童燕丽在《基于中观教育设计的小学语文教学实践探索》①一文中谈到，从课程设计的范畴来看，教学设计可以分为微观、中观、宏观三个层面。微观设计，主要指向某一课时课文、例题的设计，为教师们所熟知；宏观设计，主要是国家或区域层面的设计，如学科课程标准或教学大纲、地方或学校课程，也指针对某一学科课程或整册教材进行的教学设计；中观设计是指介于课程与课时之间所展开的教学设计，通常是对课程单元或主题模块的设计。中观教学设计理念也使教师走出了一篇文章、一段段落的教学框架，放眼于学生的习得能力的培养，使各种教学策略兼收并蓄，提升了教师的教学设计技能。当我们以中观的视角站在“单元”这一整体高度来统筹、合理地制定每一课时的具体教学目标时，便可使各课时的教学目标之间建立起一种内在的联系，形成一条螺旋上升的学习链，就能解决教学内容多与课时紧缺之间的矛盾，提高学生的语文素养。

李聿在《高中语文第一册现代文之中观分析》②中阐述了中观分析的优势：

---

① 童燕丽.基于中观教育设计的小学语文教学实践探索[J].小学语文教学(会刊)，2013，5：45—47.

② 李聿.高中语文第一册现代文之中观分析[J].现代语文，2002，8：31—32.

所谓中观分析，主要是对单元内部结构的分析，它既不同于对一册课文总体框架的把握，又不同于对每一篇课文的条分缕析，而是对单元内部各篇课文所处的地位和训练的侧重点进行有针对性的剖析，以期能够心中有数，在教学中进行合理的“分配”和“穿插”。

湖北省武汉市经济开发区第一中学刘修利与华中师范大学城市与环境科学学院胡超在《基于中观层面地理教材分析与运用的基本方法——以高中地理必修3(人教版)为例》①一文中，探讨了地理学科中基于中观层面进行教材分析的具体方法。作者认为，中观层面教材分析包括三个方面：教材的整体分析、教材章节的有序分析以及教材章节内容对教学的反馈分析。其运用的基本方法包括三点：1. 树立教材内容整体观念，增强章节内容的联系性；2. 遵循教材内容有序规律，体现章节内容的连续性；3. 加强教材内容的反馈效应，促进章节教学的高效性。

苏州市电化教育馆冯群在《尝试从微观到中观的信息化教学设计——第四届整合高研班单元教学设计交流活动》②一文中谈到单元教学设计是将分散的教学内容进行有意义地整合，让教师获得了操控教学时空资源的较大自由度和优化教学方法的可能性，可以更合理地安排课时，较好地关注到课程整体目标和知识结构，实现了用信息技术转变课堂教学结构的深度融合。

上海市宝钢第三中学对中观教学设计做了比较深入的探索，比如发表在《新课程》(2010.11)中的系列文章：《中观课程设计：问题系统的考量》、《中观课程设计：教学目标维度》、《中观课程设计：主题与量规》、《中观教学设计：序列分解教学》、《中观课程设计：“小纸条作业评价法”》等，其中王金玲在《中观课程设计：图式教学的创意》中，具体阐述了在化学学科实施中观教学设计的做法，以解决教学中的困惑，提高学生的学习力。文中提到，教学中为什么向学生讲了很多，学生仍然不会解题？是学生没有理解还是不会迁移？或者是他们不会综合运用知识？为此，他们提出，通过两个方面的努力来尝试解决这些问题：其一，教师在进行教学设计的时候，需要站在单元层面，即教师视角的中观课程层面。这样有利于整合知识、形成系统，更有利于学生综合运用知识；其二，要强调基于理解的教学，努力提高学生的理解能力和迁移能力，让他们学会自己去思考，自己解决问题。文中还提到图式理论运用于中观课程的实践有助于中观课程更有效地实施，图式有利于知识结构化，使得学生的知识更有结构性，更容易形成网络，更容易记忆，也更容易运用与迁移。图示理论

---

① 刘修利，胡超. 基于中观层面地理教材分析与运用的基本方法——以高中地理必修3(人教版)为例[J]. 地理教育，2012，(7—8)：109—110.

② 冯群. 尝试从微观到中观的信息化教学设计——第四届整合高研班单元教学设计交流活动[J]. 苏州教育信息化，2013，1：33.

的运用有助于提高教与学的有效性，有助于微观课程的实施，进而对中观课程的实施产生积极的作用。

第三节　中观课堂的研究内容与意义

一、研究内容

在学校教育这个领域中，在不增加时间和学生学业负担的前提下，要科学地提升学校教育教学质量，很显然，作为学校教育主阵地的课堂教学无疑是突破口。如何提高课堂教学质量？如何在课堂教学中有效提升学生学习力？如何带动学校课程的二次开发，实现由国家课程向教师课程、学生课程的转化，同时使教师的学科素养得以提升？这是“建设教学相长的中观课堂”这一项目要解决的主要问题。基于此，本项目的主要研究内容有：

1. 什么是中观课堂？如何界定学科教学中的“中观”？
2. 中观课堂的教学目标如何定位？
3. 中观课堂的教学结构是怎样的？
4. 如何基于学科性质、学科基本思想、学科核心概念构建中观线索？
5. 中观课堂的教学效果如何评价？
6. 各学科中观教学课程资源如何整合开发？

项目研究的预期目标：

1. 提升教师的学科素养，深入理解课标，提高教学设计能力、课堂执行能力及课堂评价能力，培养一批具有教育智慧的骨干教师队伍。

2. 提高学生学习力，激发学习的内在动机和学习兴趣，培养学生良好的思维品质、创新意识和主动构建知识、应用知识等综合素质，打造学生的智慧头脑。

3. 提高课堂教学效率，通过系统规划、整合教材，加大课堂思维含量，打造高效课堂，提升教育教学质量。

4. 提炼中观课堂相关理论成果和实践成果，结集出版。

纵观现有的研究成果，中观思想在各个领域应用广泛，发挥着特有的承上启下作用。关于中观哲学、中观思想以及中观教学设计研究较多，但关于中观课堂教学的研究还比较少见，因此本研究内容极具创新性，具体体现在：

1. 从设计走进课堂。山东省 2013 年暑期网络研修的主要内容为“主题单元设计”即“中观设计”，自此大有研究之人，但对于“中观设计”进课堂，目前这方面的研究尚存在空缺。

2. 从教师走向学生。中观课堂所体现的中观理念不仅是指教师要在教学设计与课堂教学中理解应用，而且还要把这种思维方式传授给学生，让学生拿到一个课题或者一个问题学会怎么去解读，从哪些方面展开联想，转变学生思维方式，使之深刻理解学科思想，从而达到提升学生学习力的目的。

3. 从教材走向课程。原来教师是教教材，后来是用教材教，中观课堂则要求教师站在课程的高度去教书育人，从课程目标、课程内容、课程实施与课程评价四个方面进行全方位的系统思考，对教材进行适度整合，挖掘出"中观"主题，最终形成学科特有的中观教学课程。

二、研究意义

江苏省南通市通州区实验小学的朱国忠在《关注"中观视野"的研究》中认为，教育研究应关注"中观研究"。他认为，纯粹的大理论研究固然不适合小学教师，而案例设计也不是最佳的研究视角。当下的教育研究，特别需要一种中观研究。在实施基础教育的过程中，我们如果持一种中观的视野，既寻觅理论的依据，又探求实践的路径，我们也就获得了教育理论与教学实践的双重世界与态度。中观研究是对实施战略和具体策略的研究，介于宏观研究与微观研究之间，是特别注重理论与实践相结合的一种研究，是一种整体的研究。

本研究就是一种"中观研究"，通过文献研究法、行动研究法、实验法等方法，对中观课堂的内涵与实践进行研究，既有理论价值，又有实践意义。

（一）理论意义

中观课堂力求摆脱原来的微观教学的狭窄的视野，改变原来零散传授知识点的做法，能从中观层面来系统规划单元的整体教学，构建知识框架，体现学科思想，关注学生良好认知结构的形成。本研究将从中观课堂的内涵、目标、教学实施策略、实施评价等方面做出理论上的探索，各学科将基于学科性质、学科基本思想和学科核心概念等学科基本素养进行中观课堂教学课例的研究，并对学科课程资源进行中观层面的整合开发，最终形成理论与实践相结合的学科校本课程，这将从理论上填补中观课堂研究的空缺。

（二）实践意义

1. 促进学习方式的变革。构建单元知识框架，强化知识间的联系，先见森林再见树木，改善学生的思维方式，减轻学生的课业负担，使学生学有方向，积极性和主动性得到提高，真正落实三维目标，变学会为会学。

2. 引发课程结构的调整。遵循学科教学规律，体现学科思想方法，合理协调课时教学内容之间的逻辑联系，课堂教与学的有效性提高。课程结构的调整让学生与理性为伴，而不是与习题为伴，促进学生创新能力和学习力的提升。

3. 加速教师专业的发展。让教师过上学习、研究、合作的职业生活，增强教师的课程意识与研究能力，消除职业倦怠感，增强职业幸福感。

第二章　中观课堂的内涵解读

第一节　关于中观

“中”是中国哲学基本精神的根本观念。“天人合一”“内圣外王”，从思维方式看，都是一种“中”的思维模式。“中”这个名词的确切含义到底指什么？“中”这个词很早就在中国古文字中出现。在甲骨文与金文中，它写作“中”，表示一根旗杆的中央位置，其意思有两个：其一，中部是旗杆的要害处，只有加固了中部，旗杆才不至于被大风折断；其二，不让旗杆折断，是为了让很远的人都能看到旗杆上旗带的飘扬。结合这两者，可见“中”含有把握住一个适当的“中”点、才能立于不败之地的意思。

《说文解字》说：“中，内也，从口，上下通。”《汉字源流字典》说：“中，本义为氏族社会的徽帜。古代有大事，先在旷地立中，群众望见则从四方会聚于中。”将此两说结合起来，可知“中”字古义。

甲骨文与金文中关于“中”的这种原始意义，后来转变成一个哲学名词——“执两用中”。要“执两”，必须“用中”；而“用中”的目的是为了“执两”。故“执两”就是“用中”；“用中”也意味着“执两”。“执两”与“用中”构成问题的一体两面，假如用后来中国哲学的话来说，也可以认为：“用中”是体，“执两”是用。“执两”是“用中”的表现，而“用中”也必须通过“执两”来实现。

人的世界是有“观”的世界。这里所谓的“观”是指“人观”。《周易·系辞传上》云：“圣人设卦观象，系辞焉而明凶吉”，“（圣人）仰以观于天文，俯以察于地理，是故知幽明之故”。可见，在中国古典哲学的词汇中，“观”被理解为人观察与理解宇宙万事万物的活动与方法。现在人们通常把“观”与“见”联系起来，将观（察）理解为见（闻）。其实，“观”与“见”大不相同。见是观的结果，受观的方式的影响与制约;由于观的方式不同,其所见也就不同。①

"执两用中"的中观思维方式,很早就成为中国哲学思考问题的基本方法,并且贯穿于中国哲学的始终,例如孔子对于仁与礼关系的认识,孟子关于仁与义的讨论,庄子关于游于"方内"与游于"方外"的看法,大乘佛教关于俗谛与圣谛关系的见解,以及宋明理学对于心性问题的探讨等等,都无不贯彻着中观思维理念。不仅如此,在中国哲学中,很早就开始了对中观思维的理性反思与自觉运用,例如《尚书·洪范》中提出"建用皇极"的观念,标志着在远古时期"中"已作为社会管理与人事谋划方面的重要方法论原则。至于《周易》,更是古人运用中观思维的范例,其中乾、坤二卦被当为中观思维之对立两极的符号形式。《易传》还对《周易》的这种中观思维与方法论作了很好的解说,提出了中观哲学的易道原理,称之为"一阴一阳之谓道"。至于《中庸》,更是对中观进行方法论系统考察的儒家经典文本,其中提出了"极高明"与"道中庸"相统一的方法论原理。

基于以上分析,我们认为,中观介于宏观和微观之间,是一种认识事物的思维方式。具体说来,中观课堂中"中观"的含义是:站在系统的高度,用联系的观点,以学科单元知识或主题模块教学为切入视角,构建能体现学科基本思想和知识内在逻辑关系的整体认知结构图式的思维方式。

第二节 关于中观课堂

一、中观课堂概念的界定

中观课堂是遵循先见森林再见树木的教学原则、教师站在系统的高度教、学生用联系的方法学的课堂。具体到学科,是以学科思想为指导、通过构建中观线索、形成知识结构、落实课程标准的课堂。

中观课堂与传统意义上的新授课、单元复习课以及中观设计有着本质的不同:一是中观与新授课的不同。传统的新授课教学限于知识点的罗列,中观意图注重知识的逻辑关系和学科思想,教师用系统的观点进行教学,学生用联系的方法进行学习,优化学生的学习过程。二是中观课与复习课的不同。单元结束之后的复习课大有中观之意,通过复习,对有关知识进行整理、分类、综

---

① 胡伟希.从中西哲学比较到中观哲学[J].文史哲,2008,(1):30—37.

合、概括，使知识系统化，进而能举一反三、触类旁通。本项目所研究的中观课是基于单元或主题模块学习起始的具有规划性质的课。三是中观课堂和中观设计的不同。“中观设计”是介于宏观的课程体系和微观的某个知识点之间的一个单元或一个主题模块的教学设计，纵观各项教学研究可以发现，“中观设计”研究之人甚多，但“中观课堂”研究者却寥寥无几。

二、中观课堂的教学目标

中观课堂的教学目标也需从知识与技能、过程与方法、情感态度与价值观三个维度进行界定：

知识与技能目标：1. 对整个单元的学习进行定位，感受学习的必要性；2. 站在系统的高度，用联系的观点构建整个单元的知识结构图式，明确学习的重点、难点及学习计划。

过程与方法目标：1. 联系旧知，经历探究发现的过程，感受本单元学习的核心要素和知识本质，提炼出学习本单元的思想方法；2. 在探究发现的过程中，逐步掌握读书的方法，逐步学会用联系的观点，由标题展开联想，体会先做减法、再做加法、最后再做减法的学习方法。

情感态度与价值观：通过挖掘单元知识的发展背景因素和生活经验因素，降低起点，联系学生的知识基础，找到新知识的生长点，激发学生的求知欲，增强学生的兴趣和信心。

三、中观课堂的结构与策略

中观课堂没有模式，因为不同学科性质不同，同一学科不同单元容量、结构、地位也不同，统一模式一统就死，显然是不科学的。没有模式，不等于没有抓手，如何操作中观课，下面结合具体的实施案例，谈一下从教学实施层面摸索出的中观课堂的教学结构和策略。

（一）站在系统的高度创设情境，明晰宏观脉络

每一部分知识都是学科知识系统中的一部分，在学习一个新单元或模块知识时，从宏观上明晰知识的来龙去脉可以让学生学得更明白。因此，中观课堂强调教师要挖掘知识的发生、发展背景，并基于学生的生活经验，创设符合学情的导入情景，找准学生新知识的生长点，激发学生学习本单元的兴趣和好奇心，同时站在系统的高度，明确本单元或模块在学科宏观脉络中的地位和作用，做到心中有方向，学习有目标。

如《整式及其加减》一章的中观课，通过学生所熟悉的儿歌《青蛙》导入，完成从数到式的过渡，进而通过对式的分类，明晰“整式”在“式”这一系统中的地

位和作用，并明确了后续学习的方向和目标。如下图所示：

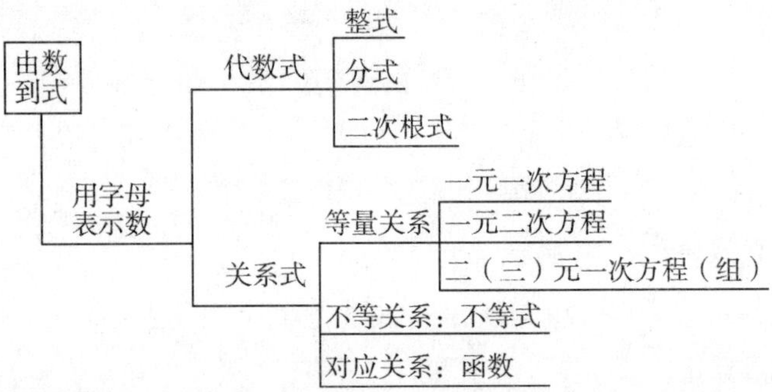

中观课堂的这一环节可以优化学生后续的学习过程（下图），使每一步习得的东西都能在第一时间进行准确有序地投放。通过优化学生的内化过程，省掉了整理这一步，一步到位，从而达到优化学习结果的目的。有序存储既保证了能举一反三，又保证了能快速提取，也就是学生的学习能既深刻又灵活，学生通过学习，学会理解，学会思考，能发现问题、提出问题、分析问题、解决问题。

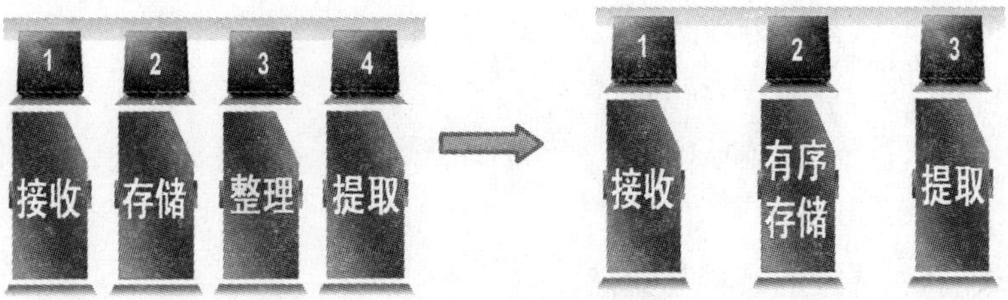

如对历史学科中六年级下册第三单元《统一多民族国家的巩固和社会危机》的宏观脉络的构建，通过播放一段关于自北京猿人到宋元时期历史发展的脉络及主要历史人物和事件，帮助学生回顾六年级以来所学过的主要内容，理清重大事件的历史顺序，从而有序构建本单元的知识：

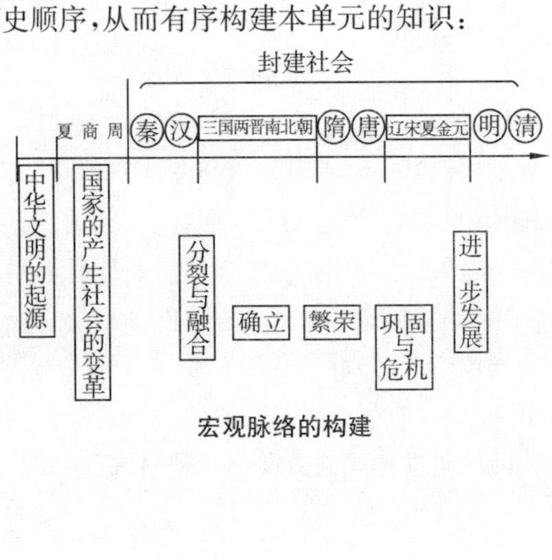

宏观脉络的构建

（二）用联系的观点设计序列化活动，构建中观线索

中观线索的构建是中观课堂的主体部分，是培养学生中观思维能力的主要载体，也是学生认知结构化的主要依托。怎样基于学情通过设计序列化活动使中观线索自然浮出水面，是中观课堂教学的重点和难点。综合各学科特点，探索出了以下几种构建中观线索的具体策略：

1. 基于课题联想的设计策略。此策略适用于课题名称本身能够体现单元核心内容的章节或模块，比如六年级上册数学《整式及其加减》一章，教师通过分解课题名称中的关键词“整式”和“加减”，引导学生联想，得出本单元的知识学习主要从整式的概念和运算两个角度进行，然后通过举例等活动感悟从“数”到“式”的过渡，了解单项式和多项式、整式等概念；通过类比小学所学的整数、小数和分数的运算本质——“同类”才能相加减得出整式加减的运算实质——合并同类项。最终构建起本单元的中观线索：

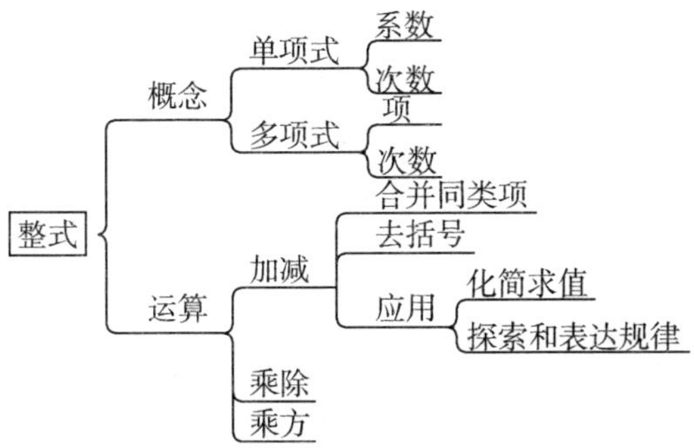

再比如，八年级物理《机械和功》这一单元，教师围绕课题中的两个关键词“机械”和“功”，通过拔钉子和不同方向推黑板两个活动，逐步搭建起中观线索：

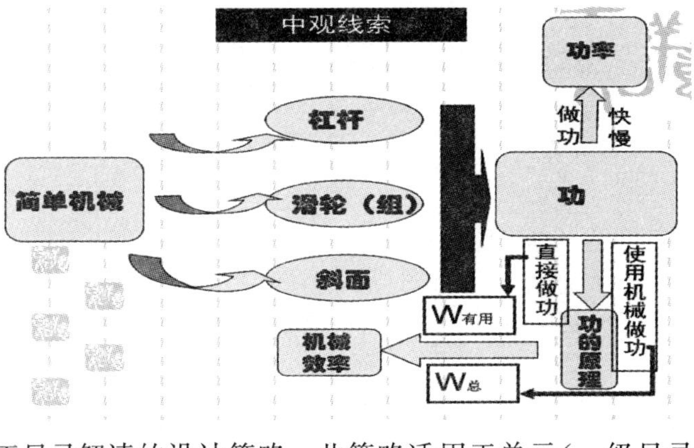

2. 基于目录解读的设计策略。此策略适用于单元（一级目录）下二级目录较多、内在逻辑关系明晰的章节或模块，比如六年级下册历史第三单元《统

一多民族国家的巩固和社会危机》的中观教学，教师基于宏观脉络引出本单元的学习对象——“明清”，并从历史学习视角提出问题：根据以往学习历史的经验，大家来判断一下我们需要学习哪些内容呢？学生回答：政治、经济、民族关系、对外关系、思想文化。然后师生结合本单元目录，通过寻找关键词、对关键词进行分类等序列活动，逐步解读出本单元的课题及体现本单元知识内在联系的中观线索，过程如下图：

单元章节目录

- 第16课：明朝君权的加强
- 第17课：郑和下西洋与戚继光抗倭
- 第18课：君主集权的强化
- 第19课：收复台湾与抗击沙俄
- 第20课：统一多民族国家的巩固
- 第21课：明清经济的发展与闭关锁国
- 第22课：时代特点鲜明的明清文化一
- 第23课：时代特点鲜明的明清文化二

一、明清历史概述

政治	第16课：明朝君权的[加强] 第18课：君主集权的[强化]
经济	第21课：明清经济的[发展]与[闭关锁国]
民族关系	第20课：统一多民族国家的[巩固]
对外交往	第17课：郑和[下西洋]与戚继光[抗倭] 第19课：[收复]台湾与[抗击]沙俄
思想文化	第22、23课：[时代特点鲜明]的明清文化

3. 基于问题驱动的设计策略。此策略适用于单元或模块内容相对于学生比较新颖、容易激发学生好奇心并能够围绕一个核心展开联想、产生系列问题、然后教师借助问题驱动学生对本单元的整体感知和框架构建，比如，六年级学生在学习《细胞是生命运动的基本单位》时，学生关于细胞的认知经验尚少，对细胞的结构等容易产生好奇心和系列疑问。借助学生产生的“细胞是什么样子的？”“怎样才能看到它？”“细胞为什么是生命活动的基本单位？”“细胞如何构成生物体？”等问题，梳理成框架图，为学生的后续学习指明方向。

单元	内容	问题
细胞是生命活动的基本单位	练习使用显微镜 观察植物细胞 观察动物细胞	细胞什么样？
	细胞的生活 单细胞生物	细胞能独立生活吗？
	细胞分裂 动物体的结构层次 植物体的结构层次	细胞如何构成生物体？

4. 基于学科基本思想应用的设计策略。此策略适用于能突出体现学科基本思想的单元或模块，比如八年级思想品德第一单元《我们依法享有人身

权、财产权、消费者权》，围绕思想品德学科的“理论联系实际”和“知行合一”的基本思想，通过播放视频、自学课本、小组讨论、代表展示等活动，师生共同构建出本单元的中观线索：

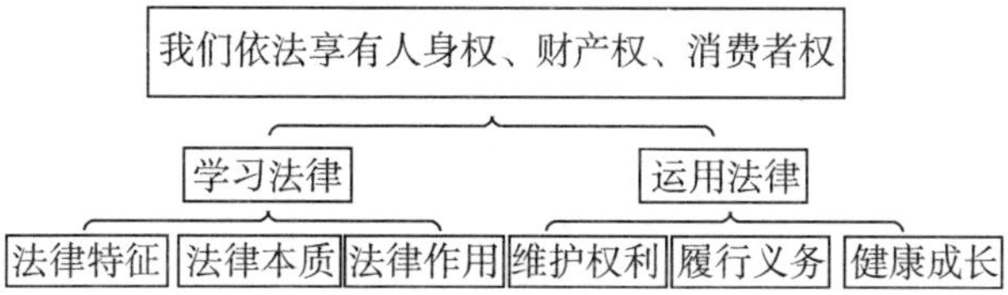

再比如，七年级地理第八章《西北地区》，本单元比较明显地体现了“地理位置决定地理环境进而影响人文环境”的学科思想，师生通过“以图识地、以地识理”序列化活动，共同构建起这一单元的中观线索：

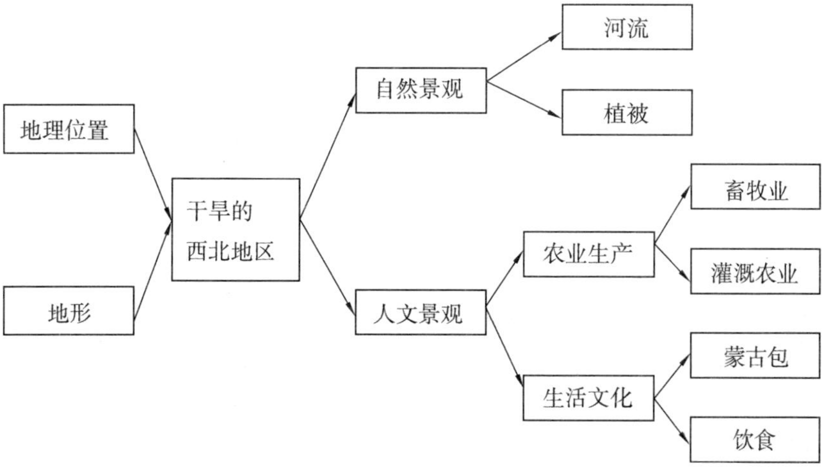

5. 基于主题拓展的序列化活动设计策略。此策略适用于以话题或主题为核心进行拓展的主题单元，比如语文开发的“1＋x”校本课程中，在学习《陋室铭》时，以作者“刘禹锡”为话题，搜集相关史料和文章，通过自读感悟、问题交流等活动，逐步构建起以“刘禹锡”为主题的中观线索：

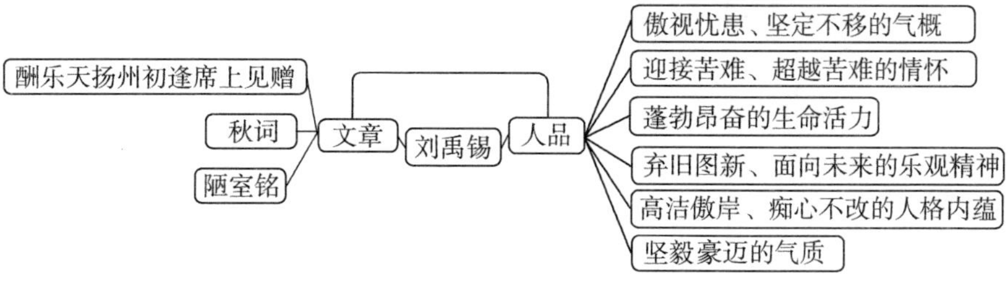

再比如，英语学科以“thanks-... giving”为话题，基于学生生活经验，引出

关心的五个问题：When？ How？ Who？ What？ Why？ 通过重点句型的解读和对话训练，逐步构建起关于这一主题的中观线索：

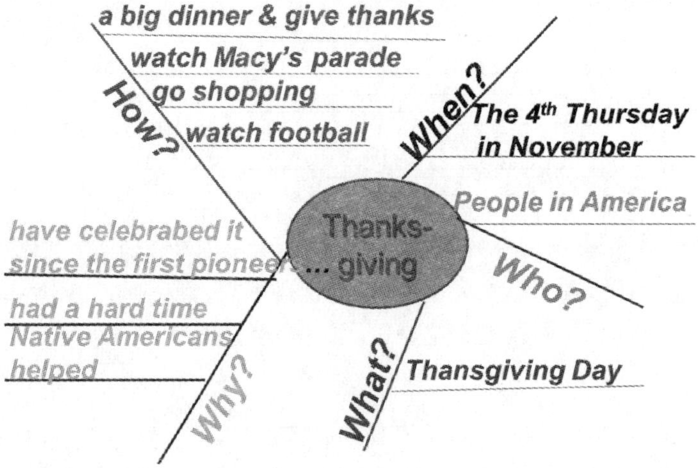

（三）以中观视角进行选材，落实微观教学

如果把单元的学习比作是建一座大厦的话，构建宏观脉络体现了中观课堂的高度定位，中观线索体现了中观课堂的长度和宽度定位，二者将楼体框架搭建起来，那么微观落实则开始为单元教学添砖加瓦。

中观课堂上的微观落实内容需要以中观视角进行选材，那些相对简单，相对独立、在构建中观线索中以此为阶梯的知识可以作为微观落实的部分，比如《整式的加减》中，单项式、多项式、项以及项的系数和次数等概念可以作为微观落实的内容。在此需要说明的是，并不是每一节课都需要有微观落实这一环节，需根据中观课堂实际需要科学合理落实微观教学。

中观课堂之后的微观落实则需要根据本单元的学习规划，以中观视角进行适度的整合，与传统意义上的课时授课相结合，共同完成本单元的学习，比如《整式的加减》中观课之后的微观落实，主要包括以下内容：合并同类项、去括号、化简求值和应用。

（四）以中观思维方式进行当堂检测，明确学习规划

中观课堂也有三维目标的达成，因此也需要进行当堂检测及反馈。不同的是，中观课堂的当堂检测需要教师以中观思维方式来设计和实施，通过检测的方式引领和培养学生的中观思维能力，从而提升学生的思维素养和学习力。同时，注重学生元认知意识的培养，引领学生逐步学会自我评价，培养学生自我规划意识，增强学生学习的主动性，比如《一元一次不等式及不等式组》单元

中观课堂检测：

一、选择题

1. 通过今天的学习，你感觉一元一次不等式这一章的内容好学吗？（　　）

A. 难　　B. 不难　　C. 很容易

2. 你适应这种授课方式吗？（　　）

A. 适应　　B. 一般　　C. 不适应

3. 在这一节课学习过程中，我们都应用到了哪些数学学习方法？（　　）（注：答案可以多选）

A. 分类　　B. 类比　　C. 数形结合

4. 这节课你类比方程学习了不等式的哪些知识？（　　）（注：答案可以多选）

A. 一元一次不等式的概念

B. 一元一次不等式的解集

C. 不等式的性质

D. 如何用数轴表示不等式的解集

5. 下列不等式的解集中不包括-4的是（　　）

A. $x\leqslant-4$　　B. $x\geqslant-4$　　C. $x\leqslant-5$　　D. $x\geqslant-5$

6. 右图表示的不等式的解集是（　　）

A. $x>1$　　B. $x<1$

C. $x\geqslant1$　　D. $x\leqslant1$

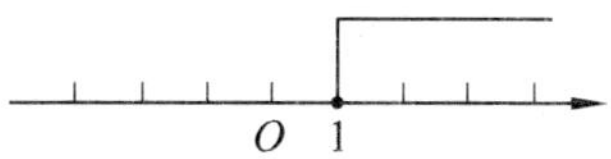

二、解答题

1. 在数轴上表示下列不等式的解集

(1) $-2<x\leqslant4$

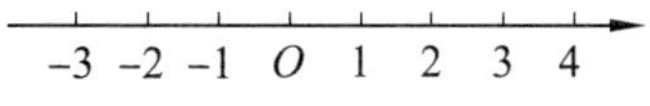

2. 请构建出本单元的知识框架。

其中选择题第1、2题主要检测情感态度与价值观，可以有效地增强学生的元认知意识；选择题第3、4题和解答题第2题通过对过程与方法目标设计的检测，有效地考查学生的中观思维能力和学习力；选择题第5、6题和解答题第1、2题通过对知识与技能目标设置的检测，一方面检测微观落实的知识技能；另一方面落实中观教学的知识技能——中观线索的构建。

最好的课堂教学是将学生的学习兴趣和动力延伸到课外。在中观课的末尾还有一个重要的任务，那就是明确本单元的学习规划，通过课时对照表呈现本单元学习计划。一方面，让学生心中有计划，做到心中有数，学有方向；另一方面，通过明确学习计划，增强学生学习信心，激发学生学习动力，将课堂学习兴趣和动力延伸到课外，比如前面提到的六年级下册历史第三单元《统一多民族国家的巩固和社会危机》，经过适度整合后的课时规划是：

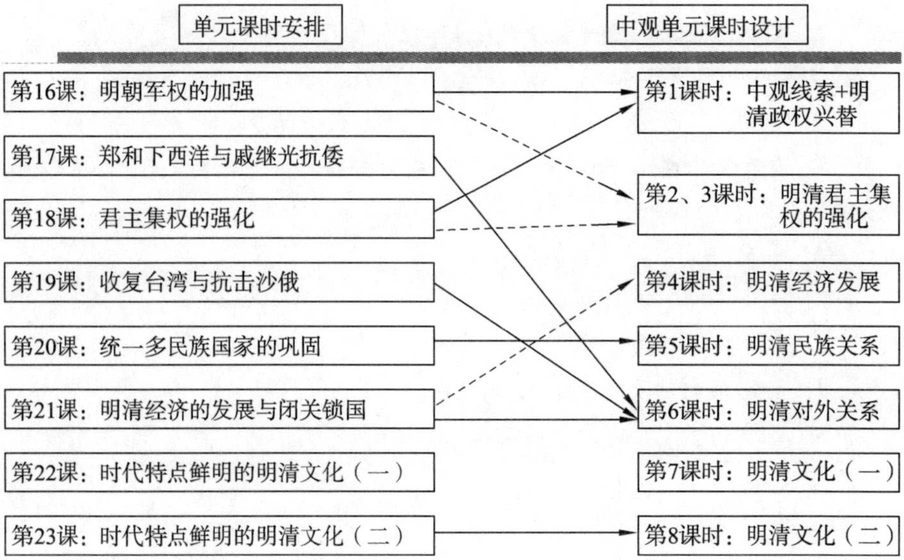

四、中观课堂的教学评价

从词源学来看，“评价（assessment）”这个词源于拉丁语“assidere”，意思是“和某人坐在一起（to sit with）”。（Satterly，D. Assessment in school [M]. New York：Basil Blackwell Ltd，1989：1.）斯沃菲尔德认为：“坐在旁边”的评价形式是许多教师教学实践中习以为常的一件事。无论是就其实际意义而言还是就其比喻意义而言，“坐在旁边”的评价都暗示着评价者要收集证据、解释证据以提供一些关于教师做了什么、学生学习了什么、他们的教学是否成功、下一步该做什么的信息，然后给师生提供反馈，关注他们教与学的质量，指出他们的优点和不足，进而给他们提供清晰和具体的指导建议。（Swaffield，S. Getting to the heart of authentic assessment for learning [J]. Assessment in Education：Principles，Policy & Practice. 2011，18(12)：433—449.）对于评价的概念界定最为全面和清楚的是贝里，她在对评价本质深刻洞察的基础上，提出评价就是评价者收集信息、分析和解释信息、进行推断、作出明智的决定、采取正确的行动改进教学和学习的一种有意识和有系统的活动。(Berry, R. Assessment for learning [M]. Hong Kong: Hong Kong University Press, 2008:6.)

当评价应用到课堂情境中时便衍生出了课堂评价这个概念,但究竟何为课堂评价,对此,中外学者依据自己的研究视角,从自己的教育文化传统,对课堂评价的概念进行了不同的解释。在我国,许多研究者认为课堂评价是指对教师的课堂教学进行价值判断的活动,具体指向是对教师教学过程、板书、师生互动情况、教学方法的评价和建议。在此,课堂评价是对教师评价的一部分,评价的对象是教师,评价的主体主要是学校的行政领导或教研人员,评价的目的主要是对教师教学效果的一种价值判断。然而,对其含义国内也有学者提出了不同的理解,如沈玉顺认为课堂评价是指教师为了判断学生的学习情况、了解自己的教学效果、促进学生的有效学习而开展的对学生学习信息的采集、分析和利用活动。①

综合以上对"评价"和"课堂评价"的概念的分析,中观课堂的教学评价包含两个层面的含义:一是以教师的教学为评价对象,从中观课堂设计、课堂实施、课堂效果三个维度搜集数据、分析数据,从而发现教师教学中的优势和不足,进而通过调整教学策略改进教学的一种系统化活动;二是以学生的学习为评价对象,通过课堂上对学生表情、动作、语言、学习状态、个性特征的观察,以及课堂练习、当堂检测、课后作业等学生学习信息的反馈,对学生学习进行诊断,进而采取相应措施促进学习的系统化活动。

简单地说,中观课堂的教学评价包括对"教师的教"和"学生的学"两个方面的评价。因为中观课堂是一种由教师主导的创新性课堂教学活动,所以教师的教学行为是否科学,是否能达成预期的目标,需要通过评价进行诊断,从而发现问题、解决问题,逐步优化中观课堂教学。从这个意义上说,评价的过程实质上是一个研究过程,在这个研究过程中,逐步清晰了中观课堂教学评价的基本思路和评价维度,制定了简单、易操作的中观课堂评价表。

① 沈玉顺.课堂评价[M].北京:北京师范大学出版社,2006:1.

淄博高新区实验中学中观课堂评价表

<table>
<tr><td>单元主题名称</td><td colspan="2"></td><td>执教教师</td><td></td></tr>
<tr><td colspan="4">评价内容</td><td>参考值</td></tr>
<tr><td rowspan="6">中观
设计
（20 分）</td><td colspan="3">1. 了解学生对单元教学内容的兴趣、已有知识准备及学生关注点。</td><td>3</td></tr>
<tr><td colspan="3">2. 单元课标解读到位，教学目标完整、具体、可操作；当堂达成及预留任务明确。</td><td>5</td></tr>
<tr><td colspan="3">3. 画出比较清晰的内容结构图。</td><td>3</td></tr>
<tr><td colspan="3">4. 列出教材目录与内容分解重组后的对照表及课时安排。</td><td>2</td></tr>
<tr><td colspan="3">5. 能描述单元体现的学科思想。</td><td>5</td></tr>
<tr><td colspan="3">6. 准备好教学所需的各种资源。</td><td>2</td></tr>
<tr><td rowspan="7">中观
实施
（40 分）</td><td colspan="3">1. 情境创设符合主题要求，教学内容能吸引学生的注意。</td><td>3</td></tr>
<tr><td colspan="3">2. 宏观脉络简洁、中观线索清晰，内容结构图符合逻辑；活动设计能引领学生在充分感悟、体验中理解、构建宏观脉络和中观线索。</td><td>10</td></tr>
<tr><td colspan="3">3. 学科思想体现充分。</td><td>7</td></tr>
<tr><td colspan="3">4. 微观落实内容明确，当堂达标难度、广度适中。</td><td>5</td></tr>
<tr><td colspan="3">5. 学习计划清晰，预留知识线索为后续学生学习做准备。</td><td>5</td></tr>
<tr><td colspan="3">6. 学生自主学习和探究的机会多、氛围浓。</td><td>5</td></tr>
<tr><td colspan="3">7. 教师对小组合作情况及学生学习情况的评价及时到位。</td><td>5</td></tr>
<tr><td rowspan="6">教学
效果
（40 分）</td><td colspan="3">1. 学生能清晰地了解单元主题的结构脉络及其构建过程。</td><td>7</td></tr>
<tr><td colspan="3">2. 学生能感悟到单元主题中体现的学科思想并能举例说明。</td><td>7</td></tr>
<tr><td colspan="3">3. 学生课堂生成有效，能够发现问题、提出问题并能积极进行思考与探究。</td><td>7</td></tr>
<tr><td colspan="3">4. 学生知晓单元学习的课时规划，能根据预留问题明确后续的学习任务。</td><td>6</td></tr>
<tr><td colspan="3">5. 微观落实内容达标率高。</td><td>7</td></tr>
<tr><td colspan="3">6. 学生能对自己的学习过程和结果做出恰当的评价。</td><td>6</td></tr>
<tr><td>总评</td><td colspan="3"></td><td></td></tr>
</table>

中观课堂学习的主体是学生，学生的学习效果是中观课堂的出发点和归宿，是教师进一步完善中观课堂的学情依据，及时对学生的学习效果进行诊断，有助于教师采取相应措施促进学生系统化学习。因此对“学生的学”的评价是中观课堂的重要组成部分，在实践中我们探索出了中观课堂学生学习效果评价量表，如下：

淄博高新区实验中学中观课堂学生学习效果评价表

<table>
<tr><td colspan="2">单元主题名称</td><td></td><td>执教人</td><td colspan="2"></td></tr>
<tr><td colspan="4">评价内容</td><td colspan="2">评价结果</td></tr>
<tr><td rowspan="8">学习
效果
(100分)</td><td colspan="3">1. 学生能从系统的高度感悟到主题单元学习的必要性、地位和作用。</td><td>10</td><td></td></tr>
<tr><td colspan="3">2. 学生能用联系的方法建构主题单元的知识结构图。</td><td>15</td><td></td></tr>
<tr><td colspan="3">3. 学生课堂生成有效，能够发现问题、提出问题并能积极进行思考与探究。</td><td>15</td><td></td></tr>
<tr><td colspan="3">4. 学生能感悟到主题单元中体现的学科思想及学习本单元的主要方法。</td><td>15</td><td></td></tr>
<tr><td colspan="3">5. 微观落实的知识技能达标率高。</td><td>15</td><td></td></tr>
<tr><td colspan="3">6. 学生能了解单元学习的课时规划，能明确后续的学习重点和难点。</td><td>5</td><td></td></tr>
<tr><td colspan="3">7. 学生能对自己的学习过程和结果做出恰当的评价。</td><td>15</td><td></td></tr>
<tr><td colspan="3">8. 学生认同中观课堂教学，对主题单元学习的好奇心、自信心有所增强。</td><td>10</td><td></td></tr>
<tr><td>总评</td><td colspan="3"></td><td colspan="2"></td></tr>
</table>

第三章　中观课堂的实践研究

第一节　语文中观课堂实践研究

一、学科性质解读

《全日制义务教育语文课程标准》在第一部分"课标性质与地位"中指出："语文是最重要的交际工具，是人类文化的重要组成部分。工具性与人文性的统一，是语文课程的基本特点。"这一表述澄清了人文性论与工具性论之争，这一新的理念，解决了关于语文教育最重要最关键的问题。"语文课标"既肯定了语文的工具性，又肯定了语文的人文性，把二者统一起来，在语文教学的发展史上首次提出了"工具性与人文性的统一，是语文课程的基本特点"。这一新的理念既继承了语文教育应该使学生切实掌握语文这个工具、打好语文基础这一传统的正确观点，又反映了语文教育应该体现固有的人文精神并加强人文精神的新的时代特点。

二、学科思想介绍

(一) 学科思想

语文课程是以语言文字为媒介来认识世界、发展思维、熏陶情感、获得审美体验的课程。

语文课程应激发和培育学生热爱祖国语文的思想感情，引导学生丰富语言的积累，培养语感，发展思维，初步掌握学习语文的基本方法，养成良好的学习习惯，具有适应实际生活需要的识字写字能力、阅读能力、写作能力、口语交际能力，正确地理解和运用祖国语言文字。

培养学生高尚的道德情操和健康的审美情趣，形成正确的价值观和积极的人生态度，是与帮助他们掌握学习方法、提高语文能力的过程融为一体的，应该根据语文学科的特点，注重熏陶感染、潜移默化，把这些内容渗透于日常的教学过程之中。

（二）学科思想与典型知识对照表

学科思想	典型知识
认识世界，发展思维	基础知识；古诗文阅读；现代文阅读
熏陶情感，获得审美体验	现代文阅读；写作

三、学科核心概念框架图

语文学科核心概念：语言。

语文是美的，这种美潜伏在语言深处。语文课首先要上出语文味，要上得朴素自然，要向学生传递语言深处的美。真正的语文课要踏踏实实地回归到文本，聚焦于语言文字，凸显语文课的本色，着力于学生语言的内力。语文课必须遵从从语言开始、最后再回到语言文字的原则。

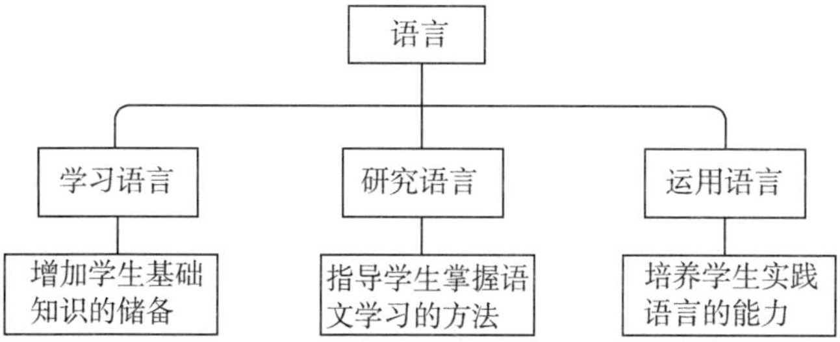

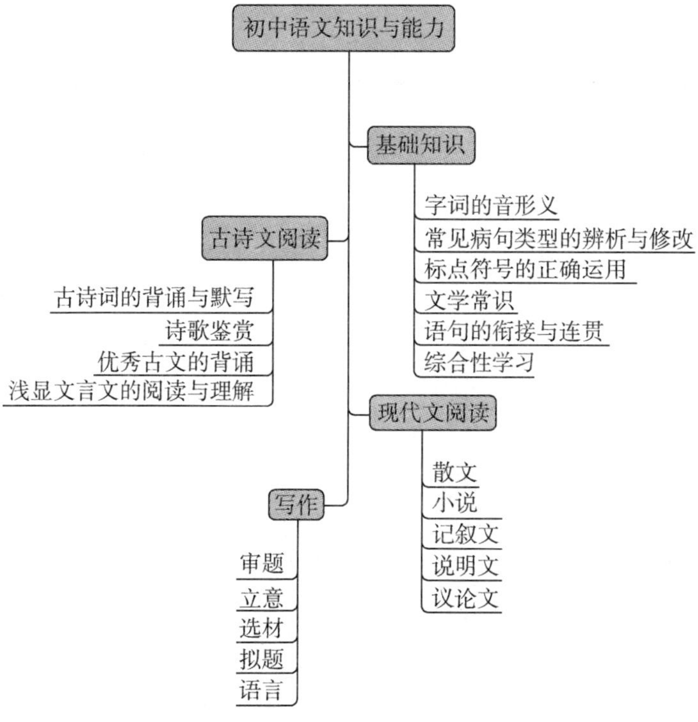

四、学科认知结构化策略

“课标”非常重视语文学科的综合性和整体性，要求教师对语文素养的认识、对教材的科学处理、对学生学习方式的转变等都予以充分关注并力求做出成效。

我们认为，中观课程是指对不同来源、不同层次、不同结构、不同内容的课本资源进行识别与选择、汲取与配置、激活和有机融合，使其具有较强的柔性、条理性、系统性和价值性，并创造出新的资源的一个复杂动态过程的课程。

中观教学摆脱了“一课一教”的传统教学思路，更加关注单元整体目标的达成，整体目标的落实得到有效强化，摆脱了浅层徘徊的局面，保证了学习的深入，从而实现了教学内容编排和学习方式的有机整合，使学什么和怎么学的问题得到很好的解决。

（一）单元之内进行整合

方法是宏观上审视一个单元的所有课文，分析它们的相同点和不同点，透视单元内蕴、提取单元主题线索，形成对本单元知识的再认识。

教学内容的设计应避免繁琐化和简单重复，要突出重点、加强整合，注重情感态度、知识能力之间的联系，致力于学生语文素养的整体提高。

整合教材要有开放性和弹性。在合理利用课本内容的基础上，选准拓展点，然后围绕拓展点选取多篇文章，扩大阅读空间，以满足不同学生学习和发展的需要。

如鲁教版语文六年级下册第四单元，本单元以探险为主题，题材丰富，文体多样，情节引人入胜，主题令人深思，语言表达准确优美。

本单元的中观线索我们提取的是探险，围绕着探险这个主题展开教学。

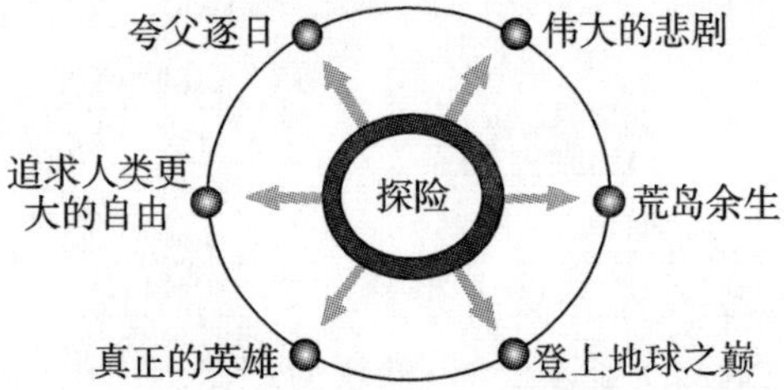

导入：

人类对未知世界的好奇与生俱来，人类探究未知世界的脚步从未停歇。为了追求人类更大的自由，从远古的夸父到现代的航天员，从荒芜的小岛到寒冷的南极，从白雪皑皑的地球之巅到广袤的宇宙……

茨威格、笛福、里根，向我们讲述了一个个探险家的故事。今天就让我们走近他们，一起去感悟他们的人生故事。

环节一：

故事会：讲讲探险家们的故事。

环节二：

讨论会：讨论一下他们的探险值得吗？

环节三：

辩论会：他们是不是英雄？

1. 作者茨威格不为南极探险的胜利者阿蒙森写传记，而充满激情地为失败者斯科特写下悲壮的一幕，这是为什么？

2. 里根认为为探索宇宙而牺牲的七名宇航员是真正的英雄，你心目中的英雄需要具备怎样的条件？

拓展阅读：茨威格《争取南极的斗争》。

又如鲁教版语文九年级上册第二单元，共有五篇课文：《谈生命》《那树》《地下森林断想》《人生》《落叶》。传统的教学是逐篇突破，各个篇章独立存在。但如果从中观的角度来俯瞰这个单元，我们发现这一单元竟然汇聚了丰富多彩的“生命”的形态。于是围绕“生命”主题，我们设计了四个专题：

专题一：认识生命——《谈生命》《人生》；

专题二：敬畏生命——树之歌：《地下森林断想》《落叶》《那树》；

专题三：珍惜生命——拓展阅读：《生命生命》《生命如萍》《向生命鞠躬》；

专题四：讴歌生命——写作训练：生命之歌。

通过这样的单元整合，突出了“生命”的单元主题，形成了专题阅读与写作训练的系统，更重要的是，通过本单元的学习，学生将在思维上对本单元进行语文框架的建构，语文不再是零散的知识点的记忆。

经过这样的整合，单元的主题更加突出了，知识也更加系统了。

又如鲁教版语文七年级下册第五单元共有五篇课文：《三峡》《短文两篇》（含《答谢中书书》和《记承天寺夜游》）《湖心亭看雪》《诗四首》（含《归园田居》《使至塞上》《渡荆门送别》《游山西村》）《观潮》。同样，从中观的角度来俯瞰，这一单元汇聚了多种多样的美的形态。

《使至塞上》《渡荆门送别》《三峡》展现的是祖国河山的苍凉、雄浑之壮美。《答谢中书书》则可以体味山水的宁静之美。《归园田居》《游山西村》展示出农家田园之乐、农村生活风俗之美。《记承天寺夜游》《湖心亭看雪》可以体会到面对人生困境时文人士大夫阶层不同的意趣。

（二）在单元之间进行整合

在教学过程中，单独的一篇课文，一条独立的信息，研究的价值也许不明显，为了让学生获得更开阔的视野、得到更大的锻炼，教师可以引导学生把一篇文章放到一个参照系中，通过比较、分析，寻找异同，领悟特点，探讨普遍规律。比如《陋室铭》这篇文章，我们可以围绕这篇文章、结合刘禹锡的其他诗篇来进一步了解这个人。

单篇：《陋室铭》

问题：这样一个刘禹锡，屡次被贬之后，会放弃自己的追求和志向、甘心偏居陋室、闲适终老吗？

拓展篇目：《秋词》

自古逢秋悲寂寥，我言秋日胜春朝。

晴空一鹤排云上，便引诗情到碧霄。

拓展篇目：《酬乐天扬州初逢席上见赠》

巴山楚水凄凉地，二十三年弃置身。

怀旧空吟闻笛赋，到乡翻似烂柯人。

沉舟侧畔千帆过，病树前头万木春。

今日听君歌一曲，暂凭杯酒长精神。

从这些诗文中我们解读出了一个立体的刘禹锡：他有

一种傲视忧患、坚定不移的气概和迎接苦难、超越苦难的情怀；

一种蓬勃昂奋的生命活力和弃旧图新、面向未来的乐观精神；

一种高洁傲岸、痴心不改的人格内蕴和坚毅豪迈的气质。

又如鲁教版语文六年级下册第一、二单元的教学，可以对这两个单元所有课文进行主题的整合，进行有价值的分类，比如：

两个单元的共同主题：热爱生命

生命意识：《生命生命》《紫藤萝瀑布》

生命理想：《在山的那一边》《理想》《行道树》

生命智慧：《走一步，再走一步》《童趣》《人生寓言》《我的信念》《〈论语〉十则》《第一次，真好》

这样的整合使原本散乱的单篇教学呈现出了新的样式，以中观线索为依托，解决了语文教学零敲碎打的弊病，展示出中学语文学习的崭新格局。

(三) 打破单元限制，围绕主题进行整合

在初中课本中，鲁迅的作品有九篇之多。对鲁迅的作品进行整合后我们发现，鲁迅虽没有专门创作儿童文学作品，但在他的小说和散文里却塑造了许多鲜明的儿童形象(《社戏》《故乡》《从百草园到三味书屋》《阿长与山海经》《风筝》)，如《故乡》里那个在“我”看来无所不知的“闰土”；《从百草园到三味书屋》里享受“乐土”的“我”；《阿长与山海经》里那个爱听爱看鬼狐故事的“迅哥儿”以及《风筝》里那个呆呆地望着天空的“我的弟弟”……这些可爱的娃娃，那些天真烂漫、生动活泼的童趣，多么撩拨我们的心扉。鲁迅描写儿童形象的作品犹如一幅江南水乡牧童吹笛图，氤氲着鲁迅的思乡情结。而

我们在读这些文字的时候，很容易看到一种欢乐、自由、和谐的生活状态。如果参照鲁迅作品中的成人世界，这童年世界里显然有鲁迅对儿童世界的向往和期待。

活动一：我最想参与的童年记忆

《社戏》《故乡》《从百草园到三味书屋》《阿长与山海经》《风筝》这几篇文章为我们描述了好些美好的童年记忆。如果我们能穿越时空隧道，你最想参与到哪一段时光里去，请结合课文内容简要说说你的选择和理由。

活动二：请你做我的朋友

1. 这几篇文章描述了好多个可爱的孩子，如果让你选择一个做朋友的话，你会选择谁？

要求：找出文章中描写孩子的片段，出声朗读并简要分析其特征，说说选择他或她做朋友的理由。

2. 从不同的角度，归纳鲁迅笔下儿童形象的共同特征：

(1)外貌；(2)言语行为；(3)所处环境。

活动三：这样的童年世界

1. 出示任务：鲁迅用鲜活的文字，为我们塑造了一个鲜活的童年世界，请你再次阅读这几篇文章，用“童年的世界是________的世界”说一段话。

2. 引导学生走进鲁迅，探究描写童年世界，塑造儿童形象的缘由。

中观教学设计将教材进行了重新整合，关注鲁迅笔下的一类形象，探究其共同点，分析写作的意图，学生由知识点的学习变成网状知识的构建，有助于学生很好地把握作家作品的特点。以“童年记忆”贯穿课堂始终，贴近学生的生活，有利于保持学生的学习热情。

总之，相比传统的“一课一学”“逐课推进”的教学思路，中观教学不仅为教学在深度、宽度、广度上的拓展延伸提供了教学时间上的保证，同时，使得语文教学更灵活、更开放、更专业，使语文课堂教学更聚焦。这种教学方法让教师摆脱了教材的羁绊和束缚，有利于教师树立大语文观。

附：《陋室铭》中观教学实录

(一) 单元课标分析

语文新课程标准要求语文课程要注重整体把握和熏陶感染，使学生在不同内容和方法的相互交叉、渗透和整合中开阔视野，加强教学内容的整合，统筹安排教学活动。通过打破单元、年级之间的限制，使学生能有联系地阅读文本、阅读文本背后人物的精神世界，从而获得对人生的有益启示，发挥祖国优秀文化的熏陶感染作用，逐步形成良好的个性和健全的人格。

刘禹锡的作品所体现出来的面对人生困境不折腰不屈服的乐观精神和人生选择对于学生精神的成长必然有促进作用，而这样的精神与选择又必然地体现在具体的语文文字及塑造的情境和人物形象中。关于阅读教学，新课程标准这样要求：对作品中感人的情境和形象，能说出自己的体验，品味作品中富有表现力的语言。阅读教学必然要落实到祖国丰富厚重的语言文字当中去。语文课要踏踏实实地进入文字，着力于学生语言的内力，如《陋室铭》中“孔子云：‘何陋之有’”中对“君子居之”的省略，既符合文言语言简练的特点，又符合语言表达含蓄的特点，同时也表达出了刘禹锡对自身高洁品质的自信与豪气。通过阅读品味这样的语言，体会其中的情感，感受中国古代知识分子的精神特质。

(二) 单元教材分析

唐宋文人被贬者不胜枚举。王维失意唱阳关；韩愈被贬走秦岭；白居易左迁浔阳江头作《琵琶行》；苏东坡谪居湖北黄州唱大江东去……品唐宋被贬文人之诗文，品出的是一个个散发着独特香气的精神的贵族。面对贬谪，他们或抑郁难平纵情任性，或以一己之力为民请命，或达观知命寄情山水……

而刘禹锡是其中最独特的存在。遭受贬谪的他并没有意志消沉，他没有选择精神的“桃花源”，而是身在淤泥之中依然顽强乐观地生长，谪迁巴山楚水吟诵出《酬乐天扬州初逢席上见赠》等不朽篇章。就是这个刘禹锡，留下诗文800多篇，被称为中唐“诗豪”；就是这个刘禹锡，他一生辗转奔波于仕途，虽历经艰辛却痴心不改；就是这个刘禹锡，先后被贬到连州、和州、苏州，但每一个地方的老百姓都“因祸得福”，因为他深入民众，体察民情，勤廉守政，力行教育，为当地的发展做出了历史性的贡献。官场的险恶与人情的冷暖并没有浇灭刘禹锡心中的战斗之火，他潇潇洒洒地提起笔，对炎凉世态、坎坷仕途作出了最昂扬最诗意的回答。“诗豪”可谓是其文品、人品的最好诠释。

在整个语文教材中，涉及刘禹锡的文本共有三篇，除了《陋室铭》以外，还有讲读课文《酬乐天扬州初逢席上见赠》和附录古诗《秋词》。这三篇诗文都能很好地印证刘禹锡乐观坚强的性格特质，也代表了古代贬谪文人的一种人生选择。因此，以走进刘禹锡的精神世界为教学核心目标，对教材进行重新整合，通过赏析刘禹锡在困境中坚守自我的精神，探询古代此类贬谪知识分子的人格追求。

(三) 中观学情分析

七年级学生经过一年的学习，已经初步掌握了文言文学习的一些方法，如知人论世等，而且经过以往的朗读训练，学生比较容易感受到短文的独特之处，容易从朗读中获得情感的熏陶和感染，如《陋室铭》音韵铿锵的音乐美和整齐对仗的形式美，但对于学生来说，进行“有联系”的中观学习和文本之间的“以文解文”，仍有一定的困难，需要设计有效的主问题、开展一些活动进行学习的引导。另外，学习刘禹锡《陋室铭》之前，学生刚刚学习了陶渊明的《桃花源记》，理解了陶渊明归隐的人生选择，同时也对隐士文化有了一定的了解，而《陋室铭》中，尤其是对“陋室”和日常生活的描述，与“隐士”有相似之处，这样《陋室铭》文本内部出现了矛盾，是理解的难点，刘禹锡是否会像陶渊明一样选择归隐，会引起学生的思考，从而引起学生对文本阅读的内驱力。同时对《酬乐天扬州初逢席上见赠》《秋词》关键句的品读也会加深学生对刘禹锡不屈服性格特质的理解。通过分析可知，面对人生困境古人出现了两种不同的选择，一种是洁身自好的自我归隐，一种是坚守自我不断抗争，这是中国归隐文化和归隐文学中很重要的精神内核，也是民族文化很重要的组成部分。而这些是学生理解的难点，也是这堂课学习的重点。

(四) 中观教学目标

1. 通过朗读，了解“铭”这种文体的特点。

2. 随文学习重点文言字词，通过品读关键句，探究刘禹锡面对困境时的人生选择及精神内核。

(五) 单元中观线索

以《陋室铭》文本内部矛盾为切入点，以“诗豪”刘禹锡的性格特质为中心进行文本的梳理，从而分析古代文人面对困境时的人生选择。

(六) 单元课时规划表

原课时安排	2
中观课时安排	1

(七) 教学过程实录

师：在中唐时期有这样一位文学家，他满腹才华，诗文兼工。诗与白居易齐名，并称“刘白”；文与柳宗元齐名，并称“刘柳”。他心怀远大政治抱负，一心革除政治积弊，为此积极参与政治变革，不想一朝失败，被贬出京城，由监察御史直贬为小小地方官，他就是刘禹锡。贬官之后，刘禹锡曾在安徽和州任刺史，他在和州城半边街为自己建了一所小小的居室，自称为“陋室”，并特地为这间陋室写了一篇文章《陋室铭》，还专门请当时的大书法家柳公权书写然后勒石成碑立于门前。今天我们就来学习刘禹锡的这篇传世佳作《陋室铭》。

师：对于题目，同学们还有不理解的地方吗？

(没有人举手质疑)

师：同学们的预习非常充分，那我就考考大家。“陋室”是什么意思？

生：简陋的屋子

师：你能描述一下简陋的屋子是什么样子的吗？

生：只有一张床、一张桌子、一把椅子。

生:茅草做的屋顶。

生:墙壁粗糙。

生:雨天屋顶会漏雨。

师:通过大家的描述,老师感觉到了一阵凄清的寒意。“铭”是什么意思?

生:是一种文体。

(课件出示幻灯片1)

[铭的含义

铭的图片

铭,古代刻在器物上用来警戒自己或者称述功德的文字,后来就成为一种文件。

《陋室铭》是刻在碑上,立在陋室旁用来鞭策、勉励自己的文字。]

师:请同学们用“铭”来组个词。

生:铭记,铭心刻骨。

师:有牢牢记住、不可忘却的意思。那么刘禹锡想要通过这篇铭文勉励自己在这间陋室中要铭记什么呢?接下来我们就来学习这篇文章、解决这个问题。

师:这篇铭文仅有八十一言,文字优美,意味隽永,诗情画意,让人流连忘返。下面我们就一起来品读这篇短文的“诗情画意”吧。

师:铭文的特点,一是用韵,二是多用骈句,句式整齐。这就使文章具有鲜明的节奏感,具有诗歌一样的韵律美。接下来我们一起看一下怎么读出这种韵律美。

(课件出示幻灯片2)

[1. 韵脚要读得实在、响亮;

2. 骈句的前后两个半句的停顿要一致。]

师:用韵,大家之前已学过无须多说,韵脚大家在预习的时候也已经找出来了。我们来看骈句,这样的句子具有什么特点?

生:句式对称。

生:前后两个半句字数相同。

师:对,这两位同学有不错的常识积累。骈句的特点是运用对偶修辞,前后两个半句字数相同、结构一致。请大家找一找文中的骈句。

生:苔痕上阶绿,草色入帘青。

生:谈笑有鸿儒,往来无白丁。

生:无丝竹之乱耳,无案牍之劳形。

生:南阳诸葛庐,西蜀子云亭。

师:山不在高,有仙则名。和哪一句对偶?

生：水不在深，有龙则灵。

师：嗯，这个比较特殊，是整句对偶。

师：大家看“可以调素琴，阅金经”这句话，我们能不能添上一个词语使其变为一个骈句？

生：加上“可以”，后半句就变为“可以阅金经”了。

师：后半句的这个“可以”其实是作者为了避免重复，承前省略了。很好地体现了古文用语简约的特点。

师：大家是怎么画的停顿呢？文中的句子都是几字句？

生：有四字、五字的，还有六字的。

师：四字句怎么顿？

生：二二。

师：五字句怎么顿？

生：二三。

师：六字句怎么顿？

生：三三。

师：那有没有特殊情况呢？

（无人回答）

师：好，那下面老师给同学们范读一遍，请大家注意听老师是怎样读韵脚和停顿的。还要找出那个停顿比较特殊的句子。

（师配乐范读）

师：哪个句子的停顿不一样？

生：山不在高，水不在深，是一三停顿。

（课件出示幻灯片 3）

［原文（标注韵脚和停顿）］

师：请大家看大屏幕的提示，在这两个方法的指导下，结合老师的范读和自己的理解，大声朗读一遍课文，读出韵律美。

（生朗读；师巡视指导）

师：好，我们先读到这里。请同学们推荐一位同学给大家展示一下吧。

（同学们推荐）

师：同学们异口同声推荐你，那肯定是极棒的，那就请你来范读。

（生范读）

（师点评，指导）

师：你读得这样美，老师给你配上音乐，让大家再享受一次。

（生读完）

师：谢谢你！请坐。大家再推荐一位女生来读可以吗？

（同学们推荐）

师：好的，有请。

（生读完）

师：你的朗读更有一种婉约美在里面。（做相应的指导）下面请大家练习一下小组齐读。组长注意做好组织工作，形式自定。

（生练习小组齐读）

师：两个展示的机会，哪个小组先来？

（小组展示，生点评）

师：我们来一遍全班大齐读。（配乐）

（生读完）

师：感谢同学们，很美！下面我们来尝试一下脱稿朗诵可以吗？请大家闭上眼睛，边朗诵边想象文字为我们呈现出来的画面。（配乐）

（生读完）

师：相信大家在刚才的朗诵中，脑海中闪现出多幅画面。那我们不要让它们偷偷溜走了，留住它们，定格在笔端，好吗？

生：好！

师：请大家看屏幕，体会文中这四句话所展现的四幅画面美丽之处。

（课件出示幻灯片 4）

[请同学们发挥想象力，联系刚才朗读时的感悟，选择一幅你喜欢的画面用优美的语言描绘出来。

“苔痕上阶绿，草色入帘青。”

“谈笑有鸿儒，往来无白丁。”

“可以调素琴，阅金经。”

“无丝竹之乱耳，无案牍之劳形。”]

（生描绘画面，师巡视指导）

师：请大家暂时停笔，我们写到这里。下面在组内交流自己的习作，并推选优秀习作，没有完成的同学可以即兴补充。

（生组内交流，师巡视指导）

师：接下来我们有四个在班内展示的机会，希望同学们能把握住，可以自荐也可以推荐。每位同学描写一幅画面。

生：“苔痕上阶绿，草色入帘青。”向我们展现了这样一幅画面：青苔绿绿的，密密的，茸茸的，像一方绿绿地毯，落在我的陋室的阶前；还有那阶前的丛丛青草，青青的茎，青青的叶，透过我那稀疏的竹帘，显出一派绿色。

师：写得真美啊。老师有个疑问，古文用语不是追求简约吗？这句话怎么就拖沓了呢？谁都知道苔藓是绿的，草是青的，不需要写出来啊，直接写“苔痕上阶，草色入帘。”不是更简洁吗？你同意老师的这个改法吗？为什么？

（生沉默）

师：我们来分别翻译一下。先翻译改后的句子，谁来？

生：苔痕长到阶上，草色映入帘里。

师：我们能把这个翻译再扩充一下吗？苔藓从哪里长到台阶上？

生：院子里。

师：同样的，草长在哪里？

生：院子里。

师：好，我们给补充完整。院子里满是苔藓，一直长到台阶上；院子里长满杂草，草色都映到门帘里了。这让你想到一种什么样的环境？

生：阴暗的、潮湿的、荒凉的。

师：这不正是陋室的写照吗？

师：再来看原句，我们在刚才翻译的基础上，添上去掉的这两个字。一起来，“苔痕长到阶上，一片翠绿”“草色映入帘里，一片青葱”，这又让你联想到一种什么样的环境？

生：明丽的、充满活力的、清新的。

师：正是刚才这位同学为我们描述出来的画面，优美、清新。真是化腐朽为神奇的两个字，感觉完全不同。能将一个潮湿、荒凉的环境写得如此清新明丽、如此美好的一个人，他的内心世界该是怎样的啊？

生：他的内心世界必定是积极的、美好的、明朗的。

师：好，我们再请下一位同学。

生：“谈笑有鸿儒，往来无白丁。”写出了这样的一个画面：博学的、有修养的人来陋室中与我交谈，我们吟诗作赋，谈古论今，室内外充满着欢声笑语。

师：博学的人，你从哪里看出来的？

生：鸿儒。

师：鸿，怎么解释？

生：大。

师：嗯，满腹学问的读书人。

师：好，下一位同学。

生：“可以调素琴，阅金经。”闲来无事，便弹一弹没有装饰的琴，读一读金刚经。

师：没有装饰的琴，怎么看出来的？

生：素琴。

师：简单、朴素。老师给大家播放两段音乐，大家来听一听，哪一段应该是这种简单、朴素的琴弹奏的。

生：第二段。

师:为什么是第二段呢?

生:高雅。

师:那你认为作者是把琴摆在几案上,点好熏香,一本正经地弹奏吗?

生:不是。

师:有一个字可以给我们提示。

生:调。

师:调是什么意思?

生:调弄。

师:谁能做个调弄的动作?

(生模仿动作)

师:随意地把琴摆在案边、床头,甚至直接抱在怀中,放在腿上,赏月吟诗的间隙,偶尔拨弄一下琴弦。这是一种什么样的状态?

生:闲适、悠然自得。

师:"金经"是什么意思?

生:佛经。

师:根据大家的生活经验,信奉佛理的人追求什么样的生活?

生:无欲无求、宁静。

师:不求什么?

师:名利。

师:最后一个机会,看谁能抢得到。

生:"无丝竹之乱耳,无案牍之劳形。"没有奏乐的声音扰乱了两耳的清静,没有繁琐的政务劳累了自己的身体。

师:奏乐的声音,你怎么知道?

生:丝竹。

师:我们把它解释为"琴瑟箫笛"(琴瑟属于弦乐器,而箫笛属于管乐器)。

这老师就不明白了,作者不是也喜欢没事调弄一下琴弦吗?怎么现在反倒觉得这些奏乐的声音扰乱双耳了呢?

(生沉默)

师:琴瑟箫笛一起奏响,一个人做得来吗?

生:不能,要很多人一起演奏。

师:那场面热闹吗?

生:热闹。

师:听众都是什么人呢?

生:达官贵人。

师:这种热闹的富贵生活,作者喜欢吗?追求吗?向往吗?

生：不喜欢。

师："案牍"是什么意思？

生：官府的公文。

师：案边没有累积的公文要处理，那作者的生活自然是——

生：轻松、悠闲。

师：地方官自然要比京官轻松许多，乐得轻松自在！

师：感谢同学们的积极思考，也让老师跟着大家一起欣赏四幅优美的画面。接下来我们作一个总结。

（课件出示幻灯片 5）

[从画面中，我看到了一个＿＿＿＿＿＿＿＿的刘禹锡。]

（生积极回答，老师作总结）

师：内心明朗、志趣高雅、不慕富贵、不求名利、生活闲适，这就是我们看到的刘禹锡。

师：有这样的一个人住在陋室之中，陋室也马上变得不一样了。发生了什么变化呢？

生：斯是陋室，惟吾德馨。

生：何陋之有？

师：这句话是什么意思？

生：有什么简陋的呢？

师：这是一个倒装句，大家根据意思，调整一下顺序。

生：有何陋？

师：从修辞来讲，这是一个什么问句？

生：反问句。

师：反问句表示什么语气？

生：肯定语气。

师：那我们应该怎么读？——语调下降而不是上扬。谁来试一下？

（生朗读）

师：那我们把刚才找到这两句话连起来读一读。

（课件出示幻灯片 6）

[斯是陋室，惟吾德馨。何陋之有？]

师：陋室还陋吗？

生：不陋。

（课件出示幻灯片 7）

[陋室不陋]

师：现在我们来理解一下这两个"陋"，第一个"陋"是什么意思？

生:生活清贫。

师:第二个“不陋”呢?

生:精神富足。

生:志趣高雅。

师:虽然被贬,生活清贫,但有着高雅的志趣和闲适的生活。下面我们一起来阅读一些刘禹锡的生平资料,进一步了解这位生活清贫但却有着高雅生活情趣的唐代诗人。

(课件出示幻灯片 8)

[刘禹锡的生平:

他自称是汉景帝儿子“中山靖王”刘胜的后代。

幼时,即展露过人才华。

19 岁,游学长安,名声大噪。

21 岁,考取进士,并连登两科。

30 岁,即任监察御史。

33 岁,参与了王叔文的政治改革,还是改革集团的核心人物。]

师:年纪轻轻的刘禹锡登上了人生的巅峰,然而月满则亏,他也迎来了人生的一次次挑战与磨难。很快刘禹锡就随着改革的失败被贬出京,这一贬就是 23 年。

(课件出示幻灯片 9)

[刘禹锡被贬经历(附地图):

805 年,连州(广东)。

805 年,朗州(湖南)。

815 年,回朝(河南)。

817 年,连州(广东)。

821 年,夔州(四川)。

824 年,和州(安徽)。

827 年,回朝(河南)。]

师:整整 23 年哪,同学们,而且是 33 岁到 56 岁,人生步入成熟期,正该大干一场、成就一番大事的时候,刘禹锡却奔波在贬官的途中,历经波折。这样一个门第高贵、心怀抱负、京城为官的刘禹锡,屡次被贬之后,放弃了自己的追求和志向,甘心偏居陋室、闲适终老吗?

生:应该不会,因为他被称作“诗豪”,是有一股豪气在身上的。

师:大家听老师来讲一个故事(玄都观两次被贬的故事)。通过这个故事大家看到了一个怎样的刘禹锡?

生:不怕打击。

生：屡败屡战。

生：像白居易笔下的小草“野火烧不尽，春风吹又生”，生命力强。

（生笑）

师：你的比喻太恰当了，刘禹锡就像野火烧不尽的小草，铁骨铮铮，百折不挠，毫不屈服。下面请大家看看学案，这两首诗也是刘禹锡被贬期间作的。大家通过预习还有不理解的诗句吗？

生：没有。

师：我们一起朗读这两首诗。

（生齐诵）

师：从这首诗中，你能读到一个怎样的刘禹锡？请大家结合具体的语句来说一说。

（课件出示幻灯片 10）

[从____________这句诗中我读出了一个________的刘禹锡。]

（生发言；师点评）

师：这两首诗为我们呈现出了一个乐观向上、积极斗争、豪气冲天的刘禹锡，而他又是那样的不肯屈服、不肯低头，怎会甘心过着《陋室铭》中这样高雅、闲适的生活呢？我们在读这篇铭文的时候是不是漏掉了什么？同学们试着找一下《陋室铭》中有没有能体现刘禹锡这种豪气、不服输精神的句子呢？

生：南阳诸葛庐，西蜀子云亭。孔子云：何陋之有？从这几句话我们可以看出刘禹锡很傲气，把自己的陋室比作诸葛亮和扬雄的屋子，还引用孔子的话赞美自己的陋室不陋。

师：你找的这句话非常好，很好地诠释了刘禹锡的这种豪气。作者写到诸葛庐和子云亭有何用意？先一起来看一下文下注释，请一位同学来给大家读一下。

（生读注释）

（课件出示幻灯片 11）

[南阳诸葛庐，西蜀子云亭。]

师：现在你体会到作者的用意了吗？

生：诸葛亮和扬雄在成功之前也曾住在陋室，后来他们都扬名天下，刘禹锡现在虽然住在陋室之中，他相信自己终有一天也一定会像诸葛亮、扬雄那样名扬天下。

（师生鼓掌）

师：你理解得真透彻，这样一气呵成，让我们从你的描述中深切地感受到了刘禹锡的那份冲天豪气。他被贬失意，但没有自弃，依然高雅地活着；也没有消极，而是等待着实现自身价值的那一天。这就是他要铭记在心的东西。

师:文章结尾引用孔子的话有什么作用?

生:总结全文,前后照应。

师:对,确实有收束全篇、照应开头的作用,乃点睛之笔。再次强调"斯是陋室,惟吾德馨"。

(课件出示幻灯片12)

[孔子云:何陋之有?

孔子云:君子居之,何陋之有?]

师:大家请看,孔子的原话还有这样一句"君子居之",请大家结合文下注释,理解这两句话的背景,再体会一下刘禹锡的用意。

生:刘禹锡是想表明自己也是一位君子。

生:刘禹锡的意思是,居室虽然简陋,可是有他这样一位君子在,就没有什么简陋可言了。

师:感谢这两位同学,说得太好了,你们深知刘禹锡的心思。他引用孔子的话,表明自己正是一位不折不扣的君子,即便住在陋室之中,也掩盖不了他的光芒。再次向那些一次次打击他的人发出宣言。作者写这篇文章时已在逆境中挣扎20年,但他依然没有放弃、没有屈服,斗志仍在,这不是常人所能做到的。大家一起读一下下面这段文字。

(课件出示幻灯片13)

[一种傲视忧患、坚定不移的气概和迎接苦难、超越苦难的情怀;

一种蓬勃昂扬的生命活力和弃旧图新、面向未来的乐观精神;

一种高洁傲岸、痴心不改的人格内蕴和坚毅豪迈的气质。]

师:我们朗读刘禹锡的诗句,一起来感受一下刘禹锡的伟大人格魅力。

(课件出示幻灯片14)

[晴空一鹤排云上,便引诗情到碧霄。

沉舟侧畔千帆过,病树前头万木春。

请君莫奏前朝曲,听唱新翻杨柳枝。

芳林新叶催陈叶,流水前波让后波。

天地肃清堪四望,为君扶病上高台。

千淘万漉虽辛苦,吹尽狂沙始到金。]

(课件出示幻灯片15)

[《陋室铭》不是一个落魄文人郁郁不得志时的自我沉醉自我安慰,那是一颗暂时寂寞的灵魂在艰难世事中的顽强抗争,是一颗渴望建功立业超越平凡的心灵的热切呼唤。官场的险恶人情的冷暖并没有浇灭刘禹锡心中的战斗之火,他潇潇洒洒地提起笔,对炎凉世态、坎坷仕途作出了最激越、最诗意的

回答。]

(课件出示幻灯片 16)

[一代“诗豪”

逆境不能消磨他的志向,磨难不能浇灭他的热情,他在泥潭中摸爬滚打,等待着,坚持着,不肯屈服,不肯低头。他相信黎明的曙光终会到来,笑到最后的才是胜者。

公元 826 年冬,被贬 22 年之久的刘禹锡奉诏还朝,第二年回到京都洛阳,结束了长达 23 年的贬谪生涯。被贬之时正是风华正茂、满怀抱负的青年,回朝之日已是历经沧桑、伤痕累累的老者。

他官至太子宾客,加检校礼部尚书衔,卒后被追封为户部尚书。享年 71 岁。虽然历经坎坷,但终得善终。如果没有那股不肯屈服的刚毅精神,没有那份乐观豪迈的情怀,怎能如此呢?]

师:一千两百年前,“诗豪”刘禹锡用一篇《陋室铭》表明自己不屈的心迹,乃成千古绝唱。今日,青春蓬勃的你们不妨学一学刘禹锡,用一篇铭文展现你的内心世界、品德和精神。

(课件出示幻灯片 17)

[要求:1. 学写一篇铭文,可以放在教室、卧室、餐厅等等,展现你的精神面貌、德行品质。

2. 用韵,运用骈句。

3. 多少不限,量力而行。]

师:请同学们认真完成作业,下课!

【评析】散文阅读教学,实质上是让学生在已有经验与“这一篇”散文所传达的作者独特经验之间进行链接。作为古代散文中脍炙人口的名篇,《陋室铭》带有刘禹锡鲜明的个人色彩。就教学内容的选择看,陈老师的这堂课抓住了《陋室铭》中文本内部的矛盾进行文本的解读,设计了“刘禹锡是否会甘心偏居陋室、闲适终老”的主问题,以刘禹锡的精神选择打通了三篇文本之间的有机联系,以“中观思维”进行教学内容的选择和设计,“有联系”地进行文本的阅读和教学,这是激发学生思维火花的关键点,也是学生进入深度阅读的关键点。其课堂最终的归宿是知识分子不屈服的人生选择,这种情感的熏陶和感染是水到渠成、自然而然的。

而在具体的语句处理上,陈老师主要采取了对比阅读的方式,如将“苔痕上阶绿,草色入帘青”与“苔痕上阶,草色入帘”进行对比分析,从而引导学生感受刘禹锡明亮宽阔的内心世界。有效的语言阅读是最具语文味道的。

从教学结果来看，作为中观课堂的实验课型，学生的学习状态是积极的，思维的火花在碰撞交锋，文本的阅读不断在深入，不仅有效地缩短了课时，也提高了语文学习的效率，使得学生不仅能够进行文本内部的联系阅读，也能进行相似文本的阅读和辨析，对于学生的思维发展是有帮助的。

五、中观课堂评价标准

中观课评价标准		
评价维度	评价标准	评价细则
教学目标	目标的恰当性	1. 体现课标精神和学科思想，重视培养学生全面的语文素养。 2. 教学目标明确、具体、适当，切合学生实际。
教材处理	知识建构的系统性	1. 对教材理解准确，能创造性地使用教材，体现中观思想，主题突出，线索明晰。 2. 教学内容有聚焦、有广度、有深度。 3. 教学内容结构安排合理，容量恰当，体现学科知识的有效整合。
教学实施	教师、学生与文本互动的有效性	1. 教学环节清晰紧凑，有梯度。 2. 问题设计有层次，具有启发性。 3. 情境创设及教学方法能够激发学生主动学习，重视学习方法的指导，倡导学生自主、合作探究式学习。 4. 注重语言的学习和运用，每个学生都能得到语言训练的机会，注重积累、感悟。 5. 学生的思维有深度，呈现出发展的趋向。
教学效果	有趣高效	1. 学生学习状态积极投入，参与度广，课堂气氛融洽活跃。 2. 目标达成度高，学生对内容能构建知识系统，预设之外有生成。 3. 思维能力得以发展，情感得以熏陶，习得语文学习的方法。

第二节　数学中观课堂实践研究

一、学科性质解读

数学是研究数量关系和空间形式的科学，具有高度的抽象性、严密的逻辑性、应用的广泛性等特点。

义务教育阶段的数学课程是培养公民素质的基础课程，具有基础性、普及性和发展性。

数学课程能使学生掌握必备的基础知识和基本技能，培养学生的抽象思维和推理能力，培养学生的创新意识和实践能力，促进学生在情感态度与价值观等方面的发展。义务教育的数学课程能为学生未来生活、工作和学习奠定重要的基础。

二、学科思想介绍

（一）学科思想

数学学科基本思想是数学产生与发现所依赖的思想，它包括三方面的内容：抽象、推理和模型。

数学的基本思想即抽象、推理、模型，为数学由现实到数学、数学内部发展、由数学到现实提供了思维功能，理性地把握这些功能对数学的教学是有益处的。虽然现代数学的特征是符号化、形式化和公理化，但其本质是为了更好地描述数学的成果。因此，为了更好地让学生理解数学，为了让学生建立数学的直观，在数学的教学过程中还需要反其道而行之：针对对象的符号化要讲物理背景，针对证明的形式化要讲直观，针对逻辑的公理化要讲归纳。

1. 抽象：主要包括两方面的内容：数量与数量关系的抽象；图形与图形关系的抽象。

2. 推理：人们通常认为思维形式有三种，即形象思维、逻辑思维和辩证思维，数学主要依赖的是逻辑思维。逻辑思维的集中表现是逻辑推理，人们通过推理，能够深刻地理解数学研究对象之间的逻辑关系，并且可以用抽象了的术语和符号清晰地描述这种关系。

3. 模型：数学模型是指用数学的语言描述现实世界所依赖的思想。数学模型使数学走出数学的世界，是构建数学与现实世界的桥梁。通俗地说，数学模型是借用数学的语言讲述现实世界的故事；数学模型是指用数学的语言描述现实世界所依赖的思想。

（二）学科思想与典型知识对照表

<table>
<tr><th>数学思想</th><th>思想方法</th><th>知识点</th><th>典型案例</th></tr>
<tr><td rowspan="14">抽象</td><td rowspan="4">概括</td><td rowspan="4">相关定义</td><td>三角形等图形的定义</td></tr>
<tr><td>整式</td></tr>
<tr><td>方程</td></tr>
<tr><td>不等式</td></tr>
<tr><td rowspan="5">分类</td><td>绝对值</td><td>到原点的距离</td></tr>
<tr><td>二次根式</td><td>平方根</td></tr>
<tr><td>等腰三角形分类</td><td>底边或腰，顶角或底角</td></tr>
<tr><td>函数的系数</td><td>k、b 等系数的确定</td></tr>
<tr><td>一元二次方程</td><td>根的讨论</td></tr>
<tr><td rowspan="5">数形结合</td><td>数轴</td><td>实数的表示</td></tr>
<tr><td>平面直角坐标系</td><td>有序数对表示平面的点</td></tr>
<tr><td rowspan="3">函数与函数图像</td><td>一次函数与直线</td></tr>
<tr><td>二次函数与抛物线</td></tr>
<tr><td>函数与不等式</td></tr>
<tr><td rowspan="8">推理</td><td rowspan="4">归纳推理</td><td>三角形全等的判定</td><td>SSS 判定</td></tr>
<tr><td>平行线的判定</td><td>同位角相等，两直线平行</td></tr>
<tr><td>运算律</td><td>加法、乘法律</td></tr>
<tr><td>规律问题</td><td>探索表达规律</td></tr>
<tr><td rowspan="2">类比推理</td><td>数与式定义运算</td><td>整式、分式的定义与计算</td></tr>
<tr><td>方程与不等式</td><td>一元一次方程与一元一次不等式的定义、性质、解法</td></tr>
<tr><td rowspan="2">演绎推理</td><td rowspan="2">图形的有关证明</td><td>内错角相等，两直线平行</td></tr>
<tr><td>同位角相等，两直线平行</td></tr>
<tr><td>模型</td><td>模型思想</td><td>函数与方程</td><td>函数与方程的应用</td></tr>
</table>

三、学科核心概念框架图

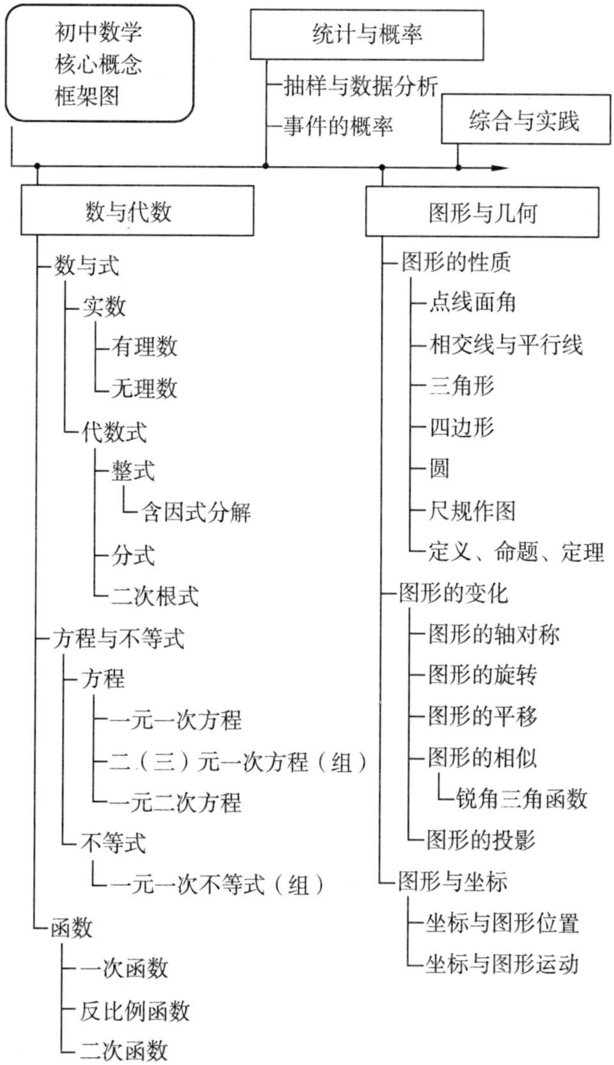

四、学科认知结构化策略

（一）解读课题策略

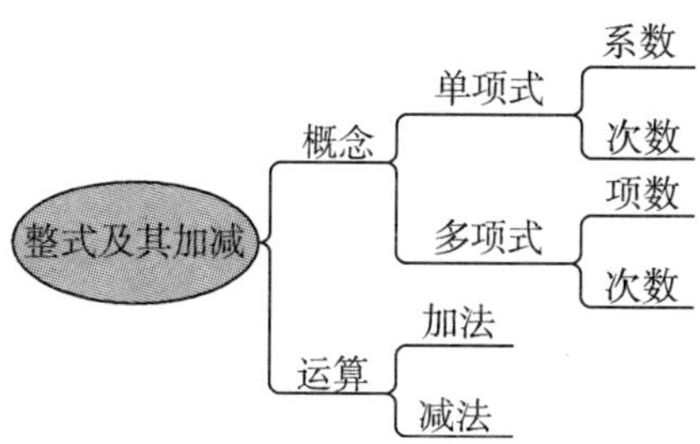

在义务教育数学课程中，很多单元的标题就是本单元的核心内容，根据核心内容进行思维延伸构建出中观线索。以《整式及其加减》为例，首先确定本单元的关键词是整式、加减。整式是概念，而加减是一种运算，通过分解课题学生明确本单元一定要认识什么是整式，还要进一步研究如何进行整式的加减，从而与学生一起构建出本单元的中观线索。

(二) 类比策略

所谓类比，就是由两个对象的某些相同或相似的性质，推断它们在其他性质上也有可能相同或相似的一种推理形式。

初中阶段有很多知识可以用类比法，比如，因式与因数的概念、分式与分数、一元一次不等式与一元一次方程以及一次函数、反比例函数、二次函数学习线索的类比。运用类比，可以增强学生的学习信心，培养他们自主学习和创新的能力，可以让现有知识得以有效整合，形成一定的知识网络，比如《一元一次不等式与不等式组》单元，引导学生类比方程概念学习一元一次不等式概念，类比解一元一次方程的过程尝试探索解一元一次不等式，使学生发现解不等式与解方程有不一样的地方，为引出不等式的性质埋下伏笔。同时类比方程的研究过程与学生构建出不等式这一章节的中观线索，这就是类比策略。

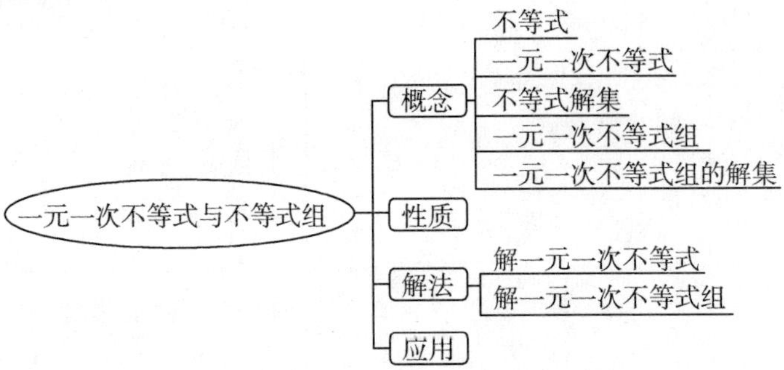

(三) 模型策略

数学模型是数学知识与数学应用的桥梁。随着时代的不断发展和数学教学改革的深入，人们更加重视数学知识与现实生活的联系，发展学生的数学应用意识和应用能力，已成为数学教育发展的趋势。这在《义务教育数学课程标准》(2011 年版)中也有十分明确的要求，模型思想的建立是学生体会和理解数学与外部世界联系的基本途径。建立和求解模型的过程包括：从现实生活和具体情境中抽象出数学问题，用数学符号建立方程、不等式、函数等表示数学问题的数量关系，探索其变化规律，求出结果并讨论结果的意义，而发现规律就是发现一个“模型”。对于初中阶段的学生而言，方程、不等式、函数等三大数学模型的建立和应用，必将对学生学好“数与代数”这一部分起到非常重要的作用。

例如，如果两车同时出发，相向而行，甲车每小时行40千米，乙车每小时行60千米，相遇时共行了1000千米，问相遇时间是多少？利用方程思想，可设两车同时出发，x小时相遇。由等式：甲行的路程＋乙行的路程＝总路程，易得一元一次方程：$40x+60x=1000$。由此可见，理解方程思想，特别是已知条件和求解对象之间的关系，体会方程建模过程，可以通过以下程序完成：1. 选择问题中适当的未知量设为未知数，把与未知数相关联的未知量用所设未知数的代数式表示出来；2. 找出问题中的等量关系；3. 把等式中数量名词与对应的代数式进行“对译”即可列出方程；4. 解方程；5. 检验作答。由此便得到了所有方程部分解决实际问题的中观线索：

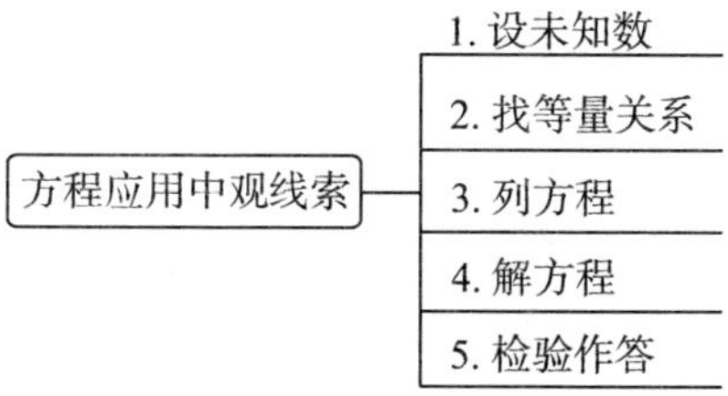

借助此中观线索，给学生利用方程解决问题提供了很好的方程模型，规范了学生的解题过程。类比方程，我们还可以得到利用不等式解决实际问题的模型，做到举一反三。

（四）活动策略

数学活动是指在老师的指导下、以培养学生的数学素养为目的、围绕数学教学目标或教学任务、在情感活动的调控下借助于各种操作工具、运用各种形式开展的以学生为主体的活动。

《数学课程标准》指出：“老师应激发学生的学习积极性，向学生提供充分从事活动的机会，帮助他们在自主探索和合作交流的过程中真正理解和掌握基本的数学知识和技能、数学思想和方法，获得广泛的数学活动经验。”教师应重视数学活动策略，选择有利于学生学习能力发展的教学方式，拓展学生学习数学的时空，把学习的主动权还给学生，提高学生发现问题、提出问题、分析问题和解决问题的能力。初中数学适合利用活动策略的章节主要有全等三角形、相交线与平行线、圆、图形的变化等。

例如《探索两个三角形全等的条件》，此内容在原教材设计中是4课时，对这一问题展开讨论拉的战线太长容易将知识割裂开来，不利于学生对问题的整体认识。为此，我们创设了这样一个活动情景：“如果一块玻璃的三边分别为10 cm、12 cm、8 cm，三内角分别为41°、83°、56°，用尽可能多的方法画出一个与之一模一样的三角形，归纳一下你使用了条件中的几个条件？”通过学生画图、操作、验证、归纳，经历探索三角形全等条件的过程，得到了探索三角形全等中观线索。

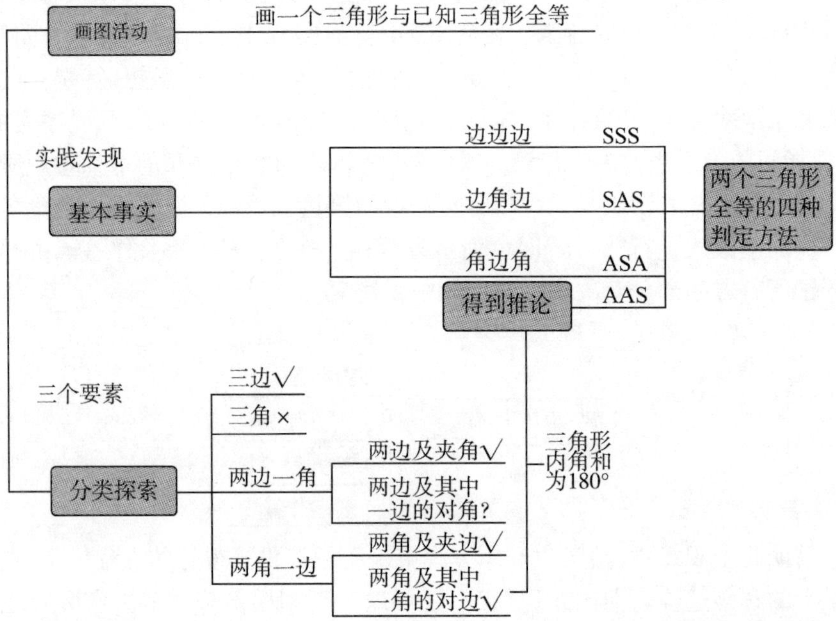

在理出探索三角形全等的必要条件之后，再针对三角形全等判定方法进行由易到难的分层分段练习，既能使学生先见森林后见树木，又能体现先整体后局部的学科整体意识，让学生在充分的数学活动探究中理解三角形全等的条件，体会分类、转化等数学思想方法。

总之，良好的认知结构具有简约性和单纯性、迁移性和发展性、广泛性和严密性特点。从结构的观点出发设计和实施教学，有利于完善和发展学生良好的数学认知结构，有利于提高数学教学效益尤其是学生学习能力持续发展的效益。

附：课例 1——《整式及其加减》中观教学实录

（一）单元课标分析

理解整式的概念，掌握合并同类项和去括号的法则，能进行简单的整式的加法和减法运算。

（二）单元教材分析

本部分属"数与代数"范畴，是学生接触代数的初始课，教师要引导学生通过类比有理数达到以下要求：借助现实情境了解代数式，进一步理解用字母表示数的意义；能分析具体问题中的简单的数量关系，并用代数式表示；会求代数式的值，能根据特定的问题查阅资料，找出所需要的公式，并会带入具体的值进行计算；理解整式的概念，掌握合并同类项和去括号的法则，能进行简单的整式加减运算。

（三）中观学情分析

1. 学习者认知发展水平分析：学生已经具备了用数学的思维方式观察身边事物的情趣与能力，有与他人交流合作、完善自己思维的经验和能力，也初步具备了用逻辑性语言表达自己见解与思维的能力。但对抽象知识理解层次还停留在表面，如何正确理解还离不开具体的实例。

2. 学习者起点水平分析：对于本节新知学习所引入的大量实际问题，学生在小学虽已有过较多的接触，但用抽象的数学式子表示实际问题中的数量关系对很大一部分学生来说仍具有很大的挑战性。

3. 学习者学习风格分析：学生刚刚步入初中，不服输的闯劲还是较为强烈的，多数学生愿意表现自己，课堂易于调动。

（四）中观教学目标

知识与技能：构建本章中观线索，掌握整式、单项式、多项式的相关定义。

过程与方法：通过类比有理数的概念和运算的过程，构建整式的概念并进行运算，在探索中体会类比、分类等数学思想方法。

情感态度与价值观：通过构建知识框架图的过程，激发学生的学习兴趣，提高学生学好数学的自信心。

（五）单元中观线索

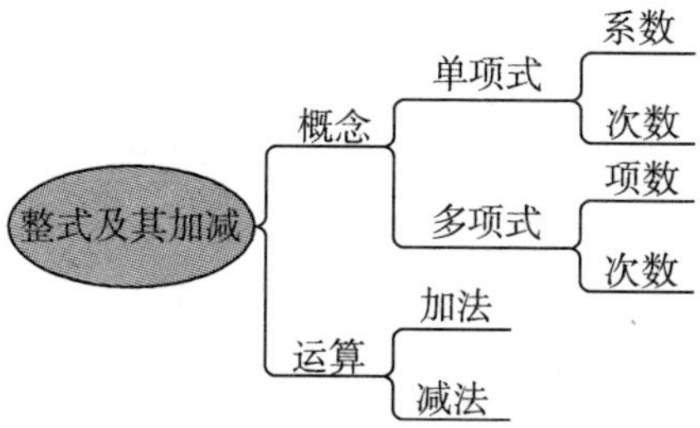

（六）单元课时规划对照表

单元内容	传统教学课时安排	中观课堂课时安排
用字母表示数	1	中观 1 节
代数式	1	
整式	1	
合并同类项	1	1
去括号	1	1
整式的加减	2	2
探索与表达规律	1	1

（七）教学过程实录

师：同学们，前面我们学习了有理数，有理数能解决生活中的所有问题吗？我们来看一首儿歌。

1只青蛙1张嘴，________只眼睛________条腿；

2只青蛙2张嘴，________只眼睛________条腿；

3只青蛙3张嘴，________只眼睛________条腿；

……

________只青蛙________张嘴，________只眼睛________条腿。

师：通过刚才的儿歌，你是用什么方法表示青蛙的只数、眼睛和腿的个数的呢？

生：用字母表示数。

师：在你以前的学习中，哪些地方用到了字母表示数呢？

生：速度一般用字母表示为 v，时间表示为 t。

生：路程为 s，$s=vt$。

生：长方形的长为 a，b 可以表示宽，那么周长为 $2a+2b$。

……

【评析】通过数青蛙儿歌游戏，激发学生的学习兴趣，让学生初步感知字母表示数的意义，通过对已学知识的回忆，感受字母表示数的应用广泛性。

师：刚才同学们说出了很多字母表示数的例子，有 v，t，$s=vt$，$2a+2b$，老师想问如果我们在知道路程和时间的情况下，想计算出速度，你能用刚才的方法表示吗？

生：$s\div t$。

师：在初中时，我们常常把除号表示为分数线，所以我们可以写成 $\frac{s}{t}$。现在我们就有了五个用字母表示成的式子。你能否类比有理数对它们进行分类呢？

（小组合作讨论）

师：通过刚才的讨论，大家是怎么分类的呢？

生：根据有没有等号，可以分成两类。$s=vt$ 是一类，其他的是另一类。

师：非常好，我们看到 $s=vt$ 表示的是路程和速度与时间乘积的相等关系，我们可以称为<u>关系式</u>；其他的是由字母、数字和运算符号连起来的，我们可以称为<u>代数式</u>。

师：这四个代数式大家还能分类吗？

生：有理数可以分为整数和分数，根据这四个式子的特征，是不是可以分为整式和分式？

师：大家同意吗？

生：同意。

师：大家很聪明，我们将在随后的学习中陆续学习整式和分式。

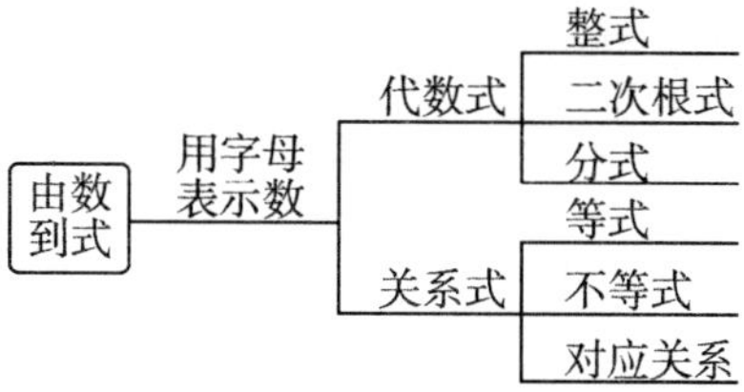

【评析】宏观脉络非常清晰地展示出式的网络结构图，通过具体实例让学生感知了式的多样性，使学生明确整式在式的体系中所处的地位。

（课件出示本章标题《整式及其加减》）

师：看到这个标题请猜想我们将学习哪方面的知识？

生：什么是整式及其加减？

师：加减你知道吗？

生：加减是运算方式，我们肯定要学习运算。

师：很好，什么是整式你知道吗？

生：不知道。

师：所以我们首先要弄明白什么是整式，即首先学习什么是整式？

生：概念。

（教师板书结构图）

【评析】通过课题解读策略，师生轻松构建出本章知识初步的框架图，为后面的框架图完善搭建了平台。

师：下面我们把知识结构图完善一下，本章的主要定义是什么？

生：整式。

师：通过预习，你知道什么是整式吗？

生：单项式和多项式统称为整式。

师：由单项式这三个字，你会想到什么？

生：什么是单项式？

生：单项式的系数、次数。

师：多项式呢？

生：多项式的定义、项数、次数。

师：很好，大家想得很全面。那么运算我们主要学习什么呢？

生：加和减。

（板书补充）

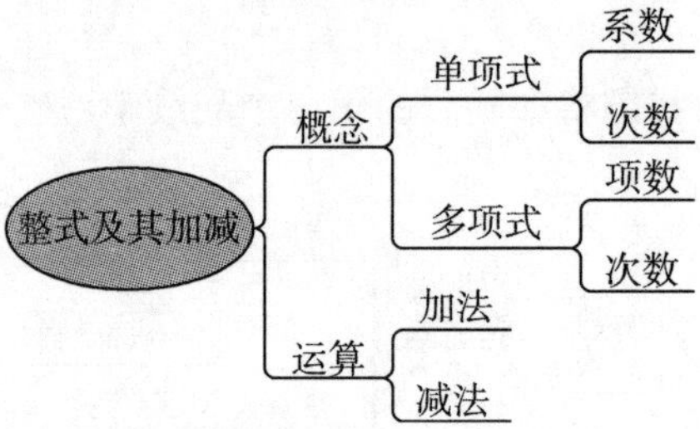

（教师相继提出三个有关数的问题，课件出示）

[问题 1：能否由数字 1 得到所有的自然数？

问题 2：能否由自然数得到所有的整数？

问题 3：能否由整数得到所有的分数？]

（引导学生得出结论：由 1 通过加减乘除运算能演变出所有有理数）

师：类比上面的过程，当给你 1 和 x 时，你能写出什么样的式子？

生：$x+3$。

师：怎么得到的？

生：1 可以通过相加得到 3，3 加 x 就得到 $x+3$。

生：x^2+3。

生：x^2-x。

生：x，$3x$，x^2。

生：$\frac{1}{x}$。

师：以上这些式子都是通过 1、x 的加减乘除得来的，他们都不是数，那么应该叫什么呢？

生：代数式。

师：也就是说代数式可以通过字母和数字的运算得到，那么怎么定义代数式呢？

生：由字母和数字通过运算得到的式子称为代数式。

师：大家能不能把上面的代数式分分类呢？

生：通过预习我知道可以分为单项式和多项式。

生：x，$3x$，x^2 都是单项式，x^2-3，x^2-x 是多项式。

师：那$\frac{1}{x}$呢？

……

师：它的形式像以前学过的什么啊？

生：分数。

师：那我们可以称它为分式，我们以后会学到它。

师：小明一家6人去肯德基点餐，他们都要汉堡、可乐、薯条，你觉得小明会怎样给服务员说呢？

（引导学生理解只有同类的才能相加，字母及字母的指数不变）

问题1：157＋23怎样用列竖式计算？

问题2：157－2.3呢？

有理数的运算有哪些规则？

（引导学生得出结论：加减运算要按一定的规则计算）

师：在如下整式中 $x, 3x, x^2, xy, -2x^2, 12xy, -2x^2y, 6x^2y$ 哪些可以进行加减运算？

生：$x, 3x$ 和 $12xy, xy$。

生：$x^2, -2x^2$ 和 $-2x^2y, 6x^2y$。

师：为什么是这样呢？

生：因为它们都是类似的。

（引导学生认识同类项的概念）

师：那么单项式是如何相加的呢？

$$\left(\text{教师板书：}\begin{matrix} x+2x & 3x-2x \\ a+3a & 5a-3a \\ y+4a & 6y-y \\ xy+2xy & 7xy-2xy \end{matrix}\quad\text{学生试着说出答案}\right)$$

（引导学生理解同类项相加就是系数相加，字母及字母的指数不变）

师：多项式 $(3x+4xy)$，$(2x+3xy)$ 能加减运算吗？怎么运算呢？

生：$3x, 2x$ 可以运算，$4xy, 3xy$ 可以运算。

师：那他们之间有括号怎么办呢？

生：去括号。

师：对，这一章我们学习运算的时候还要学习怎么去括号。这样我们就类比数的定义和运算了解了整式的定义和运算。

【评析】本环节充分运用类比策略对本章知识进行梳理。通过类比有理数的分类，了解整式概念和分类；通过类比有理数的加减运算，使学生明确整式加减运算的法则，加深对本章知识的深刻理解，让学生站在更高的角度审视本章知识。

师：刚才我们知道了整式是单项式和多项式的统称，那么你知道什么是单项式和多项式吗？

生：由数字和字母通过相乘得到的式子。

师：你能举出例子吗？

生：$11xy$，$-0.8y$，$\frac{a}{2}$。

师：我们知道单项式还有系数和次数的概念，你是怎么理解的？

生：系数是指的单项式中的数字，次数是所有字母的指数和。

师：刚才例子中 $11xy$，$-0.8y$，$\frac{a}{2}$ 他们的系数和次数分别是？

生：$11xy$ 中系数为 11，次数为 2；$-0.8y$ 中，系数为 -0.8，次数为 1；$\frac{a}{2}$ 的系数为 $\frac{1}{2}$，次数为 1。

师：那多项式中的相关概念，请举出例子说明。

（学生独立思考后小组内讲解）

（学生完成基本训练，课件出示）

[(1) $-a^4$ 的系数是________，次数是________，$-\frac{\pi^2}{7}ab$ 的系数是________，次数是________，$-3^2x^2y^3$ 的系数是________，次数是________。

(2) 请写出一个五次单项式，使其系数为 -1，________。

(3) 如果单项式 $-\frac{2}{3}a^m b$ 的次数是 5，则 $m=$________。

(4) 下列多项式各由哪些项组成？各是几次几项式？

① $3x-y$，② x^2-3x+4，③ $ab-a^2-1$]

师：通过今天的学习，我们对这一章的知识有了全新的认识，那么我们接下来将分几课时学习本章呢？

（出示课时规划表，教师板书）

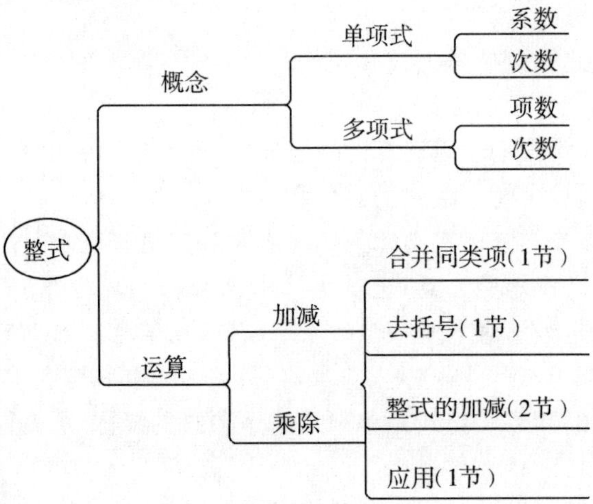

【评析】课题解读策略和类比策略是中观教学中常用的学科认知结构化策略。在中观教学实施中，往往使用多种策略结合的方式进行中观线索的构建。本节课首先通过解读课题建立“概念—运算”的基本框架，然后通过类比有理数的概念和运算，使学生初步感受到整式的分类和运算规律，从而完善了本章的知识框架图。类比策略就是通过学生已有的知识和经验来带动新知识的感悟和体验，使学生充满求知兴趣，降低学生对未知数学知识的畏惧感，提高他们学好数学的自信心。

附：课例 2——《探索两个三角形全等的条件》中观教学实录

(一) 单元课标分析

掌握基本事实：两边及其夹角分别相等的两个三角形全等；两角及其夹边分别相等的两个三角形全等；三边分别相等的两个三角形全等。

证明定理：两角分别相等且其中一组等角的对边相等的两个三角形全等。

(二) 单元教材分析

以往的人教版教材中这部分知识是一整章《全等三角形》，是在学生学习了三角形的一些概念之后学习的内容。它实现了由研究一个三角形到两个三角形的过渡。由于三角形是最基本的几何图形之一，所以理解和掌握全等三角形的有关概念和性质是今后学习全等三角形的判定和应用的预备知识，还是证明角相等、线段相等的重要途径。学生学好全等三角形的内容将有利于学好相似三角形、四边形和圆等知识。

(三) 中观学情分析

这节课将原教材的 5 课时内容整合，根据中观设计理念，结合本节课的教学特点和七年级学生的年龄特征，采用以“画全等三角形”的实验法为主，辅之以其他教学方法。让学生动手动脑，充分调动学生的积极性和主动性，以实验为基础，以增强学生感性认识为突破口。为了适应学生的认识思维发展水平，有序地引导学生开展观察、猜想、验证、交流等教学活动，使学生在自主探索的过程中形成自己的认知体系，并根据学习情况设疑引导，让学生理解全等三角形概念，展开学生思维。考虑到学生在学习过程中可能难于理解全等三角形对应边、对应角的意义，可通过幻灯片演示、学生前置作业实验与操作、小组合作交流等形式，使学生会初步辨析图形，最终完成学习过程，达到教学目标。

(四) 中观教学目标

知识与技能：1. 经历探索三角形全等条件的过程，通过画三角形，了解三角形的稳定性。2. 初步知道三角形全等的“SSS”“SAS”“ASA”“AAS”的判定条件。

过程与方法:1. 经历观察、操作、想象、交流等活动,进一步发展空间观念和有条理表达的能力,培养学生发现问题、提出问题、分析问题和解决问题的能力。2. 经历探索三角形全等条件的过程,理解三角形全等的条件,体会分类、转化等数学思想方法。

情感态度与价值观:1. 在画图和探索的过程中,培养学生的问题意识和严谨科学的态度。2. 在探索和交流的过程中,培养学生与人协作的习惯、质疑的精神。

(五) 单元中观线索

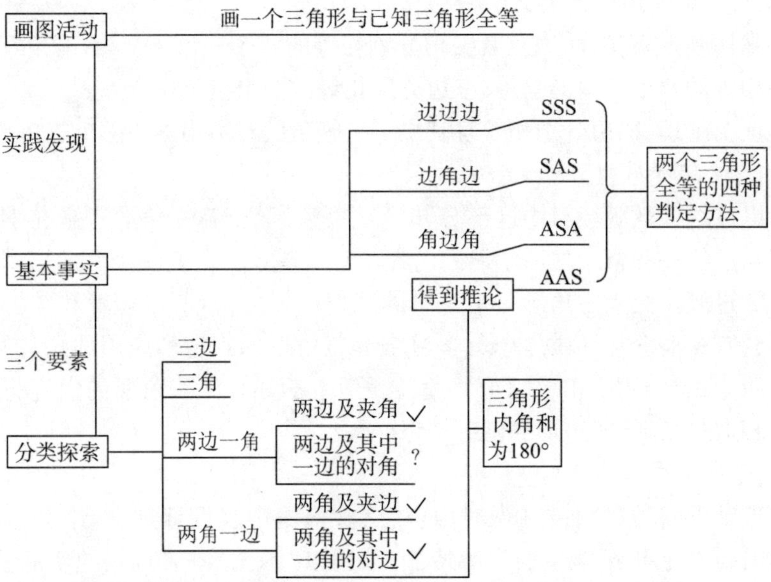

(六) 单元课时规划表

单元内容	传统教学课时安排	中观课堂课时安排
SAS	1	中观 1 节
ASA	2	
SSS	1	
尺规作图	1	1
AAS	1	1
全等三角形练习	1	1

(七) 教学过程实录

教学准备

前置作业:(印发导学案)

1. 大家来看一个问题:这是一块三角形玻璃窗,里面的玻璃损坏了,现在要打电话给玻璃店的老板配一块与损坏的玻璃大小相等、形状相同的三角形玻璃,问题:至少要报给玻璃店的老板(这块破裂三角形玻璃)几个数据呢?

2. 假如这块玻璃的三边分别为 10 cm、12 cm、8 cm,三内角分别为 41 度、83 度、56 度,用尽可能多的方法在图形右边画一个和它完全一样的三角形,归纳一下你使用了图中的几个条件?

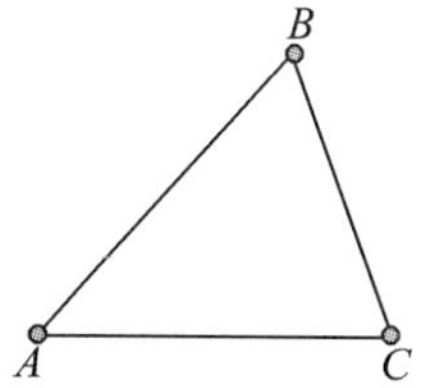

3. 还有什么方法也可以画这样的三角形?总结你的各种画法,使用了哪几个元素,比如边中的 AB,还是 BC 还是 AC,角使用了哪个?一共使用了几个元素?画图的时候这些元素有顺序要求吗?举一例说明。

课堂实录

(课前准备中……

听课的各个教师在发放各种评价表格、巡视学生准备情况……)

师:大家看这张图片,这是哪里的图片?

生:房子的楼顶。

师:是窗外阁楼的窗户对吧?通过这张图片,你发现了什么?

生:全等三角形。

师:全等三角形,还有两块玻璃分别是?

生：全等直角三角形。

师：现在，我们把图片抽象成我们的几何图形，在这里$\triangle ABC\cong\triangle A'B'C'$，那谁能说一说，什么是全等三角形呢？定义是什么？谁还记得？

生：能够完全重合的两个三角形是全等三角形。

师：能够完全重合的两个三角形叫做全等三角形，好，请坐！

师：那全等三角形的性质和特点呢？

生：全等三角形的对应边和对应角相等。

师：咱把这个性质写下来。

（教师板书：对应边和对应角相等）

（教师课件出示）

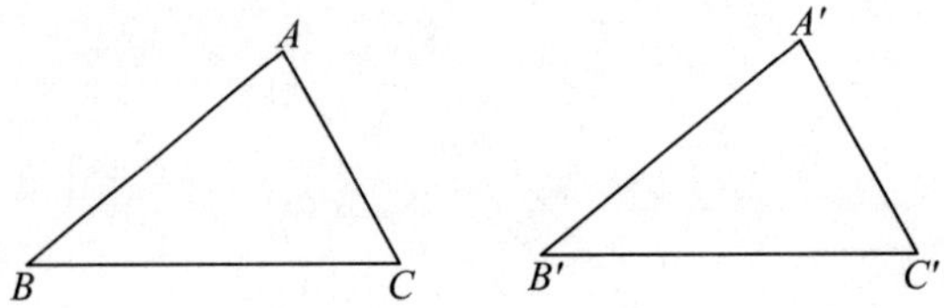

$\triangle ABC\cong\triangle A'B'C'$

师：你能写出哪些元素相等？

因为$\triangle ABC\cong\triangle A'B'C'$，能得到对应边相等。那在这里，谁和谁是对应边？分别是……

生：AB 等于 $A'B'$，AC 等于 $A'C'$，BC 等于 $B'C'$。

师：还有对应角的呢？

生：三个角对应相等。

师：三组角对应相等。一块说一下，哪些角相等？

生：$\angle A'=\angle A$，$\angle B'=\angle B$，$\angle C'=\angle C$。

（板书：

因为$\triangle ABC\cong\triangle A'B'C'$，所以

(1) $AB=A'B'$　(2) $BC=B'C'$　(3) $CA=C'A'$　(4) $\angle A=\angle A'$　(5) $\angle B=\angle B'$　(6) $\angle C=\angle C'$）

师：非常好！我们了解了全等图形，了解了全等三角形的性质，那么这节课的任务就是，我们研究从这六个条件当中选择几个条件就能判断两个三角

形全等?

生:三个。

师:这么厉害,是不是画图画出来的?你能通过画图告诉大家究竟用哪几个条件可以画出一个一模一样的三角形,这六个条件需不需要全部都用上?

生:不需要用六个条件。

师:下面对你们的做法,在小组内交流一下,注意小组活动的要求。前五分钟,小组内每个成员说一下自己的画法;后五分钟,组长汇总一下小组内的画法;然后选一个你小组最感兴趣的画法准备上来展示。展示的时候咱们分组长和副组长两个人,组长主要是讲画法,副组长主要汇报一下小组的作图情况,行不行?

(教师课件出示)

[活动一:在练习纸上,想办法解决上面的问题。

要求:

1. 先自己说说画法,再在小组之间交流。把画的三角形剪下来与原三角形比对,看是否重合。

2. 然后每个小组派同学代表展示,并说出画法。

3. 在黑板上写出这种画法使用了哪条边或哪个角,注明数据个数。

4. 汇报时,因时间关系每小组只汇报一种画法,其他小组相互补充,机会先抢先得。]

生:行。

师:好,现在开始……

(生开始小组交流,教师开始巡视)

师:不是有一个统计表吗?边说边统计。

师:你有一种思维方式,我有一种思维方式,那我们就是两种不同的思维方式。

(生讨论、统计)

【评析】教师应重视数学活动策略,选择有利于学生学习能力发展的教学方式,拓展学生学习数学的时空,把学习的主动权还给学生,提高学生发现问题、提出问题、分析问题和解决问题的能力。此环节充分鼓励学生进行发散思维,并让学生梳理每种做法分别使用了哪个数据,目的在于让学生自己感受并发现使用一个元素或使用两个元素是不能确定三角形的,画一个三角形与已知三角形全等至少需要三个元素。与环节一的性质形成对比,实现从"6"到

“3”的实践探索。

师：大家讨论得差不多了，好，各就各位。给组长整理时间，一个整理表格，另一个整理你们小组内的各种想法和画法。找出你最拿手的画法。接下来的时间咱就准备展示了。

师：因为我们在黑板上画图，老师在黑板上画了一个三角形，请你用你们小组最喜欢的方法在黑板上再画一遍。

（一学生上台画）

师：介绍介绍你是怎么画的？

生：我是用的两角夹边。

师：具体说明怎么画？我们不明白两角夹边是什么意思。

生：作一条线段 $B'C'=BC$。

师：你是怎么做的？

生：直尺。

师：直尺的作用是测量，这个可以做到吗？

生：作$\angle B'=\angle B$。

师：你是怎么做到的？

生：用量角器。

师：用量角器的作用是：测量，量一个角等于已知角。

生：然后再作$\angle C'=\angle C$。

师：怎么做到的？

生：用量角器测量，然后延长这两条射线，它们交于一点，这一点就是 A'。这样画出的$\triangle A'B'C'$与$\triangle ABC$全等。

师：大家有异议吗？好像能做出来，不错，鼓励一下。希望下面的同学向她学习。

（生有举手）

师：这个组长你来汇报一下你们组的情况。

生：我们组有四种画法。我汇报一种。

师：你们组用这种方法的有几个？

生：有三个。

师：这三个同学做的三角形裁剪下来，能重合吗？

生：重合。

哪个组还来展示？

（一名学生上台展示）

生：先用直尺画一条任意长度的射线 $B'D$，然后再用圆规截取 $B'C'=BC$，然后以 B' 为圆心，以 AB 长为半径画弧，然后再以 C' 为圆心，以 AC 长为半径画弧。两个圆弧交于一点，这一点记为 A'。然后再用直尺连接 $A'B'$，$A'C'$。

师：大家对他这个画法有什么不同的意见或者疑虑吗？能不能做出来？

生：能。

师：很容易就能找出来这三个顶点。

生：我们组有三种画法，采用这种画法的有六个人。

师：还有其他画法吗？七组上来展示。

生：我用的是反向延长，所以我用了原三角形。反向延长 AC 到点 D，使 $AD=AC$，然后再反向延长 AB 到点 E，使 $AE=AB$，然后再连接 DE。所以 $\triangle ABC\cong\triangle ADE$。这里我用到了一个对顶角，两条边。

师：可以剪下来看能不能重合，如果能重合就说明可以。

生：重合。我们组有三种画法，采用这种画法的有两个人。

师：还有没有其他的画法？

生：先画一条线段 $B'C'$ 等于 BC，然后用量角器测量 $\angle B$ 的度数，作 $\angle B'=\angle B$，然后用圆规截取 $A'B'=AB$，再连接 $A'C'$。

师：能画出来吗？好像可以。

生：我们组有四种画法，采用这种画法的有四个人。

师：还有其他画法吗？

（一学生有想法，但不好意思发言）

师：鼓励一下，男子汉气概呢，该上的就上。大家再鼓励一下。看来这个想法不是很成熟，以至于自己都没大有自信了。

生：用圆规测量 $\angle C$ 的度数。作 $\angle BCD=\angle BCA$，截取 $A'C=AC$，连接 A'，C'。

师：用圆规测量？

生：不是，用量角器测量。

师：写一写你使用了原三角形的哪些条件？

生：边角边。

师：两边相等你是怎么做到的？

生：用圆规截取 $A'C=AC$。

师:截取可以吗,同学们?好,我给大家演示一下:这里截取一下,再在这里截取一下,可以做的。

师:还有展示的吗?好,同学们都展示的非常精彩,如果还有其他的想法,课下我们再交流。

同学们展示完了,看一下一共有五种不同的画法,我用红笔再把它们的条件标注一下。这样我们来看一下,我们的问题是:从六个条件中到底需要几个条件就可以作一个三角形与原三角形全等?

师:(指着五个图)第一个是这个边和这两个角;第二个是这个边加这两个边;第三个是反向延长是使用这个对顶角和这两个边;第四个是边和角,还有这条边;第五个是这个角和这个边。

师:好,我们在认识一个新的事物或者一个新的规律时,会有不同的想法和不同的做法,每个人不同的思维方法会有不同的结果,对这些结果我们要尽快地找到它们的规律,那么一般就是使用"求同存异"的办法,那么"同"就是大家都认同的使用的方法,一眼就可以发现的方法。"异"就是大家的思维方式不同导致的不同的结果,那么大家看一下,这五种不同的画法,它们的"同"和"异"分别是什么?

【评析】因为七年级学生缺乏思维的严谨性,不能对问题做出全面、正确的分析,并对各种情况进行讨论,所以教师设计上述问题,逐步引导学生归纳出3种情况,分别进行研究,向学生渗透分类讨论的思想。教师的作用就是在学生动手实验的结果上充分引导学生,通过现象挖掘本质,完善思维使成果更具有科学性和逻辑性,以此来培养学生思维的主动性和广阔性,很自然地突破难点。

(教师板书:求"同"存"异"

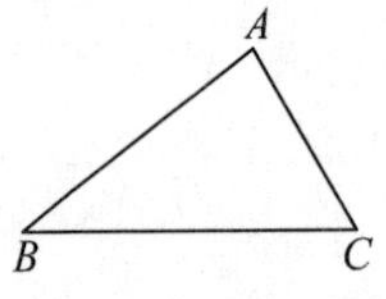

画一个三角形与$\triangle ABC$全等

基于事实:ASA、SSS、SAS

归纳:三个元素)

师:请同学们找一下,第一个"相同"是什么?

生:都使用了三个条件。

师:都使用了三个元素吗?第五种不是?怎么回事?

生:他少写了一个边?

师:哪个边呢?

生:两个三角形共用的边。

(教师板书:公共边相等)

师:好,第一个问题解决了,不需要六个条件,至少需要三个条件就画出了一个三角形与原三角形全等。

师:那么我们再来解决第二个问题:它们的"不同"点是什么? 为什么会有这么多不同的画法呢? 好,小组交流一下。

(教师巡视,与小组成员交流意见)

师:(同学们一交流就茅塞顿开了)好,谁来说一下"异"在哪里?

生:它们使用的元素的不同,有的是用了边有的是用了角,第一个是两角一边;第二个是三边;第三个是两边一角;第四个是两边一角;第五个也是两边一角。

(教师分别板书:两角一边、三边、三个两边一角)

师:大家再看一下,虽然画法不一样,使用的元素有什么特点?

生:必须有一条边。

师:好,这是一个很好的发现,再观察一下另外五种画法,对比一下使用的元素,再找找其他不同。

生:都使用了三个元素,其中第三、四、五种都是两边一角的画法。

师:非常棒,老师再来归纳一下,第三种是反向延长,第四种是两边一角,第五种是对折,有公共边。在画三角形的过程中,虽然画法不一样,但使用的元素有没有本质的区别? 啊,没有。那么我们能不能把这三种画法归纳为一类:两边一角。

师:那么我们解决一个问题:至少使用三个元素就可以画一个三角形与原三角形全等? 那么你有没有发现新的问题?

生:从六个元素中任意选三个可以吗?

师:任意选三个角元素行吗? 任意三个元素组合,共有如下几种情况:三边、三角、两边一角、两角一边,比如说任意三个角。

生:不行,缺少边长。

师:你画过吗? 能不能举一个反面例子。

师:(暗示一下:举起教学用的 60 度三角板),这是我专用的,你们有没有专用的?

生:有。

师:那么它们全等吗?

生:不全等,因为缺少边长,大小不一样。

师:这就是一个很好的例子,三个条件可以,但不是任意三个就可以,而且你还发现必须要有一条边,那么就我们画的这三个客观事实,你还有没有问题或疑惑?

生:必须先画一条边,再画角。

师:真是这样吗?看黑板,我就先画角,看看能不能实现画法,先用量角器作一个角等于已知角,再用圆规截取两边与已知边相等,也可以做出三角形,事实胜于雄辩,好像不必一定先画边。

(教师板演:先画角再截取两边长,利用两边一角画三角形)

师:那么你对三个元素的顺序还有其他发现吗?

生:对于两角一边中的边,可不可以换一下位置?

师:同学们能明白她的意思,也就是说不画 AB 边,改成画 BC 边行不行?

生:不行,必须也得换角。

师:同学说得非常棒,边换了,角也得跟着换才行。也就是说这个边很重要,重要在哪里?

生:它是这两个角的夹边。

师:很棒,正好是两个角的公共边,我们称之为"夹边",因此两角一边也得改一下"两角夹边"(教师板书:改写两角一边为两角夹边),三边很显然不需要规定顺序。这两边一角需要规定顺序吗?

生:需要,那个角是夹角。

(教师板书:两边一角改写成为"两边夹角")

师:好,由三种画法我们得到三个基本事实。我们称之为全等三角形的判定方法。

(教师板书:将课题"三角形全等"补充完整为"三角形全等的条件")

师:结合三角形内角和定理,我们很容易得出满足 AAS 的条件,三角形也全等。

师:这节课我们学习完了,同学们说说自己的收获,你了解了什么?学会了什么?(课件出示,引导学生归纳总结)

【评析】通过学生画图、操作、验证、归纳,经历探索三角形全等的条件的过程,得到了探索三角形全等中观线索后,再针对三角形全等判定方法进行由易到难的分层分段微观落实和练习,既能使学生先见森林后见树木,又能体现先整体后局部的学科整体意识,让学生在充分的数学活动探究中理解三角形全等的条件,体会分类、转化等数学思想方法。

生：先对六个元素分类，不是任意三个元素都能画出全等三角形。

师：课后同学们可以验证 SSA 是否可以？

生：其中两角夹边、三边、两边夹角都能画出全等三角形。

师：同学回答得非常好，我们了解了三角形全等的条件中三个判定方法，经历了将元素分类后画图验证的学习过程。还有一点遗憾就是由于时间关系，我们没有验证一个"奇迹"，我发给大家的是同一张练习纸做同一个三角形的全等三角形，如果大家裁剪下自己用不同画法得到的三角形，重合在一起，会是一个怎样的结果呢？希望课下组长帮老师完成这个工作，好，同学们，下课！

【评析】本课例教学设计获得山东省远程网络研修磨课课例研究一等奖，获得市教研室云鹏老师的高度认可和精彩点评。课堂实录以学生"画全等三角形"实验为基础，为学生创新、发现提供相应的平台、空间，使学生主动参与到自主探究的学习活动中去，教学过程也不复杂，但却能给人以启发和思考。

1. 从实录中可以看出，七年级的学生已经具有了较好的反思意识。多数学生不仅注重了自己全等三角形的画法，更能注意到不同画法之间的区别，还能通过自己或别人的画法总结出作图的依据。更可喜的是有些同学还能从中摸索出更高级的利用全等知识作图形变化，如轴对称、中心对称等学习方法，从中受到情感态度与价值观等方面的教育。这些都说明了学生思考的深度和广度。我们说，学会学习的方法是最重要的方法，学会反思是最重要的能力，所以，作为教师对同学们勇于探索的精神更要注意加以保护和引导。

2. 从实录中看出，教师深刻理解教学内容，采用中观教学设计理念，大胆挖掘并拓展教学内容；在具体的教学中教师又引导学生进行自主学习，进行思想方法上的熏陶，妥善解决了教学中的最基本的问题。对这些问题的处理能够看出教师的教学理念是倾向于知识的传授还是侧重于培养能力，是重结果还是重过程，这些也是我们教学中要深刻思考的。

3. 从实录中可以发现，教师把课堂真正地还给了学生，使学生真正地变为课堂学习的主人。问题的设计、方法规律的总结、疑惑的解决等等，无一不是通过学生自主探索、合作交流来完成的，学生在学会学习的过程中学会了探索、合作、交流、共享，学会了发现自我、发展自我、展示自我、超越自我，实现自我价值。

4. 从实录中我们不难看出展示交流贯穿始终。教师能够给学生提供展示交流的时间和舞台，让学生充分展现自己的观点、方法、成果、疑惑，充分地与同学、老师进行交流，在展示和交流的过程中进行思维碰撞，迸发出创新的火花，提高了创新思维能力，增强了合作意识，体现了自我价值。在展示环节教师的表现很精彩，师生互动环节，教师把握得也很到位。

五、中观课堂评价标准

(一) 评价原则

1. 可操作性原则。评价方法要简单可行，可操作性强。

2. 思维培养的原则。对课程的评价要注重考察提高学生数学思维的品质，发展学生相关的数学思想和数学活动经验。

3. 参与性原则。对学生的评价注重参与情况，并以此作为学生学分考核的重要依据。

4. 全面性原则。对教师的评价既要考虑到教师教学目标的实施情况学生能力的提高水平，又要考虑到中观设计的编写质量。

(二) 评价内容

评价包括三方面的内容：中观设计评价、中观实施的评价、教学效果的评价。

(三) 评价方法

1. 中观设计的评价：数学中观设计特别要重视三维目标的确立，设计者要通过知识技能、过程方法、情感态度三个方面的目标体现教学思路和策略；设计者要通过具体的活动构建中观线索，体现内容的丰富性和知识的深刻性；设计要提炼出本次中观课的数学思想(方法)。

2. 中观实施评价：教师在讲授中观课时，我们要特别关注以下几个关系：(1) 处理好先学与后教的关系，课堂教学前学生可以自主先学，并尝试构建本章知识框架，教师后教中要从系统的角度，引导学生主动去把握知识间的内在联系和本质。(2) 处理好中观课堂与宏观知识系统、微观课时教学的关系。(3) 中观课堂要把握好“度”，避免膨胀。学习的过程是一个先做减法，再做加法，最后再做减法的过程。一个章节的内容，不可能在一节课中面面俱到，这就需要教师有所取舍。

3. 教学效果的评价：学生的学习效果体现了教学的成功与否，也是数学中观课探索成功与否的标志。评价的方式主要通过教师观察和问卷调查的形式实施。主要关注学生能否了解主题单元的结构脉络，能否构建单元的知识框架，能否体会单元的数学基本思想和方法。

（四）初中数学中观课堂评价表

<table>
<tr><td>单元主题名称</td><td></td><td>执教人</td><td></td></tr>
<tr><td colspan="3">评价内容</td><td>评价分值</td></tr>
<tr><td rowspan="6">中观设计（20分）</td><td colspan="2">1. 了解学生对单元教学内容的兴趣，已有知识准备及学生关注点。</td><td>3</td></tr>
<tr><td colspan="2">2. 单元课标解读到位；教学目标完整、具体、可操作；当堂达成及预留任务明确。</td><td>4</td></tr>
<tr><td colspan="2">3. 画出比较清晰的内容结构图。</td><td>3</td></tr>
<tr><td colspan="2">4. 列出教材目录与内容分解重组后的对照表及课时安排。</td><td>4</td></tr>
<tr><td colspan="2">5. 能描述单元体现的学科思想。</td><td>3</td></tr>
<tr><td colspan="2">6. 准备好教学所需的各种资源。</td><td>3</td></tr>
<tr><td rowspan="8">中观实施（40分）</td><td colspan="2">1. 情境创设符合主题，教学内容能吸引学生的注意。</td><td>5</td></tr>
<tr><td colspan="2">2. 宏观脉络简洁，中观线索清晰，微观落实内容明确。</td><td>5</td></tr>
<tr><td colspan="2">3. 能充分体现学科思想。</td><td>5</td></tr>
<tr><td colspan="2">4. 内容结构图符合逻辑。</td><td>5</td></tr>
<tr><td colspan="2">5. 学生自主学习和探究的机会多、氛围浓。</td><td>5</td></tr>
<tr><td colspan="2">6. 当堂达标难度、广度适中。</td><td>5</td></tr>
<tr><td colspan="2">7. 预留知识线索，为学生后续学习做准备。</td><td>5</td></tr>
<tr><td colspan="2">8. 教师对小组合作及学生学习评价及时到位。</td><td>5</td></tr>
<tr><td rowspan="6">教学效果（40分）</td><td colspan="2">1. 学生清晰地了解单元主题的结构脉络。</td><td>7</td></tr>
<tr><td colspan="2">2. 学生知晓单元学习的课时规划，能根据预留问题明确后续的学习任务。</td><td>7</td></tr>
<tr><td colspan="2">3. 学生课堂生成有效，能够发现问题、提出问题并积极思考探究。</td><td>7</td></tr>
<tr><td colspan="2">4. 学生能感悟到单元主题中体现的学科思想。</td><td>6</td></tr>
<tr><td colspan="2">5. 微观落实内容达标率高。</td><td>7</td></tr>
<tr><td colspan="2">6. 学生能对自己的学习过程和结果做出恰当的评价。</td><td>6</td></tr>
<tr><td>总评</td><td colspan="2"></td><td></td></tr>
</table>

第三节　英语中观课堂实践研究

一、学科性质解读

《义务教育阶段英语课程标准(2011 年版)》指出,英语课程具有工具性和人文性双重性质。

就工具性而言,英语课程承担培养学生基本英语素养的任务,即学生通过英语课程掌握基本的英语语言知识,发展基本的英语听说读写技能,形成用英语与他人交流的能力,为今后继续学习英语和用英语学习其他相关科学文化知识奠定基础。

就人文性而言,英语课程承担着提高学生综合人文素养的任务,即学生通过英语课程能够开阔视野,丰富生活经历,发展跨文化意识,促进创新思维,形成良好品格和正确的价值观,为终身学习奠定基础。

二、学科思想介绍

(一) 学科思想

英语学科思想从宏观上讲要有三个意识、一个策略和一个方式。三个意识分别指语境意识、跨文化意识和整体意识。语境意识是指英语的学习离不开具体情境。脱离语境,单词、句型的学习就失去意义,造成真实语境中的语蹇和哑语。因此英语教学一定要创设接近真实的情境,让学生明白所学知识的具体运用方式。跨文化意识是指语言是文化的载体,学习语言必然离不开学习其文化,否则文字背后的隐喻就无法正确理解。况且学习语言的目的是交流,只有了解中外文化之差异,才能进行合适恰当的沟通表达。因此,在英语语言的教学中要加强中外文化的对比学习,培养学生的跨文化意识及国际视野。整体意识是指英语课程的目标是培养学生的综合语言运用能力,是指在听、说、读、写、译等方面的综合能力的提高。因此,英语教学在各种技能上要均衡用力,不能偏废。此外,整体意识也指语言技能是相辅相成的整体,大量的优质输入(听,读)才能促成良好的输出(说,写),因此,在教学中无捷径可走,要扎扎实实做好输入工作,以促进学生输出能力的提高。

一个策略是指主题活动策略。与语境意识相照应,任何单元的学习都要在一个大的语境(主题)下展开,为落实各项目标而进行的各项活动也要围绕该主题展开。在设计活动的时候,要把活动纳入到单元情境中,形成系列的相关任务，为落实单元目标服务，切不可只进行简单的句型操练，更不要追求表面热闹的虚假生动。

一个方式是指英语思维方式。中文和英文在语言形式上有相同之处，如动宾结构，拼音系统。但更多的是不同之处，如先小后大，先他后己的思维方式，以及通过词尾变化实现语法词性变形等思想。这些不同之处无疑会造成英语学习中的负迁移，成为英语学习的难点和障碍。英语教学中要逐步引导学生认识英汉的不同，并强化训练和指导，同时鼓励英语教师坚持用英语教学，多给学生创造聆听英语、运用英语的氛围和机会，让学生在潜移默化中学得英语思维。

（二）学科思想与典型知识对照表

学科思想	典型知识
语境意识	围绕家庭、学校、朋友、假期、节日、旅行、健康等开展单元主题学习。
跨文化意识	各国问候方式及餐桌礼仪；春节、中秋节、复活节、万圣节、感恩节等中外节日。
整体意识	各单元先听说后读写的输入促输出模式，如 What does he look like? 这一单元，先通过听学习外貌词汇句型及应用情境，再自主描述，之后阅读强化外貌描写，最后自主描写自己的家人或朋友。
主题活动策略	开展朗读展示、角色表演、课本剧表演、制作海报、制作手抄报、DV 拍摄等主题活动。
英语思维方式	听力原文再现、朗读模仿、角色扮演、模仿写作等。

三、学科核心概念框架图

初中段五四制鲁教新版英语教材共 7 册，62 个单元，涵盖 21 个话题。以下是整合后的思维导图的截图。通过话题的整合，可以让教师充分把握教材的广度和深度，切实了解各个年级的具体要求并做好年级间的衔接，或进行大胆的跨年级话题整合教学，还可通过中观课让学生对各话题做纵向了解，以做到了然于胸。

人际交往
- 六年级上册 Unit 1 Good morning!　26个字母、简单问候语
- 六年级上册 Unit 4 My name is Gina.　介绍自己、问候他人、数字0—9
- 七年级上册 Unit 5 Can you come to my party?　邀请、情态动词
- 七年级下册 Unit 8 I'll help to clean up the city parks.　提供帮助、义工和慈善、动词短语
- 八年级上册 Unit 1 Could you please clean your room?　请求、could 用法
- 八年级上册 Unit 2 Why don't you talk to your parents?　建议、should/could 用法
- 八年级下册 Unit 2 It's a nice day, isn't it?　闲谈、反意疑问句
- 八年级下册 Unit 6 Could you please tell me where the restrooms are?　礼貌请求、宾语从句
- 九年级 Unit 5 You are supposed to shake hands.　习俗、be supposed/be expected 用法

居住环境
- 六年级上册 Unit 2 What's this in English?　认识周边事物、元音字母的发音
- 六年级上册 Unit 3 What color is it?　认识颜色、字母组合发音、what 问句
- 六年级上册 Unit 6 Is this your pencil?　询问物品主人、人称代词的学习、一般疑问句及回答
- 六年级上册 Unit 7 Where's my schoolbag?　询问物品位置、方位介词的学习
- 六年级下册 Unit 10 Is there a post office near here?　问路、指路、there be、方位介词
- 七年级上册 Unit 8 What's the best movie theatre?　社区、最高级
- 八年级上册 Unit 8 I've had this bike for three years.　谈论所有、现在完成时

个人情况
- 六年级上册 Unit 5 This is my sister.　介绍家人及朋友、指示代词和人称代词
- 六年级上册 Unit 8 Do you have a soccer ball?　询问拥有的物品、一般现在时
- 六年级上册 Unit 9 Do you like bananas?　谈论喜好、一般现在时、名词单复数
- 六年级下册 Unit 1 When is your birthday?　询问日期、when 问句、序数词、月份
- 六年级下册 Unit 3 Can you play the guitar?　谈论能力、情态动词 can
- 七年级上册 Unit 1 What does he look like?　外貌、what 引导的特殊疑问句、描述性形容词
- 七年级上册 Unit 7 I'm more outgoing than my sister.　个性、原级、比较级
- 八年级下册 Unit 7 I used to be afraid of the dark.　used to 用法
- 九年级 Unit 3 It must belong to Carla.　情态动词表推测、belong to
- 九年级 Unit 4 I like music that I can dance to.　表达喜好、定语从句

购物
- 六年级上册 Unit 10 How much are these socks?　购物、how much 问价格、30以内数字

学校
- 六年级下册 Unit 2 My favorite subject is science.　谈论喜好、why 问句及回答
- 六年级下册 Unit 6 Don't eat in class.　谈论规则、祈使句、have to/must/can 用法
- 九年级 Unit 10 I remember meeting all of you in Grade 6.　回顾过去、展望未来、非谓语、诗歌

日常活动
- 六年级下册 Unit 4 What time do you go to school?　谈论日常活动、时间的表达、60以内数字
- 六年级下册 Unit 5 How do you get to school?　谈论的方式、how 问句、100以内数字
- 六年级下册 Unit 8 I'm watching TV.　谈论人们正在做的事情、现在进行时
- 七年级上册 Unit 4 What did you do last weekend?　周末活动、一般过去时、what/who 特殊疑问句
- 七年级上册 Unit 6 How often do you exercise?　业余活动、频率副词
- 八年级上册 Unit 3 What were you doing when the rainstorm came?　谈论过去、讲故事、过去进行时
- 九年级 Unit 2 Teenagers should be allowed to choose their own clothes.　态度、同意与不同意、情态动词的被动语态
- 九年级 Unit 7 Life is full of the unexpected.　叙述过去的事情、过去完成时

自然
- 六年级下册 Unit 7 Why do you like pandas?　描述动物、表达喜好
- 八年级上册 Unit 5 What's the highest mountain in the world?　地理和自然、形容词、副词的比较

天气
- 六年级下册 Unit 9 It's raining!　谈论天气及某人正在做的事情、现在进行时

饮食
- 七年级上册 Unit 2 I'd like some noodles.　食物、would like、what 引导的特殊疑问句
- 七年级下册 Unit 4 How do you make a banana milk shake?　烹饪、顺序连接词、how many/how much 的用法

旅游与交通
- 七年级上册 Unit 3 How was your school trip?　学校旅行、一般过去时、how 引导的特殊疑问句
- 八年级上册 Unit 7 Have you ever been to a museum?　过去经历、现在完成时

节假日活动
- 七年级上册 Unit 5 Where did you go on vacation?　节假日、一般过去时、不定代词
- 八年能下册 Unit 3 Where would you like to visit?　谈论旅游目的地、would like to do 及答语
- 八年级下册 Unit 5 I think that mooncakes are delicious.　节日、that/if/whether 引导的宾语从句

个人兴趣
- 七年级下册 Unit 1 Do you want to watch a game show?　娱乐、动词不定式作宾语

计划与安排
- 七年级下册 Unit 2 I'm going to study computer science.　生活目标、一般将来时
- 七年级下册 Unit 6 If you go to the party, you'll have a great time.　做决定、if 引导的条件状语从句

科普知识与现代技术
- 七年级下册 Unit 3 Will people have robots?　未来生活、一般将来时、比较级
- 八年级下册 Unit 8 What are the shirts made of?　谈论物品的材料和产地、一般现在时的被动语态
- 九年级下册 Unit 1 When was it invented?　发明史、一般过去时的被动语态

安全与救护
- 七年级下册 Unit 7 What's the matter?　健康与救护、情态动词 should、反身代词

故事与诗歌
- 八年级上册 Unit 4 An old man tried to move the mountains.　神话故事、一般过去时
- 八年级上册 Unit 6 Have you read treasure island yet?　文学、现在完成时

历史与社会
- 八年级下册 Unit 1 When was he born?　谈论名人、一般过去时与过去时被动语态

语言学习策略
- 八年级下册 Unit 4 How can we become good learners?　谈论怎么学习、by doing sth.

情感与情绪
- 九年级 Unit 6 Sad movies make me cry.　情感与情绪、make 用法

世界与环境
- 九年级 Unit 8 We're trying to save the earth.　污染与环境

卫生与健康
- 九年级 Unit 9 It's important to have good habits.　比较习惯和行为、动词不定式

四、学科认知结构化策略

(一) 以话题为主线，创建中观情景

英语教材中的单元是按话题进行设置的，听说读写的任务都围绕某一话题展开，在中观知识建构中要紧紧抓住这一设计意图，把各个活动纳入到一个大的情境中，然后在课时学习中对情境进行微观细节的学习和完善。

比如，在《食物》单元学习中，首先要思考解决“我们为什么要学习食物及点餐的内容？学习它们的价值在哪里？我们什么时候可以用到这些内容？”结合实际，我们可以创设一个大情境：境外出游。随着境外游的升温，出国旅游已不再是遥远的事情。单元开头虚拟一个中学生年龄的人物(同龄人比较容易让学生接受)，这个人物要有姓名、年龄及可用的 Email、QQ 账号(教师申请的班级公用账号，并可进行真实操作)，介绍 Ta 的出国游计划及 Ta 的担忧：英语不够好，怕不会基本的口语交流，如点餐(引入本单元主题)等，所以 Ta 在网络上寻求帮助，会英语菜名和点餐的同学可以给 Ta 发 Email 或 QQ 交流学习。之后每部分的学习任务或作业都可以借助这个情景设置，把“帮助”任务发布到“Email”或 QQ 上，与 Ta(其实是教师)在平台上互动，让学生进行实际练习，活动设计可由易到难，先是展示食物名称、基本句型(单元基础知识)，再进行虚拟点餐场景会话(模拟角色扮演，情境应用)，又可把任务拓展到 Ta 想去的国家的特色食物或食物文化等方面(跨文化教育)。

(二) 以活动为载体，体现实践性和应用性

现代外语教育注重语言学习的过程，强调语言学习的实践性，主张学生在语境中接触、体验和理解真实语言，并在此基础上学习和运用语言。英语课程提倡采用既强调语言学习过程又有利于提高学生学习成效的语言教学途径和方法，尽可能多地为学生创造在真实语境中运用语言的机会，鼓励学生在教师的指导下，通过体验、实践、参与、探究和合作等方式，发现语言规律，逐步掌握语言知识和技能，不断调整情感态度，形成有效的学习策略，发展自主学习能力。

英语课堂只有让学生“动”起来，才能够实现体验、参与、探究等行为，即使是单元中观课，也不能只是教师一味的讲解、说明和演绎。不论教师建构的单元中观线索如何清晰，若是直接灌输给学生，恐怕学生还是达不到教师所要求的思维高度和理解能力，再宝贵的框架线索也可能被囫囵吞下，因此课堂设计中要通过各种活动激发学生思考、推断、比较、运用等，让学生在自己的努力下，在纠错中，逐步地理出头绪，主动地发现柳暗花明的“又一村”，实现“中观不仅仅是理念，还是实实在在的课堂”的目标。

(三) 以文化为视角，开阔国际视野

语言是文化的一部分，是文化的载体，是文化发展的基础，它可以在很大

程度上反映民族文化的特点和不同民族之间的文化差异。通过来自不同民族的语言，我们可以从中发现：不同民族的价值观、风俗、宗教信仰、社会系统等等，这些文化因素都可能存在于有限制的语言或语言交流中。所谓的“语言交际文化”是一种隐含在语言系统中的特殊的文化因素，反映了一个国家的精神状态、价值观、生活方式、道德标准、审美情趣、风俗习惯等，这种文化因素在语言词汇系统、语法系统和情境应用中都有所体现。

在外语教学中，文化是指所学语言国家的历史地理、风土人情、传统习俗、生活方式、行为规范、文学艺术、价值观念等。在学习英语的过程中，接触和了解英语国家的文化有益于对英语的理解和运用，有益于加深对中华民族优秀传统文化的认识与热爱，有益于接受属于全人类先进文化的熏陶，有益于培养世界意识。

在中观教学中也要挖掘单元语言文字背后所隐含的文化教育价值，引导学生对英语国家文化及中外文化的异同有粗略的了解，要通过扩大学生接触异国文化的范围，帮助学生形成国际视野，提高他们对中外文化异同的敏感性和鉴别能力，从而提高跨文化交际能力。

（四）坚持用英语授课，创造良好的语言氛围

英语课程改革对 21 世纪人才培养提出的目标内容，其中提到“注重学生的全面发展，培养学生用英语进行交际的能力”“培养有效的交流技能”，这两点都强调学生运用英语的能力。要有意识地使用另一种语言，要创设相应的语言环境。教师作为课堂的引导者，应该从自身出发，用英语进行一系列的教学活动，也包括用英语评价和激励学生。它能有效地营造英语的语言环境，让学生充分理解语言的具体运用情景，以促进学生掌握语言知识和技能，帮助其建立初步的语感，获得综合运用语言的能力，为真实交际打下基础。

在课堂教学中教师要确保 95%的情景下运用英语进行教学，教师可运用类似教幼儿说话的保姆语，并配合使用视觉效果和动作手势确保学生能听懂；在课堂活动中教师可使用“自言自语”的方法，增加学生习得英语的概率（如在找自己的课本时教师可以边找边说 Where is my textbook? Oh, it's over there.）。教师可运用预知的活动和教师反复使用的习惯用语帮助学生加强理解。教师应避免不必要的翻译，因为母语“捷径”会让学生不将注意力集中在英语上，而是耐心等待母语版本，这样会剥夺学生建构意义、体验有意义语境以及将语言长时间地储存在记忆中的机会。除教师坚持使用英语外，要确保学生也使用英语进行活动或交流，教师要加强监督，可用象征性的奖品鼓励说英语的学生。当然，当极重要的概念无法用英语传达时，或正常学习受到干扰的情况下，教师可以使用母语辅助教学。

附:Unit 7 Why do you like pandas? (Book II, Grade 6)中观教学实录

(一) 单元课标分析

1. 话题:自然之动物。

2. 功能:表达喜欢与不喜欢的态度。

3. 语法:特殊疑问句。

4. 语言技能:能在图片、图像、手势的帮助下,听懂简单的话语或录音材料;能就日常生活话题作简短叙述;能借助图片读懂简单的故事或小短文,并养成按意群阅读的习惯。

5. 情感态度:积极参与各种课堂学习活动;在小组活动中能与其他同学积极配合和合作等。

(二) 单元教材分析

1. 本单元动物话题是第一次出现在初中教材中,学习并记忆大量的有关动物及其特征的词汇与句型,是本单元学习的重点。

2. why 引导的特殊疑问句及 because 回答已在本学期第二单元中学习过,并不是新知识,本单元更侧重该句型的运用。

3. 本单元话题贴近生活,学生比较感兴趣,易于开展提高语言技能的各项活动。

4. 本单元阅读部分更深层次的教育在于"珍惜关爱动物、从身边做起!"。

(三) 中观学情分析

1. 六年级的学生学习热情高涨,参与活动积极,适合设计生动活泼的活动来激发学习的兴趣。

2. 学生在小学阶段已经学习过部分动物的名称,教学设计要有所侧重和取舍。

3. 学生从小读过动物相关的书籍或饲养过动物,对于它们的习性特征比较了解,理解、接受单元知识有较好的基础。

(四) 中观教学目标

知识目标:

1. 本单元动物的名称。

2. 本单元描述动物的形容词。

3. 本单元描述动物的基本句型。

能力目标:

1. 能够正确表达喜欢或不喜欢的动物及原因。

2. 阅读了解泰国象在泰国文化中的重要地位及其生存状态。

情感目标:

1. 积极参与课堂,学会与他人合作。

2. 认识到动物是人类的朋友,能够做到珍爱动物。

（五）单元中观线索

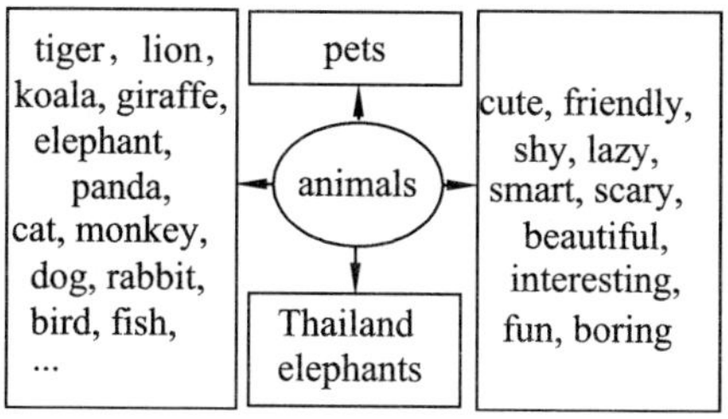

（六）单元课时规划对照表

单元内容	传统教学课时安排	单元内容	中观课堂课时安排
SA 1a-2c 听说	第 1 课时	重点单词＋重点句型＋SA 2d＋SB3a ＋中观思维导图	第 1 课时
SA 2d-GF	第 2 课时	SA、SB 听力	第 2 课时
SB 听力	第 3 课时	SA 2d 对话角色扮演＋GF 练习	第 3 课时
SB 2b 阅读	第 4 课时	SB 2b 细节学习＋拓展阅读	第 4 课时
SB 3a 写作＋self-check	第 5 课时	SB 3a 写作＋selfcheck	第 5 课时
练习与检测	第 6 课时	练习与检测	第 6 课时

说明：单元课时规划在不加课时的前提下增加对话表演课及拓展阅读课。

（七）教学过程实录

T：Class, let's enjoy a song. You can sing together.

【评析】通过歌曲引入“动物”话题，并创设游览动物园的大情景，作为本单元的一个活动背景主线，同时激活学生脑海里有关动物的词汇，为从已知到未知的学习做好铺垫和准备。

T：Are you ready for class?

Ss：Yes.

T：Good! Let's see what we will learn in this class.

(Show learning aims in ppt.)

T：Are you clear?

Ss：Yes.

T：OK！Let's start our class. Let's go and visit a zoo.

(Show pictures of animals living in the zoo.)

T：Boys and girls，welcome to the zoo！First we go to see some small animals. Now I show the animal to one of you. You come here and make a movement or sound of the animal. Your classmates will guess what animal it is. For example，... (The teacher acts like an rabbit.) What animal is it?

Ss：Rabbit.

T：OK. Who can do it first?

S1：I. Wangwang....

T：What animal is it?

Ss：Dog.

T：Good. Thank you. A small gift for you. Who will try again?

S2：(Make a movement of a monkey.)

Ss：Monkey.

S3：Miaomiao...

Ss：Cat

...

T：You did a good job. Now let's look at the pictures and say the animals.

Ss：Monkey，rabbit，dog，cat.

【评析】中观认知策略之一是以话题为主线，创建中观情景，并以此展开各种活动，以推进教学活动，落实教学目标。本环节首先创设了游览动物园的情景，后续活动都在这个情景中展开，活动设计自然流畅；同时本环节主要目的是通过模仿动物表演、猜动物名，检测小学阶段对于动物名称的学习情况。本活动非常简单，所需时间较短，但对暖场、调动孩子们的学习热情、创造很好的学习氛围都起到了很好的作用。在师生互动中教师对学生好的表现给予积极表扬和物质奖励，是善用外部动机的一种有效方法。

(Show a picture of a panda living in the zoo.)

T：Now class，let's go on to see more animals. Do you know it?

Ss：Panda.

T：Good. Do you like pandas?

Ss：Yes.

T：I like pandas too because they are cute and friendly. Look at the words，can you read them?

Ss：Cute，friendly.

T：Yes，cu-te，friend-ly，who knows how to remember *friendly*?

Ss：friend+ly.

T：Great！you are clever. Then it is easy to remember it.....

T：Now let's drive a word train. You speak the animal and descriptive words. For example，panda－cute－friendly. Are you clear? OK. Let's go from you！

S1：Panda—cute—friendly

S2：Koala—lazy—shy

S3：Lion—scary

S4：Giraffe—beautiful

S5：Elephant—smart

【评析】本环节是词汇新知教学环节，本环节教授了本单元中出现的新的关于动物的单词及描述动物的词汇。可贵的是词汇学习放在了浏览动物园这个情景下，通过展示动物园中目标动物的图片，让学生身临其境，很好地将学生带入浏览情景中。在教授环节教师注重拼读方法的指导，按音节教授长的单词拼写，有利于学生养成根据发音记单词、根据拼读认读单词的自然拼读能力，巧妙地落实了课程标准规定的语音知识。单词学习过后词汇排火车活动体现面向全体学生，让每位学生都练习了目标词汇，纠正易错发音，进一步内化了知识目标，掀起了学习的新一轮高潮。

(Show pictures of different kinds of animals living in the zoo.)

T：Class，look at these fine animals. I like pandas because they are cute. What animals do you like?

S1：I like koalas.

T：Why? Because they are...

S1：Because they are friendly.

T：Good. What animals don't you like?

S2：I don't like lions.

T：Why don't you like lions?

S2：Because they are scary.

T：Good. A gift for you. Let's remember the sentences.（Show target structures.）Please speak them together.

Ss：What animals do you like?

I like pandas because they are cute.

What animals don't you like?

I don't like lions because they are scary...

T：Now tell your group what animals you like or don't like and why.

（Students work in groups，telling each other their favorite animals.）

T：Which group would like to show?

（Group work）

T：Good job!（Give groups gifts.）

【评析】本活动图片还是动物园中的动物，在词汇学习的基础上，学习本单元重点句型，通过小组交流活动，模拟浏览动物园时同学们叽叽喳喳的交流活动。本活动是对知识的内化环节，给予学生较多的时间识记知识，并在类似真实情景中运用语言，完成交流讨论动物、表达喜好的单元目标。

T：Boys and girls，the animals in the zoo are very lovely. Do you want to take them home?

Ss：Yes!

T：When we take them home，they are our pets. Do you know pet?

Ss：宠物？

T：Yes. You are smart. Let's read the conversation in 2d and see what pets Peter and Jenny have?

T：What pet does Peter have?

Ss：Dog.

T：Its name?

Ss：Dingding.

T：How about Jenny?

Ss：Cat.

T：Name?

Ss：Lazy?

T：Does Jenny like her?

Ss：No. She sleeps all day.

T：Wow! You are good at reading. Now let's listen to the conversation and learn how to read aloud.

(Play the tape twice.)

T：Pay attention. Really? Does your family have a pet? (Remind Ss of the rising intonation)

T：Let's be Jenny and Peter. I am Jenny first. And all of you are Peter. Ok?

Ss：Ok.

(Read the conversation aloud.)

T：Now read it with your partner. Read as beautifully as you can.

(Ss practice in pairs.)

T：Who'd like to have a try?

S1+S2：(read)

T：Really? Wow! Show your feelings

T：Who'd like to try again?

...

T：Do you have a pet in your family?

Ss：Yes (Some shake their heads.)

T：Tell us what animal you have.

S：I have a dog. Its name is Ahuang

T：Is it a yellow dog?

S1：Yes.

T：Do you like it?

S1：Yes. I like playing with him.

T：Wow. Good. Who has a pet too?

S2：I have a bird. It is green and yellow.

T：I have a bird too. I like my bird. I am good to it.

T：Class，please love our pets. Love animals. Because they are our...

Ss：Friends.

【评析】本环节把学生由动物园带回家中，由远及近讨论家中的动物，更加贴近实际生活，教师的过渡语言自然。本环节活动为角色扮演，由教师首先与学生集体对话，作为示范，教师非常注重语音语调的纠正和规范，然后让学生扮演角色，在朗读中做了充分的情感表达练习，三组同学进行角色扮演，得到了及时的反馈和指导。在本节中观课上，本对话只需完成理解并能够正确流畅地朗读，语言点等细节学习预留为课时学习任务。之后的谈论自己的宠物环节有很好的生成性，让学生运用刚学到的语言描绘自己的宠物并表达喜好。

（Show Ss elephants' performance.）

T：Class，come on! The elephants in the zoo are drawing. Let' go and watch it.

Ss：Wow...

T：Elephants are smart. Do you like them?

Ss：Yes.

T：Do you know where these elephants are from?

Ss：非洲，泰国……

T：They are from Thailand. Elephants are very important in Thailand. Please read paragraphs 1—2 and know more about Thai elephants.

（Ss read in silence.）

T：Can you complete the sentences? The elephant is one of Thailand's ________.

Ss：Symbols.

T：Symbols in Chinese?

Ss：...

T：标志。Like pandas in China. Pandas are China's symbols

T：A white elephant is a symbol of ________.

Ss：Good luck.

T：What can elephants do?

S1：Play soccer or music. They can also draw very well.

T：Good. What else?

S2：Elephants can walk for a long time and never get lost. They can also remember places with food and water.

T：Yes. Elephants are very smart. But elephants like our pandas are in great danger in Thailand. Read para 3 and find out why.

(Ss read in silence.)

T：Why?

Ss：People cut down many trees so elephants are losing their home. People also kill elephants for their ivory.

T：What should we do to help them?

Ss：Save the trees and don't buy things made of ivory.

T：Yes. We must do it. No trading，no killing.

(Show Ss advertisement.)

【评析】说完家里的宠物，动物园的大象表演要开始了，教师很巧妙地又把同学们拉回到浏览动物园的主线上。通过大象表演视频再次抓住学生的注意力，吸引学生的兴趣，并自然地引入对泰国象课文的阅读，了解大象在泰国文化中的重要地位，并类比了中国文化中熊猫的重要地位，进行了文化的对比交流。让学生了解到，像熊猫一样，泰国象也处于濒危状态，再通过阅读了解原因及保护大象的做法，最后播放广告短片《没有买卖就没有杀害》，对学生心灵会有较大的冲击力。

T：In this class，we have learnt many animals and why or why not we like them. Can you remember them?

Ss：Yes! elephant，lion，giraffe，... (Retell watching the mind-map of the unit.)

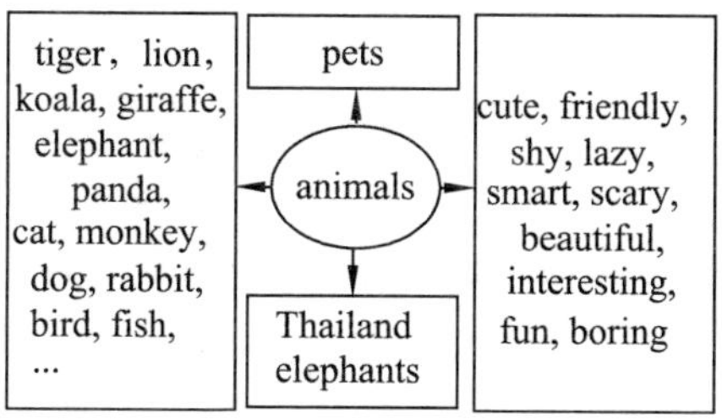

T：And we also learn about pets and Thai elephants. We will learn them more in the next classes.

单元内容	中观课堂 课时安排
重点单词＋重点句型＋SA 2d＋SB3a＋中观思维导图	第 1 课时
SA SB 听力	第 2 课时
SA 2d 对话、角色扮演＋GF 练习	第 3 课时
SB 2b 细节学习＋拓展阅读	第 4 课时
SB 3a 写作＋selfcheck	第 5 课时
练习与检测	第 6 课时

【评析】1. 从中观的角度讲，本节设计以词—句—对话—篇章为中轴，以话题为核心，以活动为载体，完成了本单元重点和核心内容的教学任务，能够引领学生从高处俯瞰单元知识，建构单元知识脉络；从知识点落实角度看，本课落实了核心词汇和句型以及重点对话，并初步了解泰国象的文章，为后续的教学做了铺垫。

2. 本课充分体现了在情景中进行各项活动的策略，本节的大情景为浏览动物园：课前热身歌曲是去动物园，之后的新知学习、内化练习都在游览动物园的过程中完成，一改常规课堂中干巴巴学习的状况。本课使用图片、视频等将学生带入动物园的情景中并进行各种学习活动，让学习显得自然流畅。

3. 本课较好地体现了以生为本的理念，课堂教学设计不仅能体现出教师用心教，更能体现教师着眼于学生怎样学。本课有两个亮点：一是词汇的学习以学生已知为基础，像 tiger，elephant 等词，学生已经在小学阶段掌握得很熟练，教师没有再按部就班地教，而是把重点放在相对陌生的 koala，giraffe 及描述动物的词上。二是充分依赖学生对学生的帮扶作用，在两人及小组活动中优秀学生成为老师，起到辅导带动待进生的作用。

4. 本节课还体现了以文化为视角，拓展学生国际视野的策略。在泰国象的学习中，教师的着眼点不仅仅是一般的事实、就文字教文字，而是突显了大象在泰国文化中的重要地位，并对比熊猫之于我国，让学生理解大象与熊猫一样深受两国人民的喜爱，同时它们也都处于濒危状态，通过播放《没有买卖就没有杀害》的公益广告，唤起学生遵守社会公德，并鼓励大家多去动物园参观，以实际行动为保护濒危动物做贡献。

5. 整个课堂气氛活泼愉快，学生参与度高，各项活动都开展得非常顺利，从当堂检测的完成情况来看，教学效果基本达到教学预期目标。教师坚持用英语教学，90％的情况下在使用英语，为学生做了良好的口语示范。通过思维导图建立中观脉络，让学生了解本单元主要内容，从较高的层面全面了解单元知识。在课时分配中又告知学生哪里还需要精细学习，让学生做到心中有数。

五、中观课堂评价标准

淄博高新区实验中学英语学科中观课堂评价量表

时间：　　　授课人：　　　年级：　　　课题：

评价项目		评价指标	项目权重	项目得分
学科思想(15)	1	体现语境意识，创设真实情境	5	
	2	体现跨文化意识	5	
	3	体现整体意识	5	
教学目标(10)	4	出示教学目标	5	
	5	教学目标与课程标准相一致	5	
教学设计(30)	6	准确把握教材	5	
	7	中观线索清晰	10	
	8	教学设计有条理性、层次性	5	
	9	设计多样有效的教学活动	5	
	10	课时分配合理	5	
课堂管理(20)	11	教学规范，课堂井然有序	5	
	12	英语授课，创造良好的语言氛围	5	
	13	语言指令清晰，师生互动良好	5	
	14	使用具体化语言进行恰当评价	5	
教学效果(15)	15	能够落实教学目标与内容	5	
	16	教师对学生进行学法指导，每个学生都有收获	5	
	17	学生积极参与课堂，能够用英语完成活动任务	5	
作业布置(10)	18	根据预留线索布置作业	5	
	19	作业量适中，关注各层学生需求	5	
得分			记录人	

第四节　物理中观课堂实践研究

一、学科性质解读

物理学是研究物质、物质间相互作用和运动规律的自然科学。

义务教育阶段的物理课程要让学生学习初步的物理知识与技能，经历基本的科学探究过程，受到科学态度和科学精神的熏陶；它是以提高全体学生的科学素质、促进学生的全面发展为主要目标的自然科学基础课程。

二、学科思想介绍

(一) 学科思想

物质，相互作用及其能量。

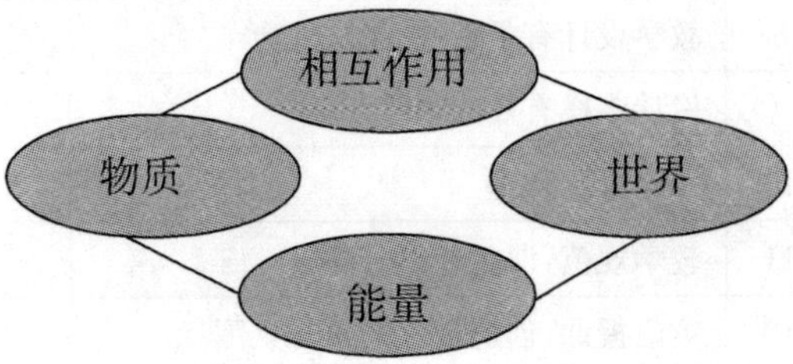

(二) 学科思想与典型知识对照表

学科思想	典型知识
物质	质量，密度，比热容，热值，电阻，熔点，沸点
相互作用	牛顿第一定律，惯性，摩擦力，重力，弹力，压强，浮力，大气压等
能量	动能，势能，机械能，电能，电磁现象，电路，热和能，焦耳定律，电功率，电功，机械效率等

三、学科核心概念框架图

初中物理核心概念框架图

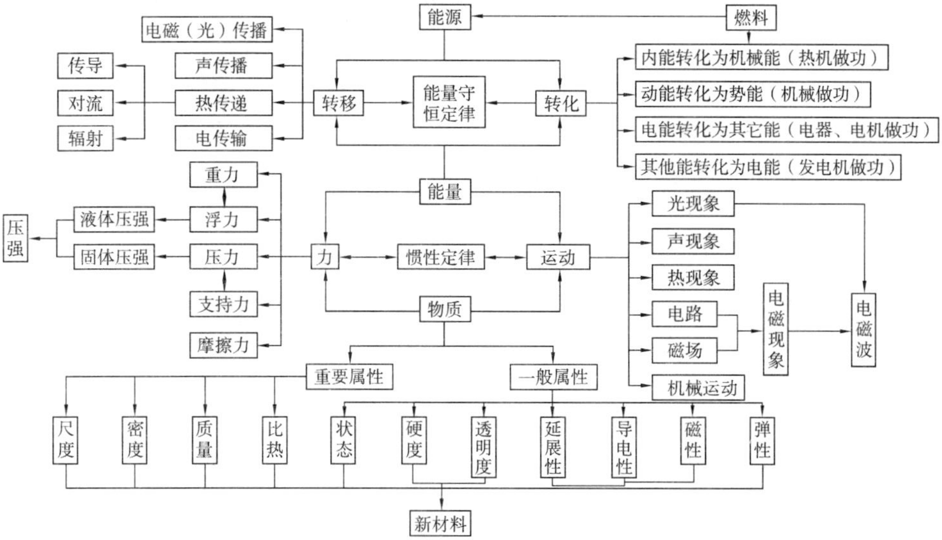

四、学科认知结构化策略

(一) 中观设计的原则

1. 以课标要求为依据的原则

课程标准是教材编写、教学、评估和考试命题的依据，是国家管理和评价课程的基础。目前，虽然有多个版本的新教材，无论是知识的编写顺序还是体例都有很大的差异，但它们都是依据新课标要求来编写的。这意味着教师要以课标要求为依据，把教材从“依赖对象”变更为可利用的“优秀素材”，自主地整合教材，选择恰当的内容、合适的教法来进行教学设计，但无论对教材怎样整合和编排，都不能偏离新课标的要求。

2. 知识系统性的原则

整合是教师在教学过程中对教材再创造的过程，是教师的一种“同质异构”的艺术创造活动。我们对教材整合的原则、策略和方法等进行先期研究，目的是便于教师创造性地、更富有实效地开展教学。它不局限于对教材的适当改变，需要教师有更高的、更宽的眼界和统领教材、把握学生以及关注其他学科内容的整体的课程意识和能力。物理学知识具有很强的规律性和系统性，知识之间有着密不可分的联系。因此，整合教材不能破坏知识的完整性和系统性，通过整合后的教学内容仍旧是一个相对完整的教学媒体系统。只有站在统领全局的高度来整合教材，才能准确地把握学科体系，把握教材知识之间的系统性和整体性。

3. 促进学生发展为本的原则

教育要以人为本是课改的基本理念之一。促进人的发展,要关注学生、关注过程、关注发展,要与学生的认知水平相统一。要体现这个基本理念,需要创造性地使用教材。这就要求教师在充分了解和把握课程标准、学科特点、教学目标、教材编写意图和学生学情的基础上对教材进行合理的扩充、删减、整合、编排,使学生更容易掌握知识、提高能力,更好地挖掘学生的潜能,培养其创新能力,促进不同学生的个性发展。

4. 可操作性原则

教材是课程的重要资源,是教师教学的重要依据和学生学习的重要文本。因此整合后的教材必须具有可操作性,要便于教师和学生使用,更能充分发挥教材在教学中的引领作用,提高教学的有效性。

(二) 中观设计的策略和方法

1. 准确把握课标要求,明确新教材编写意图及使用方法

熟读理解课标内容,认真研读教材,梳理教材的知识框架,深入挖掘教材内涵,准确把握教材的编写意图及使用方法,这是一名合格教师应该而且必须做到的。只有"吃透"教材,才能将"本内"和"本外"的知识进行有机的"整合",才能更好地利用教材,结合学生实际进行教材内容的调整和整合,打造优质高效的课堂。因此,准确把握课标的要求、吃透教材是有效整合教材与创新教法的基础和前提。

(1) 了解不同版本的同类教材,重新认识自己使用的教材,选择最优素材以利教学,我们在采用鲁科版教材的同时,还应重点研读人教版和沪科版这两个影响比较大的版本的教材。了解不同版本的教材,不仅可以借鉴其他版本之优点,而且可以在教材的纵向体系上,把握同一个知识点在不同版本教材中编写的特点,避免对知识随意拓展或重组。因此,吃透所教的一套教材,了解相关的不同版本的教材,从各种版本教材的处理中进一步理解课标的精神,在这个基础上重新认识自己使用的教材,是一个开阔视野、学习借鉴、对知识内容准确把握、对知识体系融会贯通的过程。

(2) 要吃透所教教材的编写意图,还要了解初中物理课程标准和教材,尤其要熟悉各册物理教材。从一个新的高度审视所教教材,提高对所教教材的认识,要从知识的深度和广度上有一个更高层次的把握,实现对教材更合理的整合。

(3) 充分了解和研究学生原有的知识储备情况。整合教材,还要了解小学科学课程的教学内容,关注学生已学过的科学课程知识(如简单的磁现象、力现象、光现象、杠杆、凸透镜等知识);课标中也提到初中物理不仅能让学生在小学科学课程的基础上进一步认识物质世界,而且有利于其树立正确的科

学观。把学生在科学课程中已有的知识与技能、学习方式融入到物理学习中来，在教学中做到心中有数，避免无意义地重复教学，以突出教学重点，更好地提高课堂教学效率。

2. 充分把握学生的学情

建构主义理论提出，学习者是以自己的经验为基础来建构现实、来理解和建构新的知识和信息的。教学不能无视学生的已有知识经验，简单强硬地从外部对学生实施知识的“填塞和灌输”，而应当把学生原有的知识经验作为新知识的生长点，引导学生从原有的知识经验中生长新的知识经验。把握学生的学情，包括已有的知识水平、学习习惯、相关知识和技能、学习过程和方法、学习情感等。立足学生实际，根据学生的知识现状做好教材的整合工作，使整合后的教材能够创设有利于从记忆中提取相关信息的具体情景。因此，对教材进行整合和教法创新要明确以下几点：① 哪些问题需要在教师指导下由学生自主探究；② 哪些问题可以通过学生自主学习来掌握；③ 哪些内容会在后面的知识中“复现”，目前应该学到何种程度等等。从适应学生学的角度出发，使整合的教材内容的安排和呈现方式易“自学”和“读懂”，遵循学生的认知发展规律，便于学生自主学习。不仅避免重复性的教学，而且更好地激发学生学习积极性，更好地提高课堂教学的有效性。

3. 教师要有较强的统领全局的意识，不断提高驾驭教材的能力

教材整合真正考验的是教师的学科功底和学科素养，教师只有凌驾于教材之上，站在学科整体教学的角度，不拘一格，变通教材，让自己成为教材真正的主人，才能使整合后的教材更好地服务于自己的教学。因此，教师对教材进行整合，要有较强的统领全局的意识、较高的驾驭教材的能力。教学资源有很多种，教科书只是其中的一种，教科书也已经多样化，教师应该适应这样的形势。一方面，教学活动的安排应该按照课程标准的要求来进行，不以某一教科书的表述为判断正误及要求高低的标准；另一方面，今后也不只是手拿一本教科书和配套教参就能胜任教学的。要参考多种版本的教科书，从不同教科书的处理中进一步理解课程标准的精神，同时也要参考多种介绍物理学及其应用的参考书，扩大自己的知识面。“用教材教，而不是教教材”是新课程改革中一句非常有意义的口号，但这绝对不意味着新课程不重视教材，我们整合教材、创新教法绝不是不重视教材，更不是可以随意调整、更换教材。我们所整合的是对于一些教材内容中隐含的一些缺憾，包括知识编排的顺序、层次、难易程度等以及不适合学生的学习实际、不符合教师的教学风格等，对于这些地方进行合理的调整和整合创新，是必要的也是应该的。

4. 根据整合的原则编制整合后的教材体系目录，并在教学实践中创新教法

遵循以上教材整合的原则，我们对教材的内容进行了多次研讨，并重新调整了编排顺序，编制了整合后的教材体系目录。通过整合教材的相关知识点，不仅减少了基本内容教学所需的课时（由原来的大约需要86课时整合到73课时，比正常进度节省13课时，约节省15%），而且学生对重点内容有了充分的时间进行科学探究，有利于培养学生的科学素养。对教材内容进行整合后，在课堂教学中通过改进教法体现整合的思想。教师备课时，先进行整体的单元备课，即从整体上把握本单元相关章节的内容以及课程标准的要求，制定适用的单元学习计划，在课堂上体现出单元教学的整体性和知识间的联系。在课堂教学中，教师注意从学生实际出发，形成本节课的知识网络结构，使学生对学习内容有整体感，发挥纵横联系的教学整体功能，提高教学效率。这样，教师的教学就不仅是教会学生如何学习一节课的内容，而且教会了学生怎样去建构知识。学生在学习过程中逐步理解学科体系结构，学会从整体上把握学习内容、从细节上处理问题，取得了事半功倍的教学效果。

通过对教材整合的研究和探索，可以实现对教材真正意义上的研究。教师的思想观念和教学方式逐渐与课改要求相统一，教材观、教学观和课程观都有了明显的转变，这是教材整合最大的成功。我们进行教材的整合，并不是简单地为了整合而整合，师生在学会整合教材内容的同时，学会了整合的方法，训练了一种整合的思维习惯，能够经常从整体的角度考虑问题，体现了"教是为了不教"的教学思想。我们要用这种思想不断鞭策自己，在教学中体现活用教材的理念，不断完善对教材的认识，转变教学方式，提高教师和学生的认识水平和层次，促进师生的共同发展。

附：课例1——《电和磁》中观教学实录

(一) 单元课标分析

《物理学科课程标准》对本章做出的要求是：

2.4.2 通过实验认识磁场。知道地磁场。

2.4.3 通过实验，了解电流周围存在磁场。探究并了解通电螺线管外部磁场的方向。

2.4.4 通过实验，了解通电导线在磁场中会受到力的作用，知道力的方向与哪些因素有关。

例2　了解动圈式扬声器的结构和原理。

例3　了解直流电动机的工作原理。

2.4.5 通过实验，探究并了解导体在磁场中运动时产生感应电流的条件。了解电磁感应现象在生产、生活中的应用。

例4　了解发电机的工作原理。

所涉及的物质是"磁性物质"，如各种各样的磁铁、电磁铁等，重点是"磁场”这样的空间无形物质，如磁体周围的磁场、地磁场、直导线及通电螺线管周围的磁场。课标要求通过探究，感知物质的磁性和磁化现象，并尝试将“磁性物质”及其属性与日常生活中的用途联系起来。

“电生磁”、“磁生电”的辩证关系充分体现了“物质处于永恒的运动中，不同的物质和不同的运动形式之间又发生着相互作用”。对此课标要求用实验证实电磁相互作用，通过实验，探究通电螺线管外部磁场的方向；通过实验，了解通电导线在磁场中会受到力的作用，力的方向与电流及磁场的方向都有关系；通过实验，探究导体在磁场中运动时产生感应电流的条件。

（二）单元教材分析

本章的主线是磁场，磁体、电流周围都存在磁场，磁场对放入其中的磁性物质或电流有力的作用，磁场能使切割磁感线运动的导体产生感应电流。

本章重点是揭示电和磁之间互为因果及相互作用的关系。本章难点在于技术应用方面：电磁继电器、电动机的换向器的作用，发电机的原理。

本章教学的难点是师生互动，共同达到课程目标中关于“过程与方法”、“情感态度与价值观”的要求。

本章教材也存在一些缺憾：其一，缺少对环境保护方面的最新科技成就或注意事项的介绍；其二，应该在书中介绍一些相关的科普资料或网站，逐步引导学生明白到哪里收集信息、怎样收集信息；其三，教材应呼吁全社会用实际行动支持学生的社会调查和科学实践活动，并提供一定的指导，否则，教学时很容易脱离实际，造成纸上谈兵或闭门造车现象。教师教学时，应注意主动弥补这些内容，尽量落实新课程理念并进行再创造。

（三）中观学情分析

学生在小学阶段学习过磁的基本现象和知识，在刚刚学过的初中物理知识中又了解了电流和电路的基本知识，为学习电与磁奠定了一定的基础，但是学生对磁场这种抽象而概念化的物质又难以理解，所以在教学中应该充分遵循直观化、形象化的原则，使学生易于接受这一概念。例如对于电与磁之间的联系的教学就应该应充分建立在实验的基础上，让学生通过实验，观察、体验、感知电与磁之间的联系，探索电与磁之间的奥妙关系。

（四）中观教学目标

1. 通过实验了解什么是磁场，知道磁体周围存在磁场。

2. 通过实验知道电流周围存在磁场。

3. 通过实验了解通电导线在磁场中会受到力的作用。

4. 通过实验了解磁场可以产生电流，认识电磁感应现象。

5. 通过本部分内容的学习激发学生的学习兴趣。认识科技对社会发展、人类生活的影响。

（五）单元中观线索

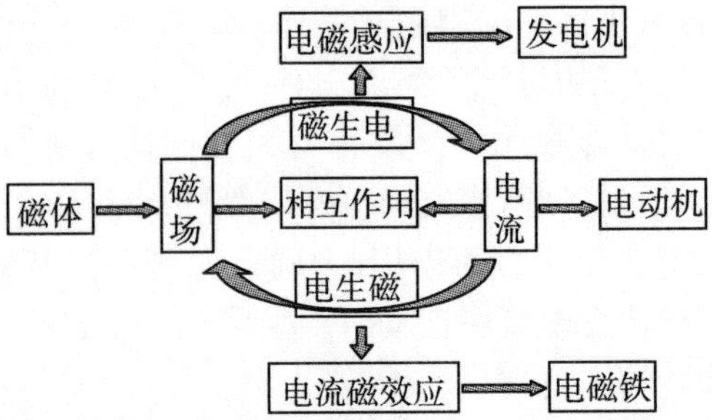

（六）单元课时规划表

传统课堂	课时	中观课堂	课时
第一节　磁现象	2 课时	第一节　中观课	1 课时
第二节　电生磁	1 课时	第二节　磁现象	1 课时
第三节　电磁铁	1 课时	第三节　电生磁和电磁铁	1 课时
第四节　电动机	1 课时	第四节　磁生电和发电机	1 课时
第五节　磁生电	1 课时	第五节　电动机	1 课时
第六节　发电机	1 课时	复习总结	1 课时
复习总结	1 课时		
合计	8 课时	合计	6 课时

（七）教学过程实录

教学准备

条形磁铁、蹄形磁铁、小磁针、铁屑、螺线管、电池、导线、电动机、发电机模型、铁架台。

教学实录

（视频引入：随着隆隆的机器启动的声音，电磁起重机将大堆的废铁吸起来，然后平移数米后，伴随轰的一声，废铁又落到地面上……）

师：同学们知道为什么起重机能够吸引起铁片吗？

生：因为起重机有磁性。

师：回答得很好，那么，为什么又能够轻松地将废铁放下呢？

生：又没有磁性了……

师：为什么刚才有磁性，现在又没有了呢？

生：……

师：同学们，我们学习了电和磁知识后，就知道这其中的奥妙了。

师：在前面的学习中我们已接触了一些与磁有关的知识，生活中有许多与磁有关的现象，而且磁在许多方面得到了应用。对此，同学可以讨论一下。

生：指南针、手机、银行卡、磁共振、电脑磁盘、电磁炉、磁悬浮列车……

师：可以说磁现象已经和我们的生活分不开了。这一章我们将深入学习磁现象的有关知识。

师：对磁的认识和应用，早在我国古代就开始了。

（课件出示）

[1. 司南的照片（最早的磁性指向工具）

东汉王充在《论衡》中写道："司南之杓，投之于地，其柢指南。"12 世纪初，我国已把指南针用于航海（最早），后来传入外国。

2. 磁悬浮列车

上海磁悬浮列车专线西起上海地铁龙阳路站，东至上海浦东国际机场，列车加速到平稳运行之后，速度是 430 千米/小时。这个速度超过了 F1 赛事的最高时速。

3. 天然磁石（成分：Fe_3O_4）]

师：下面我们回顾几个小学科学课上学过的概念。

磁性、磁体、磁极：能吸引铁质物体的性质叫磁性；具有磁性的物体叫磁体；磁体中磁性最强的区域叫磁极。同名磁极相斥，异名磁极相吸。（板书）

师：请大家阅读课本 P9 电流的磁效应并思考。

（抽学生回答，教师板书）

1. 为什么奥斯特坚信电和磁之间存在关系？

(1) 电和磁的相似性：两种电荷，两个磁极；同性相斥，异性相吸。

(2) 事实：电能使某些物体具有磁性：1731 年，英国商人发现雷电过后，刀叉具有了磁性。1751 年，富兰克林发现莱顿瓶放电可以使缝衣针磁化。

2. 奥斯特实验：

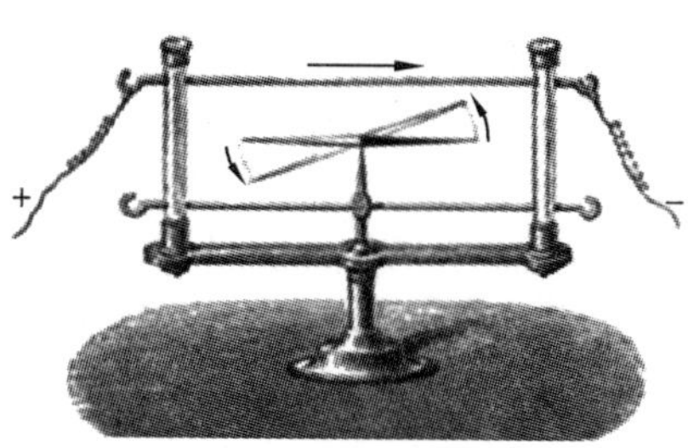

师：1820 年 4 月，在一次讲课中，他偶然把导线沿南北方向放置在一个带玻璃罩的指南针的上方，通电时磁针转动了。听众可能没有注意，可是奥斯特欣喜若狂，差点从讲台上摔下来。（抽学生上讲台演示奥斯特实验）

实验说明：通电导线会对磁针产生力的作用。电流具有磁效应。（板书）

师：同学们是不是觉得奥斯特运气特别好啊？

生：是！

师：机会是给有准备的人的。在此之前，奥斯特经历了许多痛苦的失败，但是他以无比的自信、坚强的毅力、坚持不懈的努力，最终获得了成功。

（课件出示奥斯特实验的意义）

［电流的磁效应，首次揭示了电和磁的联系。宣告了电磁学的诞生。法拉第评论说："他突然打开了科学中的一个黑暗领域的大门，使其充满光明。"

两个月后，安培发现了电流间的相互作用，阿拉果制成了第一个电磁铁，施魏格发明电流计等。

安培曾写道："奥斯特先生已经永远把他的名字和一个新纪元联系在一起了。"］

师：请思考：奥斯特对电和磁的联系的研究，给我们什么启发？

（学生讨论、回答）

师：人们习惯于用已有的知识与经验认识与判断新的未知的事物；很多时候，新的未知的事物与人们已有的知识与经验是不符的，这就需要人们解放思想，勇于创新。自然科学与社会科学的发展都需要这种精神。我们不仅要有中国制造，还要有中国创造。

师：通电导线对磁体有力的作用，反过来想一想，磁体对通电导线有力的作用吗？为什么？

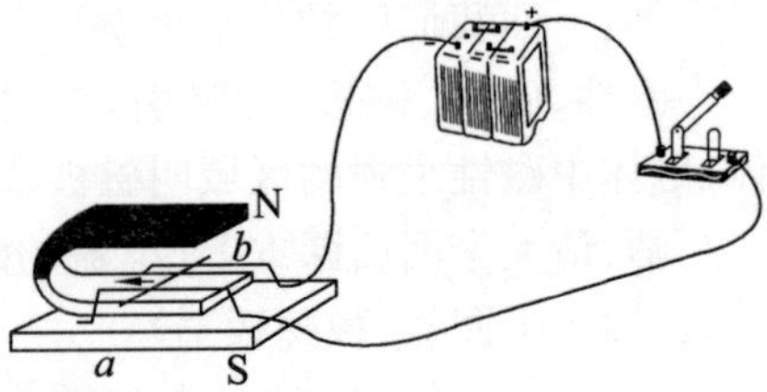

生：有。力的作用是相互的。

师：我们用实验验证一下。

（师演示）

师：磁体对通电导体有力的作用。

师：电流对磁体有力的作用，磁体对电流也有力的作用。电流和电流之间也会有相互作用吗？

生：实验验证。

师：通电导体之间有力的作用。

师：前边我们验证了电能够产生磁，那么，能否通过磁场产生电流呢？

我们准备以下器材：U 型磁体、线圈一个、开关、灵敏电流计。

师：（实验演示）将线圈用导线连接起来，然后闭合开关，让线圈在 U 型磁体中间左右移动，同学们观察到了什么现象？

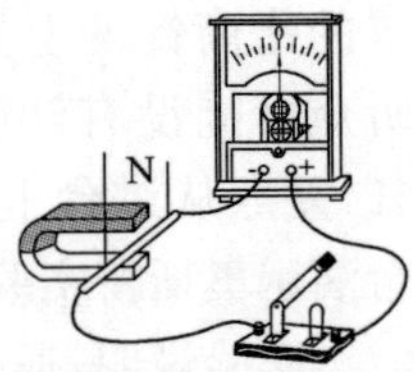

生：电流计指针发生了偏转。

师：这说明了什么呢？

生：说明产生了电流。

师：这就是著名的法拉第发现的电磁感应现象。

师：自从奥斯特发现了电流的磁效应，物理学界一直在研究能否从磁场中获取电流。法拉第用了十年的时间，终于发现了"磁生电"——电磁感应现象。

（课件出示法拉第电磁感应实验意义）

[法拉第这一发现进一步揭示了电与磁的内在联系，为建立完整的电磁理论奠定了坚实的基础。根据电磁感应现象，人们最终制造了发电机，为人类步入电气化时代奠定了基础。]

板书设计

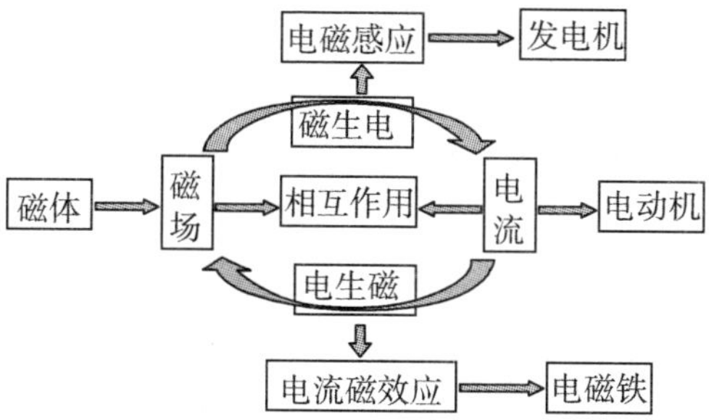

【评析】通过本节中观课堂教学，师生共同构建了单元知识框架，强化知识间的联系，先见森林再见树木，整体感知本单元的学习内容和学习方式，从而改善了学生的思维方式，减轻了学生的课业负担，学生学有方向，积极性和主动性都得到了进一步提高，真正落实了三维目标，变学会为会学，促进了学习方式的变革。

课堂之初，通过废铁站电磁起重机的视频，让学生联系已知和未知，初步感知本单元的知识脉络，培养了学生自主构建中观知识体系的能力。

在自主构建知识框架和探索知识间联系的基础上，教学时注重发挥小组合作的作用，学生在合作、交流中互相学习，在思维碰撞中增长智慧，同时培养了学生合作学习的能力。

附：课例2——《简单机械　功》中观教学实录

（一）单元课标分析

《物理学科课程标准》对本章提出的要求是：

3.2.2 知道机械功和功率。用生活中的实例说明机械功和功率的含义。

3.2.3 知道机械效率。了解提高机械效率的途径和意义。

例2　测量某种简单机械的机械效率。

3.2.4 了解人类使用机械的历程。了解机械的使用对社会发展的作用。

本章以功为主线，以杠杆、滑轮和斜面等简单机械为载体，了解简单机械在生活和生产中广泛应用的情况。教材的编排体现了课程标准中科学内容的三大主题——物质、运动和相互作用、能量之间的密切联系，为学习功和能的关系以及各种能量间的相互转化等知识起到承上启下的作用。

(二) 单元教材分析

本章在"机械运动"、"力与运动"等力学重要知识的基础上拓展和提高,将进一步学习"简单机械和功"的一系列知识。本章导图中丰富的图片素材,从生活中最简单的工具到最现代的高科技设备,巨大的差别中隐含着相同之处——人手臂的延伸,为学生提供了宽广的人文背景,对进一步激发学生学习兴趣、树立科学的世界观、联系生活生产实际、形成可持续发展的意识起着极大的推动作用。

本章以功为主线,以斜面、杠杆和滑轮等简单机械为载体,通过学习达到了解"转化和平衡"以及了解"简单机械在生活和生产中的广泛应用"的目的。

从内容看,新教材包含了原教材中第十二章、第十八章绝大部分内容,原机械能现被编入新教材第十章中,同时,新教材又以"生活、物理、社会"栏目呈现了原来选学内容——轮轴和不学内容——斜面,并增加了综合实践活动。新教材的上述改动和变化有以下优点:

1. 能量的地位更加突出,便于学生分析、比较各种能量间的相互转化和联系。

2. 拓展了简单机械的知识面,使之更接近生活实际。(因为生产、生活中轮轴、斜面的应用同样非常广泛)

3. 有助于学生系统学习机械与功的知识,避免了重复劳动和课时浪费。

从学生学习方式看,新教材注重学生探究能力的培养,从开始的"拔图钉活动"到最后的"设计制作组合机械模型",始终突出科学探究的学习方式,让学生经历探究过程,发现、解决问题,在"做中学",在合作交流中提高,体现了学生的主体作用。

(三) 中观学情分析

学生学习了机械运动,掌握了力和运动的基本知识,为学习简单机械和功奠定了一定的基础。但是学生对功、功率这些抽象的概念难以理解,所以在教学中应该充分遵循直观化、形象化的原则,使学生易于接受这一概念。例如对于电与磁之间的联系的教学,就应该充分建立在实验的基础上,让学生通过实验,观察、体验、感知机械和功的联系,探索机械和功之间的奥妙关系。

(四) 中观教学目标

1. 知道做功的两个必要因素,理解功的计算公式 $W=Fs$ 和功的单位,能使用公式解决一些实际问题。理解功率的概念，掌握功率的计算公式 $P=W/t$，能使用公式解决一些实际问题。

2. 理解力臂的概念，理解杠杆的平衡条件及应用，能区分省力杠杆、费力杠杆和等臂杠杆。

3. 理解定滑轮、动滑轮、滑轮组的作用，知道有用功和总功，知道机械效率，会进行滑轮和滑轮组的机械效率的计算。

（五）单元中观线索

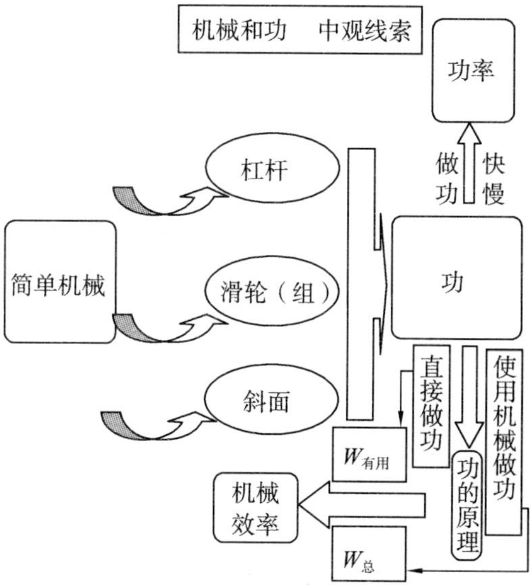

（六）单元课时规划表

传统课堂	课时安排	中观课堂	课时安排
第一节　杠杆	1	第一节　中观课	1
第二节　滑轮	1	第二节　杠杆	1
第三节　功	2	第三节　滑轮	1
第四节　功率	1	第四节　功和功率	1
第五节　功的原理	1	第五节　功的原理 机械效率	1
第六节　机械效率	2	第六节　单元复习	1
单元复习课	1	第七节　复习检测	1
合计	9	合计	7

（七）教学过程实录

（“推黑板”比赛游戏，引入课题）

师：同学们，我们先来做个游戏，比赛规则：男生和女生各推荐一名同学，男生垂直于黑板往里推，女生沿着轨道推，完成老师规定的任务（将黑板推动）。完成者获胜。

（女生轻松地推动黑板，而男生费劲九牛二虎之力也没有推动，比赛结果，女生获胜）

师：大家说男生和女生谁的力气大？

生：当然是男生！

师：可是比赛结果是谁赢了？

生：女生。

师：大家知道这其中的原因吗？

生：男生用力的方向不对。

师：这两位同学都对黑板用了力，那大家说，哪个同学的力是有成效的？

生：女生。

师：为什么？

生：因为女生将黑板推动了。

师：对。我们物理上，如果一个力作用在物体上，并且物体在力的方向上移动了一段距离，那么这个力就有了成效，这时候，我们说力对物体做了功。我们再来看下边的实验。

（教师演示实验并填好表格，F 用理论计算值，同时用课件展示数据）

实验	方式	钩码重 G/N	钩码提升高度 h/m	动力 F/N	手移动的距离 s/m
1	直接用手			/	/
2	杠杆				
3	动滑轮				

师：你能发现什么问题？

生：省了力，却费了距离。

师：上述三种方式的“成效”是什么？

生：无论杠杆还是动滑轮（包括其他机械）如何省力，使用中 $F\cdot s$ 与 $G\cdot h$ 的值总是近似相等的。

师：其中，Gh 是我们必须完成的工作目标，而 F、s 却因为我们选用的机械不同而不同。$F\cdot s$ 与 $G\cdot h$ 的值总是近似相等的，说明在我们工作的过程中，无论是否使用了机械，力跟物体在力的方向上通过的距离的乘积是一个有意义的物理量——功，这就是我们今天这节课研究的主要内容之一——功。

师：引导学生引出“功”的定义：三种方式的拉力和手移动的距离都不相同，但它们的成效相同（都把重 2 牛的物体匀速拉高 10 cm），因为它们的拉力和在拉力方向上移动的距离的积相同。那么力学中怎样定义“功”呢？

生：力与物体在力的方向上通过的距离的乘积。

师：（课件出示“功”的定义）那么同学们猜想：功（W）的计算公式可能是怎样的？

生：功 $W=Fs$

师：公式中每个字母的含义及单位是什么？

生：在物理学里中，用 W 表示功，F 表示力，s 表示物体在力的方向上通过的距离。

功的单位：牛·米（N·m）。有个专门名称——焦（J），即：1 J=1 N·m。

师：1 J 有多大？请同学们讨论一下。

师：（课件出示）小朋友从地上捡起一个苹果所做的功。那么怎样才叫做功呢？（教师展示实例）起重机和直升机吊起重物的过程，你们知道力为什么做功了吗？

生：有力作用在物体上，物体在力的方向上移动了一段距离。

师：谁能归纳出做功的两个必要因素是什么？（学生讨论）

生：有力和距离。

师：谁能补充完整？

生：力和距离方向一致。

师：刚才两位同学回答得非常好。

（课件出示做功的两个必要因素）

（教师利用 flash 课件列举一些事例：人推车、人抱树、手推抽屉、踢足球、举重等现象，让学生根据自己对功的理解来识别哪些现象做功，哪些没做，并把做功的归类，引导学生找出其特点和规律）

（学生讨论）

（教师根据学生讨论的情况，总结出不做功的三种情况，并重点指出做功必须指明哪个力做功）

（全班学生做课本例题，完成后讨论：重力做功了吗？题中的质量有什么作用？）

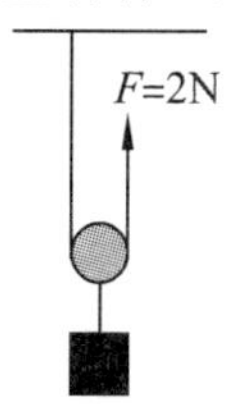

师：总结针对功的定义式 $W=Fs$ 作几点说明：

① 在使用公式求功之前，要明确哪个力做功？

② 使用 $W=F\cdot S$ 时，要注意单位的统一。

③ 做功的多少只由 $W=F\cdot S$ 决定，与物体的质量、速度、运动方向、是否有摩擦无关。

师：下面出示一道典型习题：一学生使用滑轮，用 2 N 的拉力使物体上升了 0.1 m，学生的拉力做了多少功？

(生解答习题：

(1) 开始大部分学生的解答是：$W=Fs=2\ \text{N}\times0.1\ \text{m}=0.2\ \text{J}$。

(2) 教师提醒“以上答案错”后，学生能醒悟：

力作用在绳的自由端，因此拉力做的功是：“拉力×在拉力方向上绳的自由端移动的距离”。

(3) 正确解答是：

$W=Fs=2\ \text{N}\times0.2\ \text{m}=0.4\ \text{J}$)

【评析】读懂学生，了解学生的认知特点，设计典型例题，为学生制造有价值的错误，让学生及时发现自己的认知缺陷，对知识理解得更透彻。

师：总结公式 $W=F\cdot S$，S 与 F 要对应。

师：前面我们学习了简单机械有的可以省力，有的可以省距离，根据功的计算公式，省了力或省了距离不就可以省功吗？大家说如果我们使用机械来做功的话是否可以省功呢？

【评析】呼应引入时做的演示实验：直接用手做功与利用杠杆、动滑轮做功，对比三种方式做功情况。

师：下面我们一起分析这些数据，看看能得到什么结论？（老师指导学生处理数据）这位同学说得对不对？有没有要补充的？

师：是的，使用机械时，人们所做的功都不会少于不用机械时所做的功，也就是说使用任何机械都不省功，这个结论叫做功的原理。

师：对于这两个实验，同学们还有没有什么疑问？F 不用理论值，而用弹簧测力计实际测量，结果又会怎样？

生：使用机械时所做的功总是稍大于不用机械时所做的功。

师：原来，使用机械的“动力”做功时，肯定要克服机械自重和机械内部的摩擦力做功。

总结功的原理：

(1) 功的原理文字表述：________________。

(2) 公式表述：________________。

师：(小结)好，通过今天的学习，最后请同学们谈谈这节课有什么收获。

你学到了什么？

(师生小结)

【评析】本章节内容是八年级物理中综合性最强、难度最大的内容之一，设置中观课的目的在于让学生整体感知本单元主体内容，形成一个较为完整的认知体系，从而为下一步的新课学习奠定感性认知基础。

通过本节中观课堂教学一系列活动的开展，师生共同构建了单元知识框架，强化了知识间的联系，先见森林再见树木，整体感知本单元的学习内容和学习方式，改善学生的思维方式，学生学有方向，积极性和主动性都得到了进一步提高。

本课活动一，通过实验，让学生联系已知和未知，初步感知功的基本概念，培养学生自主构建中观知识体系的能力。

在后边应用工具做功时，巧妙地引入杠杆概念，让杠杆这一抽象的模型直观化，避免生硬地拉出这一物理概念，使学生在活动中摸索、实验，从而了解杠杆的基本要素和特点。

在自主构建知识框架和探索知识间联系基础上，教学时注重发挥小组合作的作用，学生在合作、交流中互相学习，在思维碰撞中增长智慧，同时培养了学生合作学习的能力。

师生在交流中不断完善中观思维及学习方法。学生对中观课这种方式更加适应，同时自身思维能力也得到了更好地发展。

五、中观课堂评价标准

初中物理中观课堂评价量表

项目评价	A级	B级	C级	个人自评	同伴评价	教师评价
听课表现	认真听课，能集中精力；实验认真、有序	听课比较认真，偶尔走神，实验比较认真	听课不认真，走神，实验不认真，效果比较差			
发言、提问	积极举手发言，并有属于自己的见解；能提出有价值(反响较强烈)的问题。	能举手发言，答案中属于自己的思维较少；能提出问题	很少发言，不表达自己的观点；没有提问			
合作学习	善于与人合作，虚心听取别人的意见。	能与他人合作，能接受别人的意见。	缺乏与人合作的精神，难以听进别人的意见。			
中观知识网络总结	能够认真、翔实、完整地呈现本单元中观知识结构，有自己的思维展示及创意；作业质量高。	能够认真、完整地呈现本单元中观知识结构；作业质量一般。	不能完整地呈现本单元中观知识结构；不能完成作业。			
教师总评：						

第五节　化学中观课堂实践研究

一、学科性质解读

化学是在原子、分子水平上研究物质的组成、结构、性质、应用以及变化规律的基础自然科学。其特征是研究和创造物质，其中，“在原子、分子水平上研究”指出了化学的研究视角；“物质”是化学的研究对象；“组成、结构、性质、应用以及变化规律”界定了研究范畴；“基础自然科学”是化学的隶属；“研究和创造物质”是化学的功能及指向。

化学作为一门科学，有双重价值归属：一是“源”价值，即其本意为“识万物之本质，究变化之科学”；二是基本价值，即其社会属性价值，可以指导我们更好地认识物质、改造物质、应用物质，为人类的生活和发展服务。

化学作为一门课程，尤其是中学化学课程，强调以下三点：

1. 用化学视角认识物质世界。即要求学习者建立宏观和微观相结合的思维方式，这也是化学学科区别于其他学科独有的思维方式。

2. 以实验为基础。尤其要增强学习者的过程性科学体验。

3. 学以致用。核心是培养学习者的创新精神，如此才能迁移已有的知识经验去应对未知的未来，才真正学有所值。

二、学科思想介绍

(一) 学科思想

化学学科思想有大有小，大如“守恒思想”、“简化思想”等。为更具可操作性，本处的论述采用更紧密贴合教学实际的学科基本思想观念，它们正好对应了新课标要求的三个维度，具体如下图：

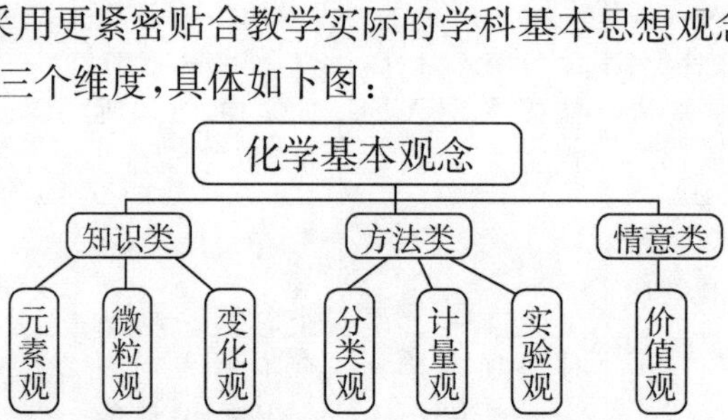

(二) 学科思想与典型知识对照表

我们使用的鲁教版初中化学教材采用的是螺旋渐进构建学科思想观念的编排方式，鉴于此，我们对八、九年级化学的各个单元的观念和知识都进行了详细对照梳理。(见下图)

八年级各单元如下图所示：

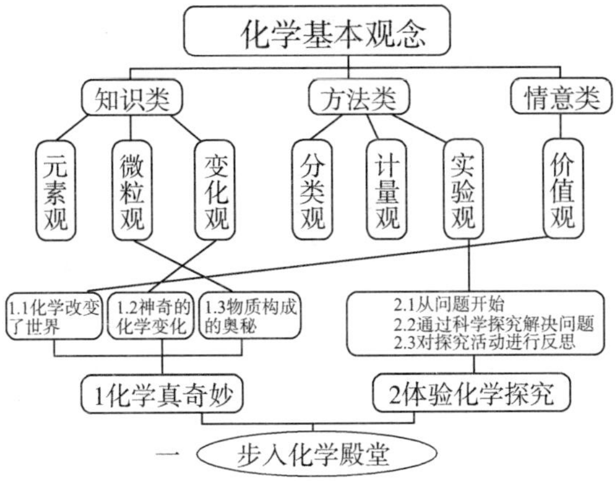

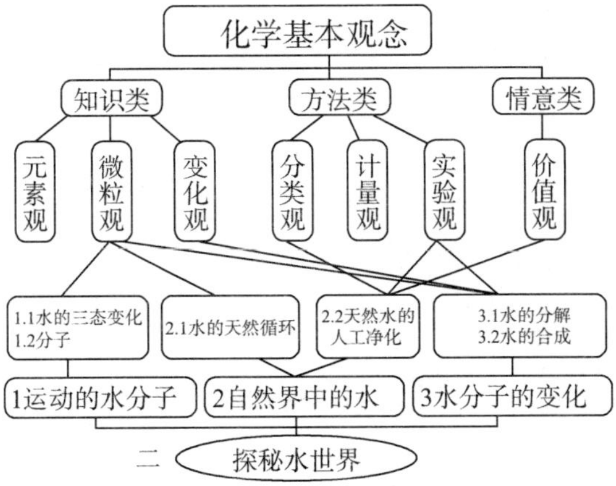

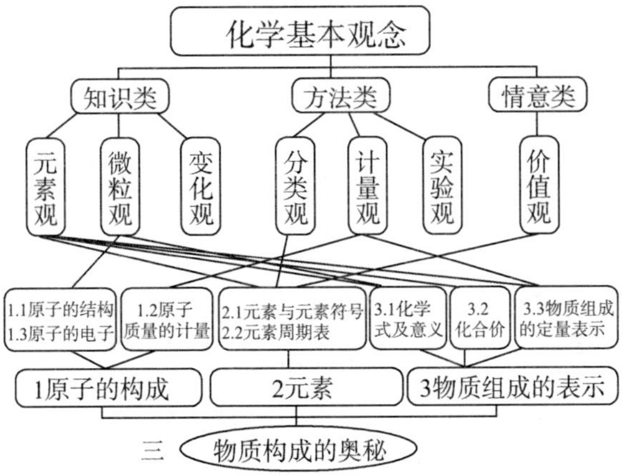

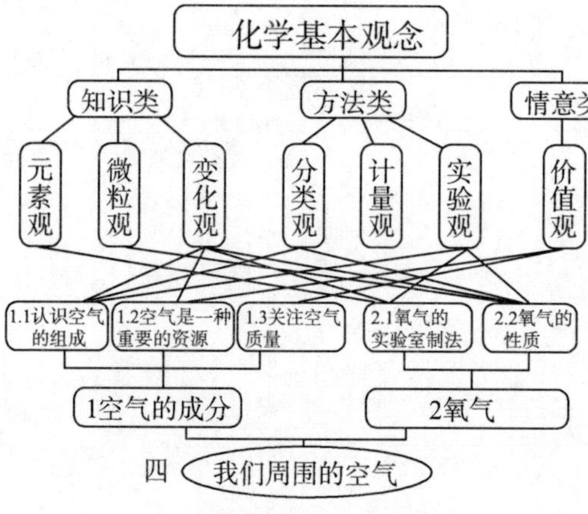
化学基本观念
知识类
方法类
情意类
元素观
微粒观
变化观
分类观
计量观
实验观
价值观
1.1认识空气的组成
1.2空气是一种重要的资源
1.3关注空气质量
2.1氧气的实验室制法
2.2氧气的性质
1空气的成分
2氧气
四
我们周围的空气

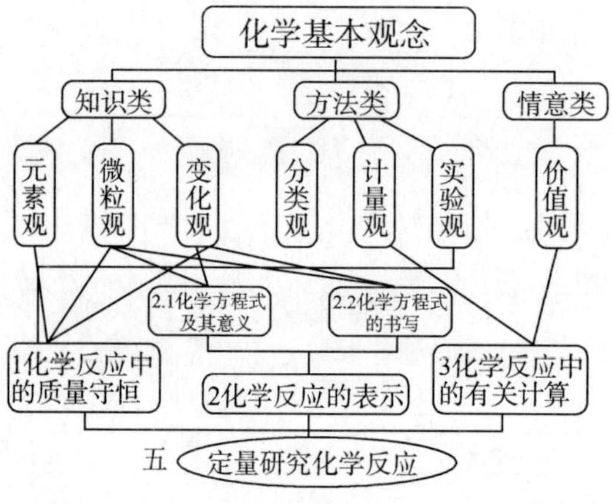
化学基本观念
知识类
方法类
情意类
元素观
微粒观
变化观
分类观
计量观
实验观
价值观
2.1化学方程式及其意义
2.2化学方程式的书写
1化学反应中的质量守恒
2化学反应的表示
3化学反应中的有关计算
五
定量研究化学反应

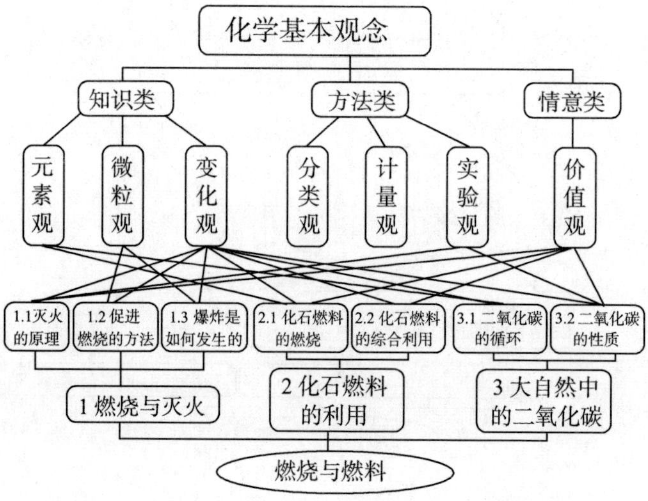
化学基本观念
知识类
方法类
情意类
元素观
微粒观
变化观
分类观
计量观
实验观
价值观
1.1灭火的原理
1.2促进燃烧的方法
1.3爆炸是如何发生的
2.1化石燃料的燃烧
2.2化石燃料的综合利用
3.1二氧化碳的循环
3.2二氧化碳的性质
1燃烧与灭火
2化石燃料的利用
3大自然中的二氧化碳
燃烧与燃料

九年级各单元如下图所示：

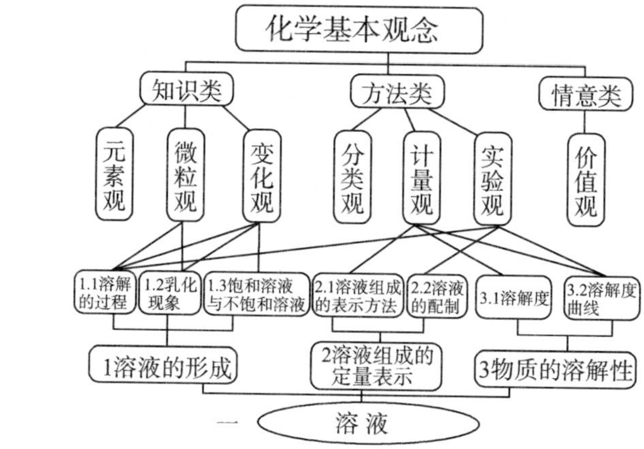

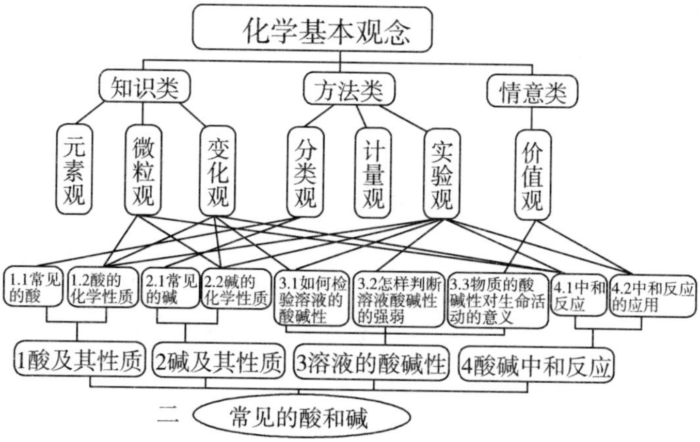

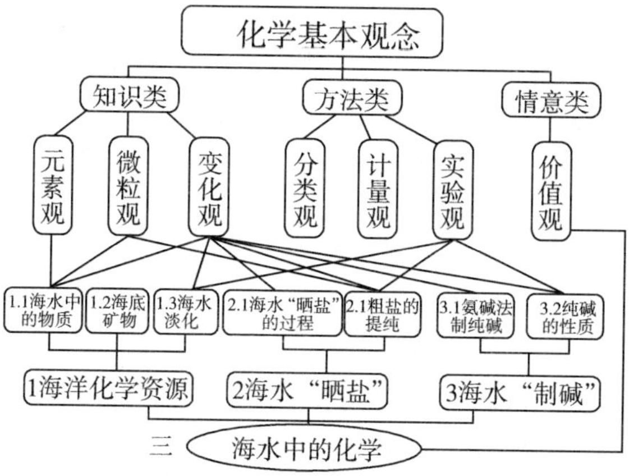

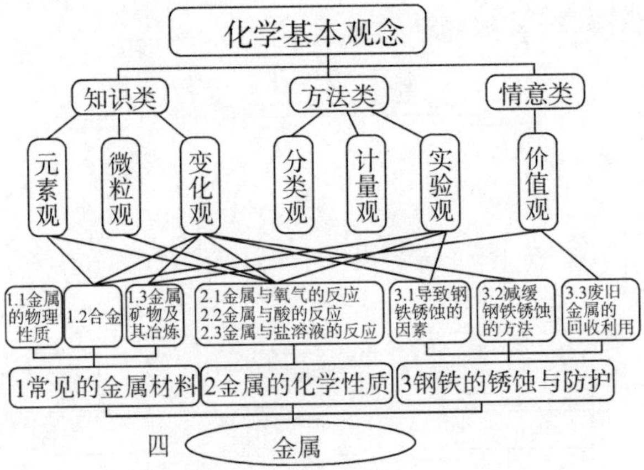
化学基本观念
知识类
方法类
情意类
元素观
微粒观
变化观
分类观
计量观
实验观
价值观
1.1金属的物理性质
1.2合金
1.3金属矿物及其冶炼
2.1金属与氧气的反应
2.2金属与酸的反应
2.3金属与盐溶液的反应
3.1导致钢铁锈蚀的因素
3.2减缓钢铁锈蚀的方法
3.3废旧金属的回收利用
1常见的金属材料
2金属的化学性质
3钢铁的锈蚀与防护
四
金属

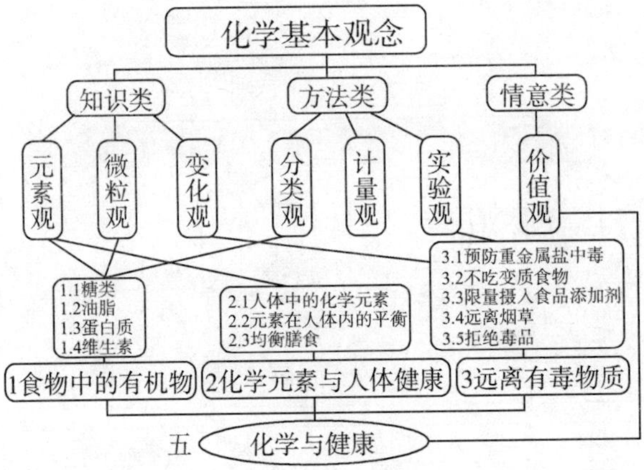
化学基本观念
知识类
方法类
情意类
元素观
微粒观
变化观
分类观
计量观
实验观
价值观
3.1预防重金属盐中毒
3.2不吃变质食物
3.3限量摄入食品添加剂
3.4远离烟草
3.5拒绝毒品
1.1糖类
1.2油脂
1.3蛋白质
1.4维生素
2.1人体中的化学元素
2.2元素在人体内的平衡
2.3均衡膳食
1食物中的有机物
2化学元素与人体健康
3远离有毒物质
五
化学与健康

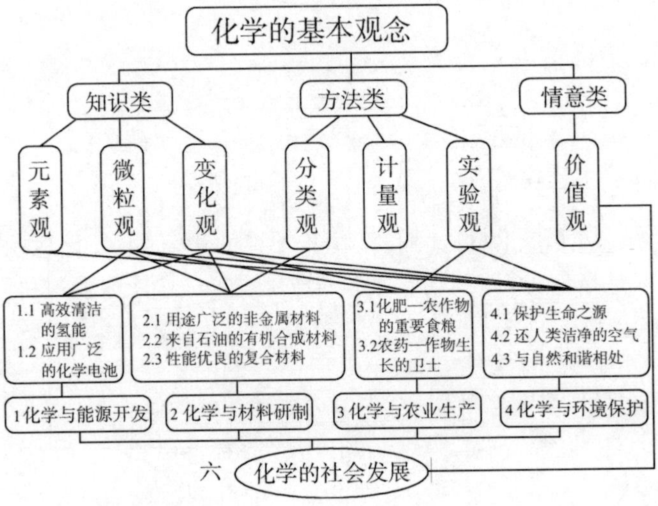
化学的基本观念
知识类
方法类
情意类
元素观
微粒观
变化观
分类观
计量观
实验观
价值观
1.1 高效清洁的氢能
1.2 应用广泛的化学电池
2.1 用途广泛的非金属材料
2.2 来自石油的有机合成材料
2.3 性能优良的复合材料
3.1化肥—农作物的重要食粮
3.2农药—作物生长的卫士
4.1 保护生命之源
4.2 还人类洁净的空气
4.3 与自然和谐相处
1化学与能源开发
2 化学与材料研制
3 化学与农业生产
4 化学与环境保护
六
化学的社会发展

三、学科核心概念框架图

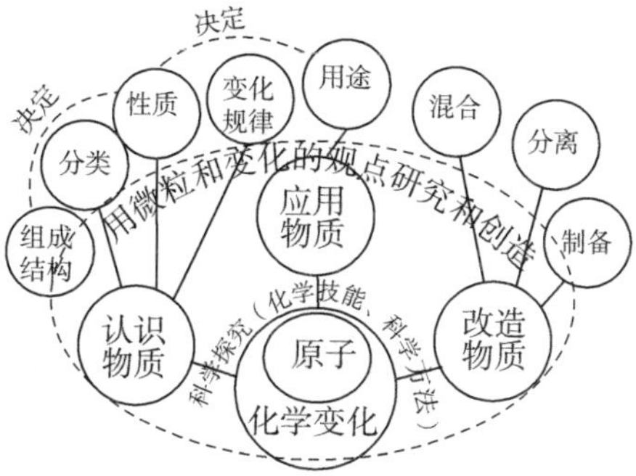

四、学科认知结构化策略

(一) 以观念统领具体知识的教学

毕华林教授早就对化学基本观念及其重要性进行了界定——“所谓化学基本观念,简单地讲就是学生通过化学学习所获得的对化学的总观性认识。化学基本观念是在具体知识的基础上通过不断地概括提炼而形成的,它对学生终身学习和发展都将发挥重要的作用。”它们是具体的事实性知识的统帅,是高度浓缩的核心智慧,如果能着眼观念理顺知识就如穿花拂柳般惬意;如果反其道而行之,则像逆水行舟般费力。

比如我们化学中的变化观,就涵盖了对变化的客观存在、变化的层次、变化的实质、变化的条件、变化的结果、变化的规律、变化的可控性、变化可用性等的系统认识,也是学生通过化学学习来认识世界的一种认识观。这是一粒具有生命力的种子,具有“胚胎”的自主生长功能。教学时以此为灵魂,就能穿越知识的丛林,直达核心;倘若被纷乱的表面现象晃花了眼、绊住了脚,就是把种子磨成了“面粉”的教学,学生接受的是丧失了再生能力的学习——种子和面粉谁更能催发出一茬又一茬绵延不断的绿?谁更能承担起认知结构化的要务?谁更值得拥有?答案不言而喻。

再回到教材上来,细细研读可以感到各单元的确都有相关素材采用螺旋上升的方式渗透了变化观,这样,在具体知识的学习中,变化观就具有了两种功能——一是指南针,即利用它来校准主攻方向;二是称手的利剑,可以利用它层层演绎……一动一静,动静相宜。把这些观念作为中观教学的脊梁骨来架设,其上井井有序生长着具体知识,具有蓬勃的生命张力。——借观念为本教学的强大能量,壮我结构化认知,借势利导之善!

(二) 基于“中观”思想推行“中观课”教学模式

传统的教学一般是先学习局部再复习提升到全局。从学习进程看,相当于先无意识地存储,再有意识地整理。这里面有一个弊端,那就是存储之初会因为前瞻性不够而导致盲目，之后再理顺的话就要多花费时间和精力，显然不够高效，就像先污染后治理纯属下策。而中观课先行的教学，是在整体中学习部分，强调先帮助学生做好规划，建立知识库的各级目录，这样每一步习得的东西就能在第一时间进行准确有序地投放，省掉了整理这一步，一步到位，这样通过优化学生的内化过程从而达到优化学习结果的目的，即教师用系统的观点设计“中观课”，用“中观进课堂”帮助学生用联系的方法、基于逻辑规划学习新知识。

目前，我们化学组已经结合学科实际情况，通过集体教研，统一认定我们组织中观课的抓手主要有以下四个：从哪里来——到哪里去——解决什么问题——预留什么问题。下面一一说明。

1. “从哪里来”对应宏观脉络。要求找到中观课线索的起源，看它能够嫁接到宏观脉络的哪个接点上，用高于中观的雄厚背景剥离出中观。

2. “到哪里去”对应中观线索。这个线索的搭建，几乎是所有这样的中观课设计的核心任务。因为，整个中观课的浑然度和和谐度大半取决于这个载体的流畅程度。它就像是一条滋养这节课的水脉，所有生命都从它的两岸蔓延滋长，循着它，应该能够触摸到这节中观课的所有起伏和舒展。或者可以说，中观之所以成为中观，就是因为有这么一根脊柱撑起了这片天。

3. “解决什么问题”对应当堂落实处理的教学内容。是指在某节课上必须落实一部分知识。也只有这样，才能相应减少后面的微课时数，总课时数才不会超标，理想的话甚至可以节省总课时数。多余的课时可以拿出来进行专项练习等，向打造节约型的课堂迈进。话说回来，既然落实的内容决定着总课时数，决定着教学效能，那么它的选择和规划也就必然是我们关注的内容。我们目前的筛选标准有二：一是相对独立；二是相对浅显。这样才适合短平快处理，不容易留尾巴。

4. “预留什么问题”对应中观课之后微观课的安排。这是指在落实知识之外，中观课上要为后面的微课时课留好线头，这样预留的和落实的形成互补，从而保证完成所有内容的教授。设计预留什么时，主要关注两个层面：一是预留的线头要对应重要或者繁难些的内容，这样才有必要占用后面的微课时进行重点击破；二是线头的引出应该采用问题的形式，并且通过提高问题的思维容量来整合问题，那样问题就不会过多，避免罗列过多而导致形同虚设。

(三) 设计“问题串”，驱动学生有序思考和构建

教学中，面对逻辑性较隐蔽而又前连后挂的内容时，切忌硬“灌”。我们可以设计一组有层次、有梯度的问题，引导学生经历由易到难、由简单到复杂、循序渐进的过程，水到渠成地实现认知结构化，长此以往地训练下去，对学生思维逻辑性的养成也大有裨益。下面结合八年级第六单元《燃烧与燃料中观课》

部分教学实录进行分析。

师：下面我们来看线索中的生成物（指方程式），燃烧为我们带来能量的同时，也有生成物，化石燃料完全燃烧时主要产生二氧化碳；如果不完全燃烧，那会产生什么呢？

生：CO。

师：很好，除了 CO，不完全燃烧也可能产生 C，也就是有时我们在燃烧时看到的黑烟，碳的小颗粒。大家还记得以前我们在哪里学过它们吧？

生：空气质量报告中的空气污染物。

师：那么，当我们把化石燃料当能源利用时，不完全燃烧好不好？

生：不好。

师：不好在哪里？

生：污染环境。

生：该释放出的能量释放不出来，浪费能源。

师：大家分析得很有道理，那你有办法让这种不完全燃烧变得更加充分吗？

生：改变条件——提高氧气浓度！

生：或者把它弄得更“碎”，这样就能接触得更充分、燃烧得更完全。

师：非常好，大家真的能够学以致用了。刚才我们提到优化燃烧的条件就可以促进燃烧，看来到那个时候我们真得好好学习学习。

以上环节实际上只是解决了一个大问题：帮助学生自主构建“控制条件是控制燃烧的有效途径”知识框架，但是我们没有直接灌输或者说教，而是迂回处理，设计了内在关联、层层递进的 4 个小问题。学生在这个“问题串”的引导下积极动脑思考，联系之前所学知识，认识到化石燃料不完全燃烧的产物是 CO、C，属于空气污染物，继续深入，分析不完全燃烧产生的影响，最后，直指核心——如何促进燃烧，回扣第一环节中的控制燃烧条件可以控制化学反应，认识充分燃烧的重要意义——环保的同时也能让我们获取更多的能量。这样学生就对这一部分的内容有一个比较清晰、深刻的理解，形成了系统的知识结构。

需要强调的是，我们在设计“问题串”时，首先要明确核心任务，再层层递进分解问题。问题设计不能过多，过于琐碎会制约学生思维的主动性；问题之间的过渡要自然、流畅、合理，要能够给学生点明思维方向。

（四）创设任务情景，培养学生迁移应用的能力

如同“书，非借不能读也”，知识，尤其是知识系统，也是非用不能内化的。创设任务情景，利用学生已有的知识经验去解决新的问题，在应用中熟练、提高，是促使认知尽早结构化的有效途径。在初三化学第六单元《燃烧与灭火》中观课及微观课的教学过程中，我们就尽可能地关注这一点，以训练学生知识

的迁移应用能力。例如：

1. 在学习促进燃烧的方法等内容时，可以利用学生在学习氧气的化学性质时已经获得的知识经验进行迁移提升。学生已经通过学习得知，木炭、石蜡在氧气中燃烧更加剧烈、铁丝在空气中不燃烧而在氧气中剧烈燃烧的原因归根结底是增大了氧气浓度，即增大了微粒间的碰撞几率。那么，再将任务情景脱胎换骨为促燃的方法时，就可以以此为方法原型，让学生进行迁移发散、自主系统地思考：增大微粒间的碰撞几率的方法都有哪些？除了增大氧气浓度还有什么途径？这样，就能顺利地获得完整的结论。

2. 在探究燃烧的三要素时，可以设计任务情景：要求学生根据日常生活中已经熟悉的常见的灭火方法进行分析归类，得出对应的灭火原理后再进行思维的逆向迁移，就能顺利地推得燃烧的三要素。这样就将灭火原理和燃烧条件进行了归一处理，统筹了“控制燃烧条件”范畴的问题，化繁为简，追本溯源，有效地实现了知识的结构化。

3. 在学习二氧化碳的相关知识时，可以充分调用学生已有的氧气的探究经验，以氧气为参照物，进行系统任务情景的迁移和变换：不论是从颜色、气味、状态、密度、溶解性等角度探究气体物理性质的一般思路，还是用更复杂的对照实验探究来探查化学性质，或是从反应原理、发生装置、收集方法、操作步骤设计等方面来系统设计气体的实验室制法，借助氧气这一起飞的平台，是完成新任务，也是应用旧知识。在应用中创新，应用与创新相辅相成，是事半功倍的好选择。

附：《燃烧与燃料》中观教学实录

(一) 单元课标分析

对照课标，我们选择的八年级第六单元《燃烧与燃料》共涉及如下两个一级主题：

一级主题：化学与社会发展；二级主题：化学与能源和资源的利用。

1. 认识燃料完全燃烧的重要性，了解使用氢气、天然气（或沼气）、液化石油气、酒精、汽油和煤等燃料对环境的影响，懂得选择对环境污染较小的燃料。

2. 认识燃烧、缓慢氧化和爆炸发生的条件，了解防火灭火、防范爆炸的措施。

3. 知道化石燃料（煤、石油、天然气）是人类社会重要的自然资源，了解海洋中蕴藏着丰富的资源。

4. 知道石油是由多种有机物组成的混合物，了解石油通过炼制可以得到液化石油气、汽油、煤油等产品。

5. 了解我国能源与资源短缺的国情，认识资源综合利用和新能源开发的重要意义。

分析：从化学变化角度来理解第 1、2 条，都是通过控制条件来控制化学变化，从而达到趋利避害的目的；后三条主要体现了培养资源意识和环保意识的要求。首先是资源意识，资源包括能源，这里更有现实意义的环保意味(比如新能源、完全燃烧的重要性)。

一级主题：身边的化学物质；二级主题：我们周围的空气。

1. 能结合实例说明氧气、二氧化碳的主要性质和用途。

2. 初步学习氧气和二氧化碳的实验室制取方法。

3. 了解自然界中的氧循环和碳循环。

分析：很明显，二氧化碳和氧气的相关规定是在一起出现的，这启示我们对于二氧化碳的学习要联系氧气，以氧气作为阶梯来进行学习，对二氧化碳的要求要高于氧气，通过学习要形成研究物质的基本思路。

(二) 单元教材分析

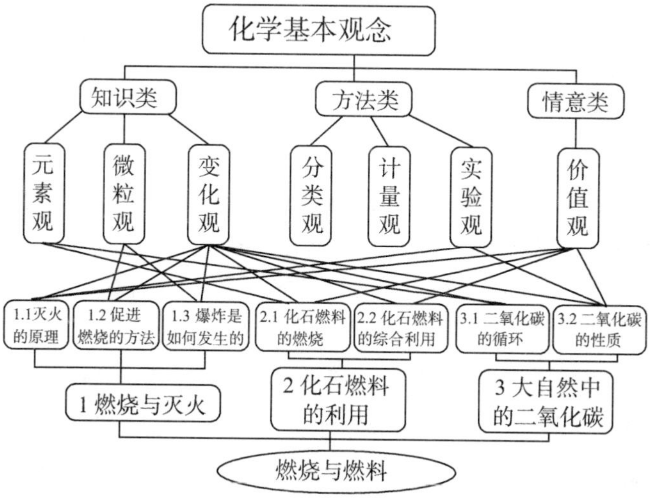

通过上述梳理可以看出，本单元所有内容都与“变化观”密切相连。那么，这是不是偶然现象呢？其实，以“化学变化”为宏观发展脉络来看，学生通过前面五个单元的学习，首先从定性的角度认识了化学变化的结果是有新物质生成并且化学变化一定伴随能量的变化(第一单元)，又通过水这种有代表性物质的学习，具体体验了化学变化的这两个角度的特征，并开始对化学变化进行分类，更进一步揭示了化学变化有此表现的根源——微观角度看是分子不变原子重组(第二单元)；接下来在微观世界继续高歌猛进，剖析原子结构，认识到物质在化学变化中的行为取决于其元素的原子中的电子，认识到原子结构与化学变化恰如月亮激荡海潮般呼应不息(第三单元)；在随后的有关氧气的系统学习中，更增加了一个新的认识维度：化学变化的条件性，甚至更涉及到了影响化学反应速率的因素的规律性认识(第四单元)。在此基础上,第五单元增添了看待化学变化的新维度:定量以及符号表示。这两者又是密不可分的,或者说后者又是前者的具体表现形式。第六单元以燃烧为载体,具体研究一类反应,使我们进一步认识到,化学变化的可控性以及应用其可以改造物质、制备物质。——与"变化观"联系最密切,实属必然。

本单元的中观设计线索就是以化学变化表达式中的三要素为载体——"化石燃料的利用"对应反应物,"燃烧与灭火"对应变化中的条件,"大自然中的二氧化碳"则对应生成物。这样引领学生完成整个主题单元知识框架的构建。这条线索在整节课中就像一盏明灯,为学生照亮前方的道路。

(三) 中观学情分析

第六单元的主题是"燃烧与燃料"。本单元从学生司空见惯的燃烧和灭火现象入手,目的是以学生已有的生活经验作为学习起点,使学生从化学科学的角度认识燃烧就是一种化学反应,体会到化学就在身边,激发学生学习化学的兴趣和愿望并自然而然地从生活走进化学。这是本主题单元与宏观脉络衔接的接点。

学生学习本课之前已经有了一定的化学知识,对燃烧的现象也有一定的了解,但不能从化学变化的角度认识燃烧和灭火的原理。教师要引导学生将自身的生活经验与化学知识联系起来,并通过认识燃烧的条件和灭火原理,体会一切事物均有其规律性,认识规律、掌握规律,就可以使事物向一定的方向发展、趋利避害。

对于燃料,学生能列举出很多,但是学生对化石燃料的认识往往仅停留在"燃料能够燃烧"这个层面上。部分学生能知道一些化石燃料的成分,但对于石油的分馏及它们的综合利用却不了解。学生对资源的认识不够科学,对化学在化石燃料的利用中所起的重要作用也不清楚,所以,此部分处理应着眼于充分矫正、拓展,加深学生的认识。

二氧化碳是学生除氧气外又一种比较熟悉的气体,学生通过《生物学》的学习,知道它是光合作用的原料和呼吸作用的产物,能灭火,也能说出其元素组成、分子结构,并且知道二氧化碳会带来温室效应;大部分学生认为空气中二氧化碳越少越好,对二氧化碳有不好的印象。这些认识都是零散的、低层次的、欠科学的。本节课的学习应该借鉴氧气,先将二氧化碳放到自然界这个系统中进行关联分析,客观、科学地认识它的循环对人类的重要意义。学生对于温室效应的了解失之偏颇,通过新课学习,相信学生对此会有全新的认识。

(四) 中观教学目标

1. 以“化学变化”为核心，回顾梳理大线索，确立本单元的中观线索接点，建立多角度模型。

2. 以化学变化表达式中的三要素为载体，构建本单元的中观线索。以中观线索为主线，解决如下知识点：燃烧的定义、化石燃料的基础利用、自然界中的碳循环。以中观线索为主线，点明随后的分课时内容安排：燃烧的条件及控制(1 课时)；化石燃料的综合利用(1 课时)；二氧化碳的性质和制法(2 课时)。

3. 引领学生进行知识线索的思维导图式构建。

4. 激发学生深层次领会化学学科内涵的兴趣。

(五) 单元中观线索

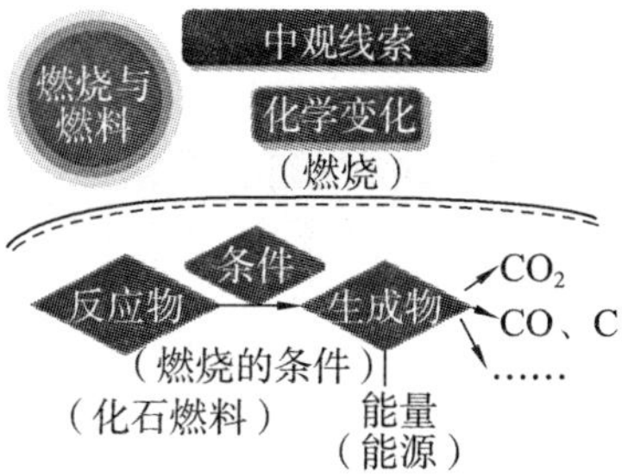

(六) 单元课时规划表

由于本单元之前的第五单元中的“到实验室去——探究燃烧的条件”其实是属于第六单元的内容，因此，在规划课时安排时，需要将第五单元和第六单元打包统筹规划。具体如下表：

单元内容	传统教学课时安排（13 课时）	中观课堂课时安排（11 课时）
第五单元《定量研究化学反应》	化学反应中的质量守恒（1 课时） 化学反应的表示（2 课时） 化学反应中的有关计算（2 课时） 学生实验（1 课时）	中观课（1 课时） 化学反应中的质量守恒（1 课时） 化学反应的表示（1 课时） 化学反应中的计算（2 课时）
第六单元《燃烧与燃料》	燃烧与灭火（2 课时） 化石燃料的利用（2 课时） 大自然中的 CO_2（2 课时） 学生实验（2 课时）	中观课（1 课时） 燃烧的条件及控制(含上一单元对应的学生实验)（2 课时） CO_2 的性质制法(含学生实验)（2 课时） 化石燃料的选择及综合利用(含习题处理)（1 课时）

（七）教学过程实录

师：同学们，还记得它吗？在前四单元，我们已经从这些角度认识了化学变化（课件出示图 1 并板书：化学变化）。

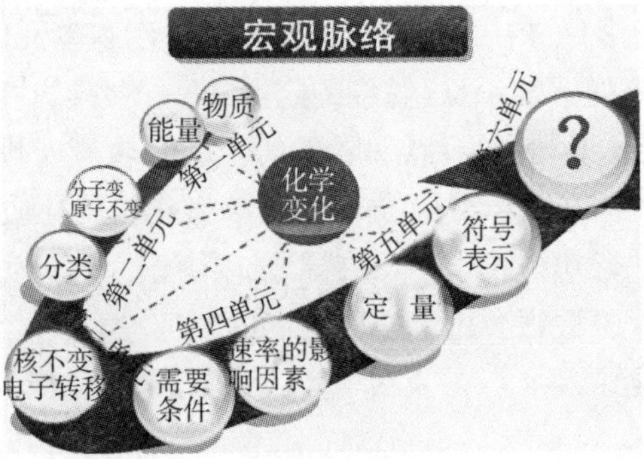

图 1

师：第五单元我们对化学变化的认识增加了两个新视角（课件出示“定量”和“符号表示”），学习了质量守恒定律和化学方程式，接下来的第六单元将会有哪些新的收获呢？——让我们带着希冀，继续前行。

【评析】展开抓手一——“从哪里来”，对应的是宏观脉络。以“化学变化”这个关键词为核心，让学生在前面各单元的逐步回忆中绘制如图 1 所示的宏观全景，并绵延出两个新视角以待探究，也是抛出了“总控”问题。

师：请看这个变化（课件出示图 2），氢气和氧气都是这个变化中的？（边问边板书）

纯净的氢气在空气中燃烧： $2H_2+O_2 \xlongequal{点燃} 2H_2O$（放出大量的热）

图 2

生：反应物。

师：点燃呢？

生：条件。

师：水呢？

生：生成物。

师：变化中还伴随能量的变化。（板书：能量，至此形成板书如下图 3）

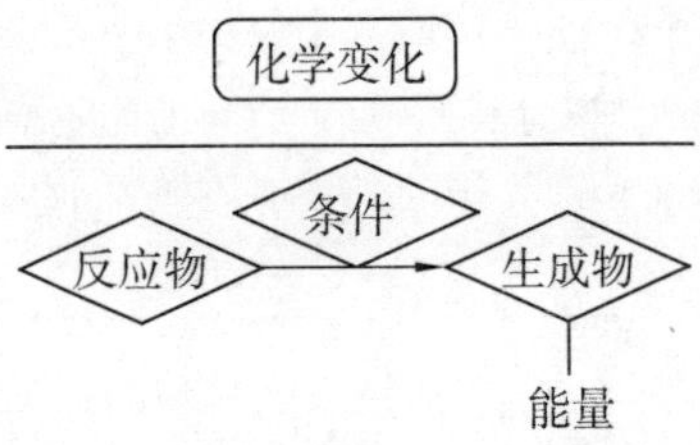

图 3

【评析】展开抓手二——“到哪里去”对应本节中观课的中观线索。本节课的中观线索主架如图3,正是学生非常熟悉的化学变化中的几个要素。它的作用是非常突出的,甚至老师需要把它板书出来,作为引领学生游历的线路图,时时以此为参照,确定下一步的走向。

应该说,宏观脉络和中观线索成就了这节课的骨骼。整节课的承、转、启、合都依附于这两者实现。

师:今天,我们就顺着这几个要素来进一步认识化学变化。先考考你们——人类利用最早的化学变化是什么?

生:钻木取火。

师:也就是燃烧的利用——燃烧也是迄今为止应用最广泛的化学反应。(板书:燃烧。板书变为如图4)

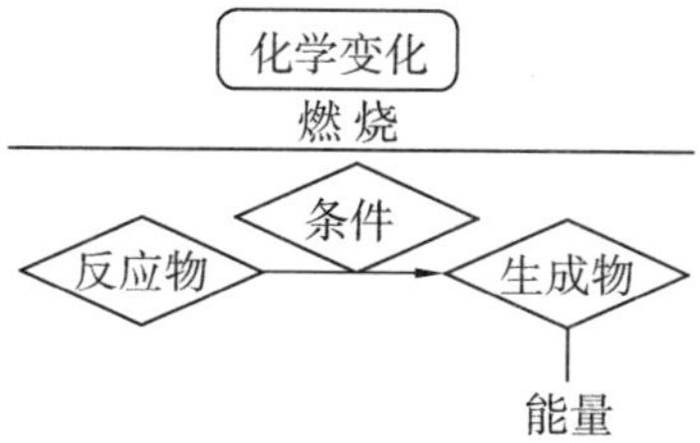

图4

师:究竟什么是燃烧?燃烧有哪些特征?(课件出示图5中的图片)——你能结合图片和已有的经验试着给燃烧下个定义吗?

生1:发光、放热,有氧气参加的反应。

生2:还要有可燃物,燃烧反应比较剧烈。

生3:属于氧化反应。

师:都能抓住燃烧的一些特征,那我们汇总几位同学的认识归纳在一起就是一般意义的燃烧的定义(课件出示燃烧定义,如图5中的文字)。请看课本123页,快速找到燃烧的定义并划下来。

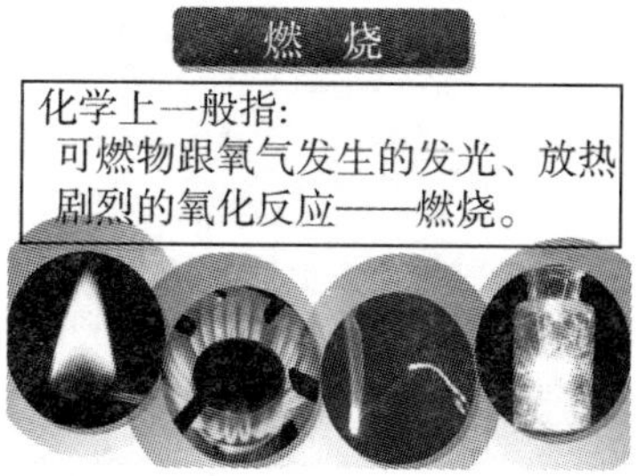

图5

【评析】开启抓手三——“解决什么问题”。这节课上落实的主要是:一维目标的燃烧的概念、化石燃料的基础利用(见后)、二氧化碳的循环(见后)。二维目标的关联分析法、系统分析法(见后),三维目标的资源意识、环保意识(见后),也都予以了体现。在中观课上处理到位的内容,后面上微观课时将不再重复。

师:燃烧是不是总给我们带来正能量呢?

生:有时也会带来灾难——火灾。

师:发生这种意外是因为我们没控制好燃烧,可见燃烧是把双刃剑,趋利避害的关键就在于能否控制它。怎么控制呢?我们知道燃烧需要条件,假如我们能控制它的条件,那也就能掌控燃烧了(板书:燃烧的条件),比如,优化这个条件会怎样?

生:燃烧会更剧烈。

师:即促燃。继续优化甚至可能发生爆炸。反之,若是破坏条件呢?

生:就可以灭火。

师:原来如此!(课件出示图 6)

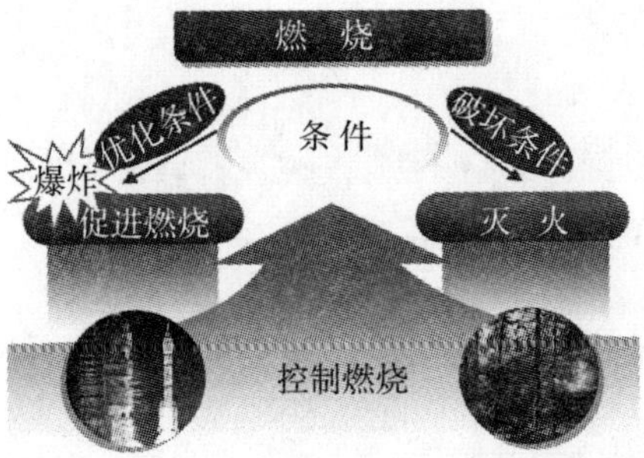

图 6

师:那么,燃烧的条件究竟是什么?又该如何来调控这个条件?——后面我们会用两节课来具体学习(在相应位置板书微观课时安排标记,如图 7)。

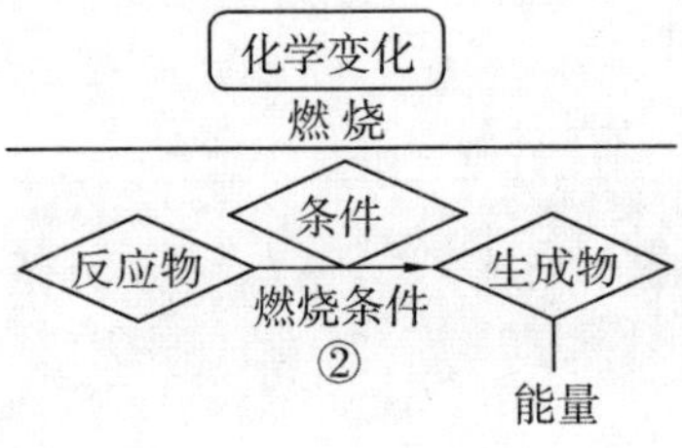

图 7

【评析】入手抓四——“预留什么问题”对应中观课之后微观课的安排。这节课非常明确地沿途预留了三个线头，分别对应了后面的微观课时安排：燃烧的条件及其控制、化石燃料的选择综合利用（见后）、CO_2 的性质和制法（见后）。她在板书中用对应的微观课时节数作为标记来提醒学生，就好比在整个旅游途中有三个较大或者较重要的景点并没有进去，老师这个导游只是领着游客认门，告诉他们改天再分别逐一浏览。这样，这节课上，虽然有三块留白的景区，但是学生却非常清楚它们在整个旅游路线中的方位在哪里，从哪条路可以抵达它们的门口。此为中观课要对学生点明预留微观课时安排的必要性所在。

师：继续来看我们这个线索中的另一个要素——反应物，燃烧就需要燃料，我们周围常见的燃料有哪些呢？快速抢答（课件逐条出示如图 8 中的1—3问）。

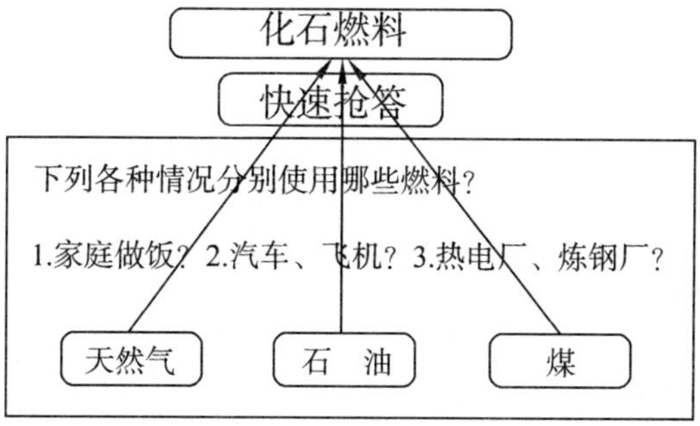

图 8

生 1：天然气、液化石油气、蜂窝煤。

生 2：汽油、天然气、柴油、航空煤油。

生 3：煤。

师：刚才提到的液化石油气、汽油、煤油、柴油来自于石油。

师：我们将利用比较广泛、埋藏在地下不可再生的煤、石油、天然气称为化石燃料（板书化石燃料）。从名字我们就可以体会它的古老，下面请看一段视频了解煤的形成过程（播放煤的形成的视频如图 9），请大家静心观看。

（学生观看视频介绍）

师：石油和天然气的形成也像煤一样，要历经至少数亿年（课件出示图片如图10），请告诉老师，你们有什么感受？

图9

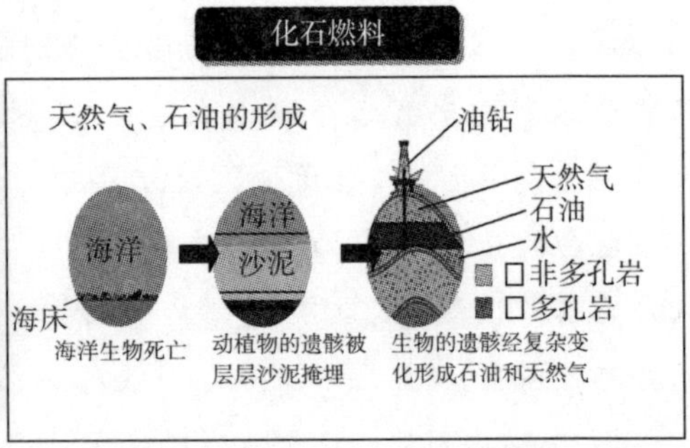

图10

生1：需要极为漫长的时间。

生2：条件很复杂，人力无法办到。

师：嗯，也就是说，化石燃料是不可再生的资源。请继续阅读资料，进一步了解化石燃料的存储现状（课件出示图11），你又有何感受？

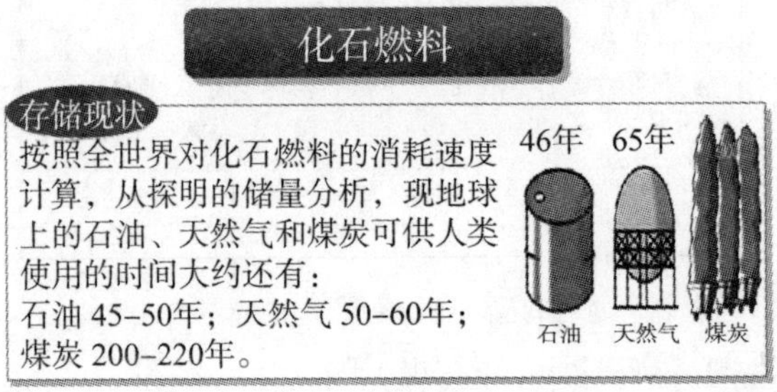

图11

生1：我感到化石燃料太珍贵了！

师：说出了老师的心声。谁还想跟大家分享你的感受？

生2：化石燃料面临着耗光的危机，有一种紧迫感。

师：很有责任感。那面对这种供需之间的矛盾现状，你有什么好的建议吗？

生1：节约使用。

生2：我觉得光省着用还不够，还得开发新的能源来代替它。

师：说得非常好。总结一下(课件出示图 12)。

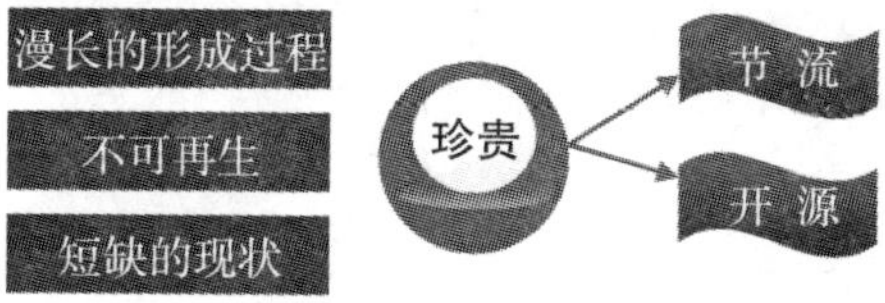

图 12

师：你们都知道哪些新能源？

生 1：我知道有风能、水能、太阳能、氢能。

师：你了解得真不少。谁还有补充？

生 2：还有核能、地热能。

师：老师也搜集了一些新能源的图片与大家分享(课件出示图 13)。

图 13

【评析】从生活走入化学，通过视频、图片、问题等多种有效手段创设任务情境，推动学生思考、交流，一气呵成，升华出对于环境、资源的责任感，为情感目标的达成留下了重彩一笔。

师：现在，我们进一步走近化石燃料，加深了解——带问题阅读(课件出示图 14)。

化石燃料

带问题阅读

读课本130页第二段、131页第二段，回答：

1.化石燃料中主要有什么元素？除此之外还有哪些元素？它们分别可能产生哪些燃烧产物？

2.现在一般是如何利用化石燃料的？

3.写出煤、天然气燃烧的化学方程式。

图 14

生：化石燃料中主要有碳、氢元素，还含有硫、氮元素，分别对应的产物主

要是 CO_2、H_2O，还有 SO_2、氮的氧化物。

师：SO_2、氮的氧化物——以前我们在哪里学过它们啊？

生 1：空气质量报告中，它们是被监测的空气污染物。

师：佩服，你学得真扎实！第 2 个问题？

生 2：我们对化石燃料的利用一般是通过燃烧获得能量的。

师：那你能写出煤、天然气燃烧的化学方程式吗？请两位同学到黑板上写一下，其他同学写在学案上。

（生 3、生 4 分别板书煤、天然气燃烧的化学方程式）

师：大家一起看这两位同学写得对不对？

生：对！

师：那现在我们也是用这种直接燃烧的方式来利用石油的吗？——不清楚是吧？——请看课本 P131 页的图片和文字，看看天然石油也就是原油是怎样被利用的。

生：分成不同的物质分别利用。

师：哦，原来并不是直接燃烧的，像我们刚才提到的很多燃料——煤油、汽油、柴油、液化石油气等正是从石油中分离出来的，我们把这个过程叫做石油的分馏——这样就扩大、推广了石油的应用面。那究竟是根据什么差异将各种成分分离开的呢？

生：沸点。

师：在第二单元《探秘水世界》中，我们学过，根据各组分沸点不同分离混合物的方法是什么？

生：蒸馏！

师：除了净化天然水之外，我们还有没有学过应用蒸馏的原理分离混合物的实例？

生：分离液态空气。

化石燃料

石油分馏 ——→ 蒸馏 ←—— 分离液态空气

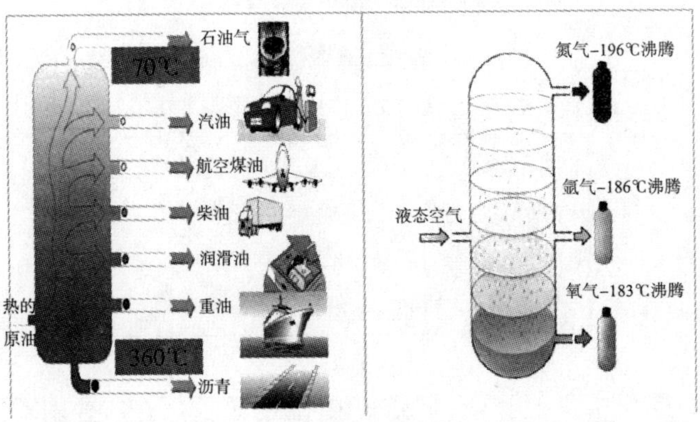

图 15

师：正是如此。它们的原理相同，都是蒸馏（课件出示如图 15）。大家在以后的学习过程中也要注意随时将所学的知识从更本质的角度进行归类整理，有效地简化记忆。

【评析】利用图片抽象出两个过程的原理，高度对比的呈现方式利于学生的回忆、比较，顺利实现了帮助学生自主迁移已有知识、方法解决新问题的目标。

师：燃料各有利弊，适用于不同情况。那如何选择合适的燃料呢？化石燃料还有哪些更高的利用价值？又是我们后面一节课的学习主题（在相应位置板书微观课时安排标记，如图 16）。

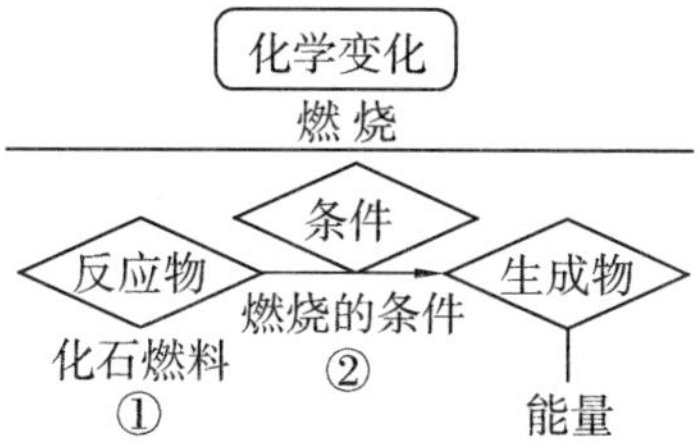

图 16

师：回到我们的线索图，聚焦“生成物”这个要素——燃烧为我们带来能量的同时也有新物质生成，化石燃料完全燃烧时主要产生二氧化碳；如果不完全燃烧，那会产生什么呢？

生：CO。

师：不错。除了 CO，不完全燃烧也可能产生 C，有时我们在一些物质燃烧时看到了黑烟，那就是碳的小颗粒。空气质量报告中有没有这两位？

生：有，也是空气污染物。

师：那么，当我们利用化石燃料来获得能量时，它们发生不完全燃烧好不好？

生：不好！

师：不好在哪里？

生 1：会污染环境。

生 2：不如完全燃烧释放的能量多，浪费能源。

师：这两位同学都有独到的眼光。——那你们有办法改变这种不理想的燃烧状况吗？

生：控制条件！

师：再具体一些。

生：只要我知道燃烧的条件，就可以优化燃烧的条件。

师：非常好（课件出示，回放前面的幻灯片，提示学生的记忆，如图 17）！看来大家已经有学以致用的意识和方法了——通过优化燃烧的条件就可以把不完全燃烧变成完全燃烧，相信大家到学习“燃烧的条件及控制”的时候一定能学得很棒。

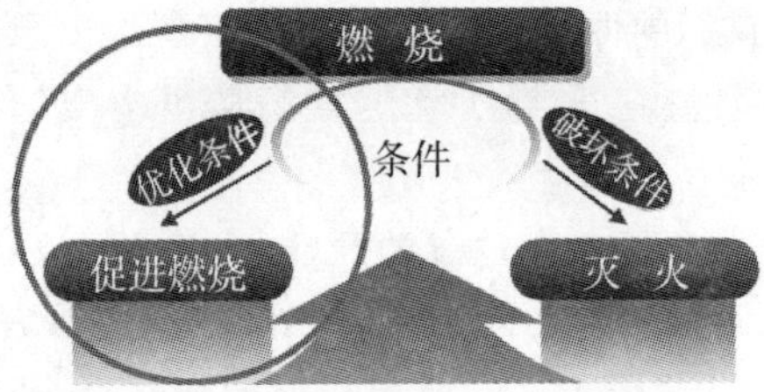

图 17

【评析】以上环节实际上是设计了一个有序的"问题串"解决了一个大问题：帮助学生自主构建"控制条件是控制燃烧的有效途径"。此间，我们没有直接灌输或者说教，而是迂回处理，设计了内在关联、层层递进的 4 个小问题，学生在这个"问题串"的引导下积极动脑思考，联系之前所学知识，认识到化石燃料不完全燃烧的产物是 CO、C，属于空气污染物，继续深入，分析不完全燃烧产生的影响，最后，直指核心——如何促进燃烧，回扣第一环节中的控制燃烧条件可以控制化学反应，认识充分燃烧的重要意义——环保的同时也能让我们获取更多的能量。这样学生就对这一部分的内容有了比较清晰、深刻的理解，形成系统的知识结构。

师：刚才说过，化石燃料燃烧会产生很多 CO_2，关于 CO_2，我们将展开详细研究，而在前面第四单元我们已经详细研究了另一种气体——氧气。回想一下当时是从哪些方面来认识的？

生：想不起来了。

师：不要紧，请大家看看课本 77 页，找一找。

生：氧气的实验室制法、性质、氧循环。

师：对 CO_2 的研究我们可以借鉴这个思路。其中的性质、制法我们会到实验室用两节课的时间具体学习(在相应位置板书微观课时安排标记，如图 18)。

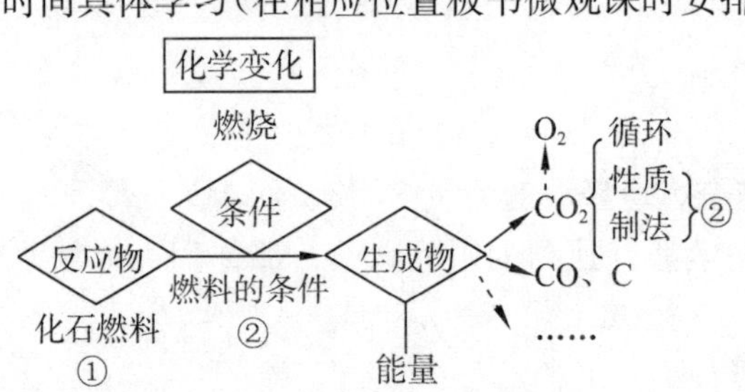

图 18

【评析】在二氧化碳的知识体系开始介绍前，先点拨学生对比回忆学过的氧气的知识结构，以此为基础"迁移、变异"，顺利过渡到对二氧化碳知识结构的认识。借力打力，化"未知"为"已知"。

师：今天我们重点学习 CO_2 在自然界中的循环。请看图片(课件出示图 19)。

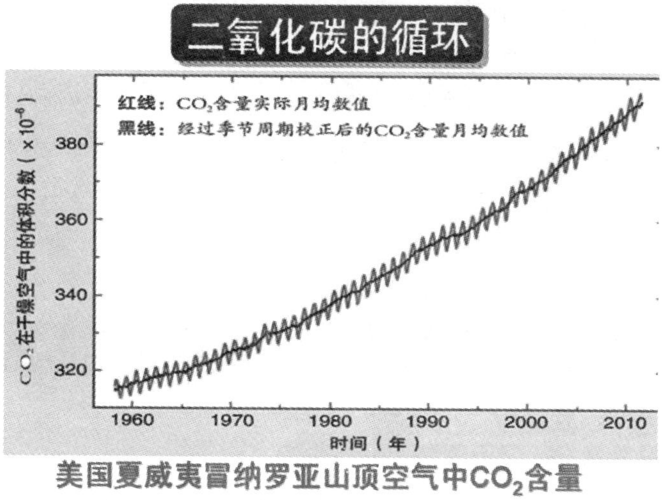

图 19

师：看这条曲线是在哪里测定的 CO_2 含量？

生：美国夏威夷冒纳罗亚山顶。

师：这看似非常简单一条曲线，是科学家们历经 50 多年的努力测定出来的。科学研究的过程可能是枯燥无味的，但结果却意义重大。下面请认真读图，仔细分析，回答两个问题(课件出示如图 20)。

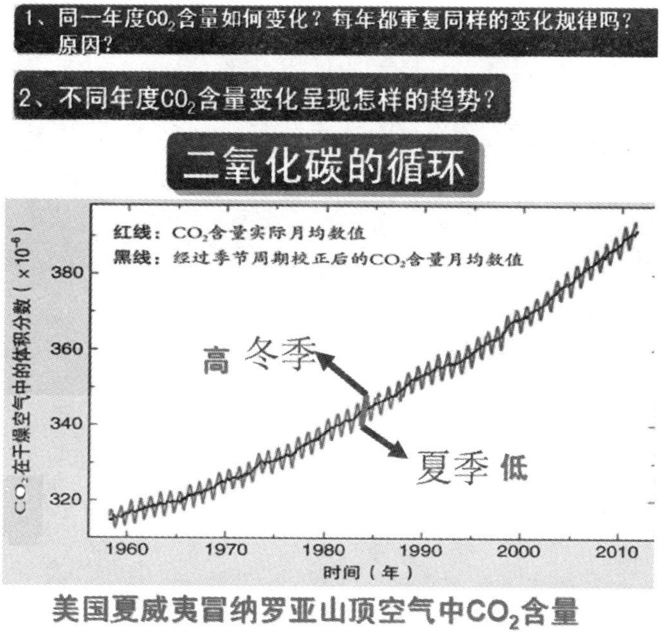

图 20

生 1：冬季含量高、夏季含量低；每年都重复这样的变化；原因是冬季冷，人们需要燃烧化石燃料取暖，所以排出 CO_2 多。

师：观察得很仔细啊。还有没有其他的原因？谁能补充？

生 2：我觉得还有冬季绿色植物减少，光合作用减弱的原因，这样吸收 CO_2 少了，也会导致空气中 CO_2 含量升高。

师：综合两位同学的观点，就比较全面了。

生 3：不同年度 CO_2 含量逐年升高。

师：为什么会逐年升高呢？我们在下面这幅图中找答案(课件出示图 21)。请带着问题认真读图，可以查阅课本，也可以小组讨论。

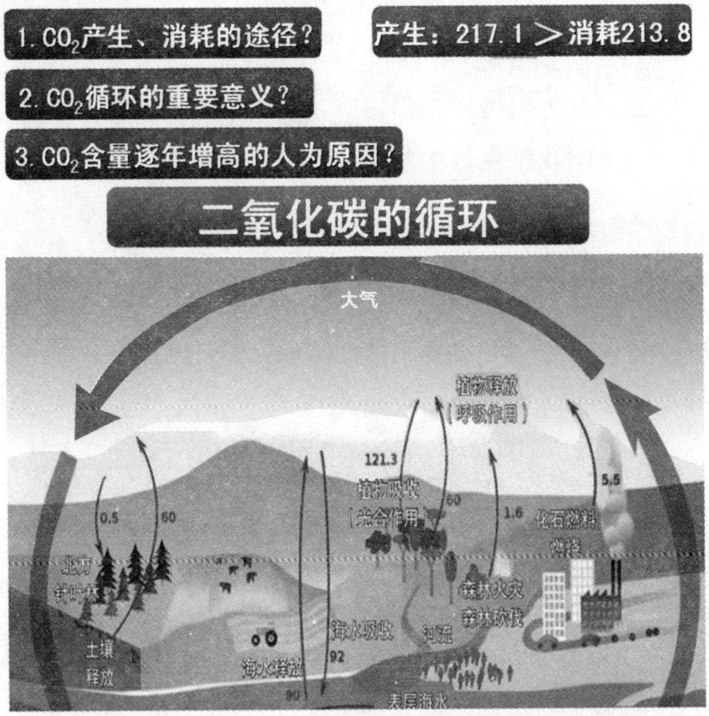

图 21

师：下面进行组间交流，哪个小组先来展示一下你们对第一个问题的认识？

生 1：产生的主要途径：海水释放、植物释放(呼吸作用)、化石燃料燃烧、森林火灾、森林砍伐、土壤释放；消耗的主要途径：植物吸收(光合作用)、海水吸收、北方针叶林吸收。

师：非常细致！如果把产生和消耗的相对值计算一下(课件出示图 21 中的两个相对值)，PK 一下，我们发现？

生 1：产生总量大于消耗总量。

师：这是不是就可以解释为什么 CO_2 的含量会逐年上升了？

生：是。

师：第二个问题——哪个小组展示？

生 2：没有 CO_2，光合作用就不会发生，绿色植物就不会存在，人类和其他动物也就失去了生存的基础；如果没有 CO_2，地表生物将遭受强烈紫外线的伤害，甚至地球也可能会变成冰球。

师：你们小组分析得真好！正因为有了 CO_2 的循环，它才能将太阳能储存在体内，进而转化到其他所有生命体内现在，CO_2 在大家心目中的形象是否有了变化？当把它放入自然界这个大系统中进行关联分析时，你会对 CO_2 有更客观的认识。认识其他事物同样如此——定位于系统认识比孤立认识要更科学。

师：哪个小组承担第 3 题的讲解？

生 3：化石燃料的燃烧、森林砍伐、部分森林火灾。

师：你们同意他的说法吗？好！大家都知道，CO_2 含量升高会导致温室效应，那么温室效应一定不好吗？请阅读课本 138 页第三段。

（学生自读课文）

师：看来，温室效应是否会导致不良的后果还没有定论。但人类把需要几十亿年才能形成的化石燃料在短期内快速消耗掉，导致我们面临着能源危机，这绝对不是一件好事情，所以我们现在努力提倡“低碳生活”。什么是“低碳”呢？这里的“碳”指的是什么？

生：二氧化碳。

师：那就要减少二氧化碳的排放，你能做到什么呢？请读课本 139 页“多识一点”，边读边思考——“低碳生活，人人有责”，你身体力行能做到哪些？

生 1：绿色出行，尽量坐公交车或骑自行车，少开私家车。

生 2：不用一次性筷子；节约用电。

生 3：节约用纸，双面用纸。

师：大家说得非常好，老师希望大家能知行合一，真正为保护环境、节约资源做努力（课件出示图 22）。

图 22

【评析】再次利用逻辑性很好的"问题串"策略,完成了对"自然界中的碳循环"这样一个大问题的系统认识,其中又图文并茂创设情境,读、思、辩多管齐下,设计思路清晰、教学效果显著。

师:不知不觉,我们已经走完今天的旅程,回头看一看,你都有哪些收获?

生1:我知道了什么是燃烧、化石燃料是怎么形成的,以及我们对煤、石油、天然气一般是怎么利用的;还知道可以通过优化条件促进燃烧、不完全燃烧会污染环境、二氧化碳在自然界中的循环;还明确了这个单元后面的化学课我们还要学什么。

生2:我印象最深刻的是看起来很普通的化石燃料其实是非常珍贵的;我们要珍惜资源、保护环境、低碳生活。

生3:原来我对CO_2印象不好,现在明白了它像氧气一样,对于生命有重要意义。原来以为温室效应也一定不好,现在知道还有待于进一步研究,得用长远、系统的眼光来看问题。

师:看来同学们不但学到了知识、方法,也有很多感悟。老师也同样有收获,愿与大家分享——请看黑板,请看这条引领我们走了一节课的线索(板书的中观线索),今天我们按照这样的思路认识了燃烧这一类化学变化,以后我们再研究其他的化学变化,是否可以借鉴这样的思路呢?——希望能给大家带来启示。

【评析】中观线索采用如图18的双层套叠式设计,是想向学生传达一种"范例学习"信号:就如同氧气的学习是基于代表性物质的学习那样,这节中观课的学习也是基于化学变化的范例学习。也就是如上面归纳提升环节的一段老师的点拨:这个思路因为具有范例性而有了可迁移的价值。

师:此外,回到我们课初的大脉络,现在你能回答这个问题了吗?(课件出示图23)——不但燃烧是可以控制的,其他的化学变化也是可以控制的,比如可以通过控制条件来调控;并且通过今天的学习,我们能体会到,化学变化在认识、改造、应用物质等方面都可以大有作为。随着学习的深入,相信大家的体会会越来越深刻。

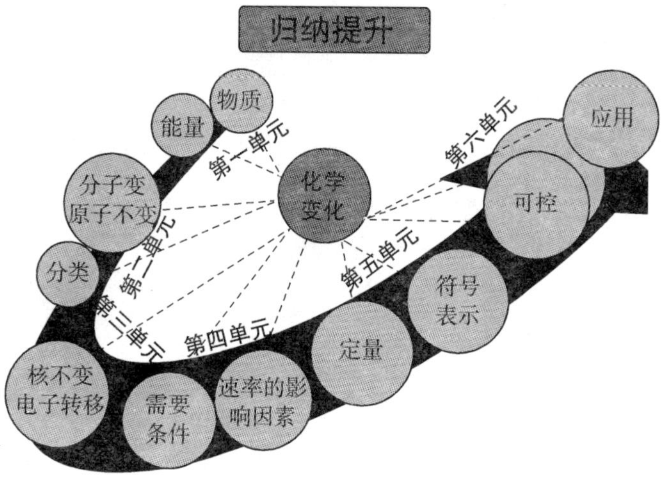

图 23

（学生完成基础达标与升级达标）

师：今天的课到此结束。下课！同学们再见！

【评析】一课终了，首尾呼应，回归以“化学变化”为核心的宏观脉络，完善多角度建模，并借展示出的对化学变化的认识和应用升华出化学的学科价值和魅力。

整节课以“化学变化”的三要素——反应物、反应条件、生成物（能量）为线索，以“燃烧”这一类具体的化学变化为载体，搭建起了“燃烧与燃料”主题单元的知识框架，当堂解决的内容与预留的线头互补，移步换景，情景交融，成就了本主题单元的起始课——“中观课”。

课堂盘点收获时，充分发挥了教师的点拨作用，回扣宏观脉络，带给了学生较完整的全局性感知，既是对课初抛出宏观脉络延伸方向的呼应，也是对核心概念“化学变化”的更深刻内涵的揭示，充分体现了“中观”的建构作用，有利于学生掌握本主题单元的知识结构。

总之，中观课的精髓就在于能够帮助学生在学习本主题单元之初就掌握立体全景，做到胸中有丘壑，这样才能在下一步遇到具体细节时从容、合理地落子四境、布局山河。

五、中观课堂评价标准

中观课堂学生评价量表

项目	A级	B级	C级	个人评价	伙伴评价	教师评价
听课	认真听课，没有走神、讲闲话等现象。	听课比较认真，偶尔有走神、讲闲话等现象。	听课不认真，走神、讲闲话现象比较严重。			
发言、提问	积极举手发言，并有属于自己的见解；能提出有价值（反响较强烈）的问题。	能举手发言，答案中属于自己的思维较少；能提出问题。	很少发言，不表达自己的观点；没有提问。			
合作学习	善于与人合作，虚心听取别人的意见。	能与他人合作，能接受别人的意见。	缺乏与人合作的精神，难以听进别人的意见。			
中观知识树绘制	能够认真、翔实、完整地呈现本单元中观知识结构，有自己的思维展示及创意；作业质量高。	能够认真、完整地呈现本单元中观知识结构；作业质量一般。	不能完整地呈现本单元中观知识结构；不能完成作业。			
我这样评价自己：						
伙伴眼里的我：						
教师寄语：						

第六节　生物中观课堂实践研究

一、学科性质解读

生物科学是自然科学中的基础学科之一，是研究生命现象和生命活动规律的一门科学。它不仅是一个丰富的知识体系，也包括人类认识自然现象和规律的一些特有的思维方式和探究过程。

义务教育阶段的生物学课程是自然科学领域的学科课程，其精要是展示生物科学的基本内容，反映自然科学的本质。它既要让学生获得基础的生物学知识，又要学生领悟生物学家在研究过程中所持有的观点以及解决问题的思路和方法。义务教育阶段的生物学课程是国家统一规定的、以提高学生生物科学素养为主要目的的学科课程。

生物学科性质：生物学课程是研究生命现象和生命活动规律的自然科学。

研究内容：研究生命现象和生命活动规律。

本质属性：自然科学。

二、学科思想介绍

(一) 学科思想

生物学思想是生物学思维的结晶。生物学知识不断发展变化，新知识不断取代旧知识，但生物学思想却相对稳定。生物学思想对学生的思维产生深刻而持久的影响，为学生认识生命现象、解决生物问题打开思维的通道。

生物学思想是由生物学的基本观点支撑的，如生物体的结构与功能相适应的观点、生物体的形态结构与生活环境相适应的观点、生物进化观点、生态学观点、生物的多样性与共同性相统一的观点等。

整理初中阶段需要传递给学生的基本观点，主要有以下三个：

1. “生物体结构与功能相适应”观点。在初中阶段学生会学习不同生物类群（动物、植物、微生物），通过教材的插图、实验解剖观察等多种方式认识生物体的结构，并分析其生理功能。在学习顺序上，六年级首先从单细胞生物开始，然后认识植物的六大器官；七年级学习人体的消化、呼吸、循环、泌尿等各项生理功能及结构基础；八年级学习不同类群的动物更是建立在结构与功能的对比之上的。整个学习过程会让学生逐渐理解“生物体从最小的结构单位——细胞，到一个完整的生命个体，其结构与功能是相适应的”。所以说“生物体结构与功能相适应”这一观点是贯穿整个初中学习阶段的一个重要生物学观点。

2. “生物与其生活环境相适应”观点。六年级是学习生物学的起始阶段，教材第一单元《生物与生物圈》即从“生物与环境”入手，认识不同环境中影响生物的生态因素以及不同生物对其环境的适应特点。教材中丰富的资源（如图像、资料等）帮助学生认识“所有生物都生活在一定的环境中，受到各种环境因素的影响，并在长期的进化中形成了一些适应环境的特征”。而针对六年级学生设计的“实验与观察”则能帮助学生认识到“生物在适应环境的同时，也会对环境产生影响”。所以六年级对于学生正确认识生物与环境的关系，形成客观、辩证认识世界的态度非常关键。

3.“生物是发展进化的”观点。生物进化观点贯穿于整个初中学段。在六年级、七年级主要通过提供更多形象直观的资源让学生尝试分析，如分析生物与环境相适应的诸多实例，学生会产生“为什么现存的生物能适应其环境？”等疑问。在八年级学生将会运用比较法，将不同类群动物的外形、结构、功能、行为进行比较，逐渐发现规律，初步认知进化观点。

（二）学科思想与典型知识对照表

生物学科思想	典型知识
“结构与功能相适应”	生物圈中的绿色植物 生物圈中的人 生物圈中的微生物 生物圈中的动物
“生物与环境相适应”	生物和生物圈
“生物是发展进化的”	生物圈中生命的延续和发展

三、学科核心概念框架图

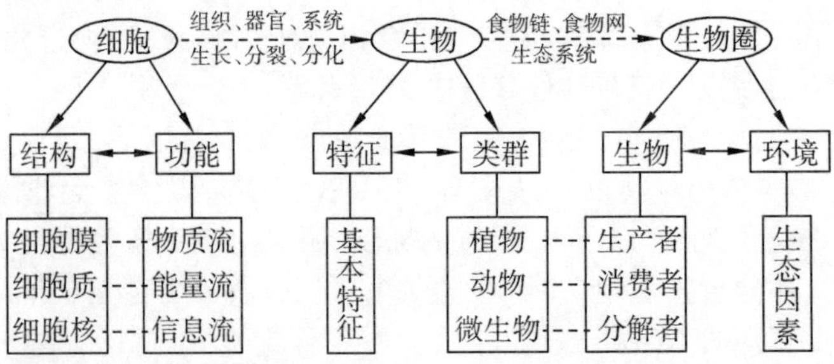

四、学科认知结构化策略

《生物学课程标准》明确界定了生物学的课程性质——“是研究生命现象和生命活动规律的一门科学”。因此生物学课程是一个“结论丰富的知识体系”，“包括了人类认识自然现象和规律的一些特有的思维方式和探究过程”。这一性质决定了生物学课程的学习不应该是生物学知识的零散感知，而应是探究生命活动规律的过程。“生物学中观课堂”就是基于新课标理念，在中观思想引领下探索学科内在联系，构建知识系统的一个教学互动过程。借助中观教学，以期师生能运用联系的方法构建知识体系，进而学会站在系统的高度分析生物学问题。

基于一段时期的中观课堂实践，中观教学的实施策略大致有以下三种：

(一) 驱动性问题引领策略

以驱动性问题引领学生思考是生物课堂常见的教学策略。在设问和释问的过程中能不断激发学生自主学习的动机和欲望，学生亦能在分析问题和解决问题的过程中获得知识和技能。生物中观课堂的驱动性问题不局限于某节内容的问题堆叠或问题链，而是侧重单元主题各要素之间逻辑关系的梳理。要求教师既能系统地把握教材，找到知识间内在联系，又能明确教学内容各要素与学生已知知识的关系，如此才能设计出高质量的驱动性问题，启动学生的学习。

如六年级学生在学习《生物体的结构层次》时，学生虽然具有好奇心强的特点，但尚不能用微观视野看待生命现象，需要教师帮助其开启微观世界的学习。因此，学习之前需要教师借助驱动性问题的引领，帮助学生走入微观世界，快速构建本部分知识框架，让学生清楚地知道“我要学习什么，怎样才能学会”，从而增强学生学习未知知识的信心。

学生通过小学科学的学习已经对细胞有了初步认知，教师可以直接从“细胞”入手，以单元导言中“细胞是生物体结构和功能的基本单位”为中观线索，设计三个问题：“细胞有怎样的结构?”“为什么细胞是生物体生命活动的基本单位?”“小小的细胞怎样构成生物体?”激发学生探究欲望的同时，引领学生关注章节之间的逻辑关系。在每个驱动性问题之下，教师给予学生提出问题的空间，根据学生所提问题进行归类，指导学生借助课本目录寻找求知路径，最终学生会在课本不同章节中寻找到问题的答案，并构建起知识框架，为后续展开学习指明方向。

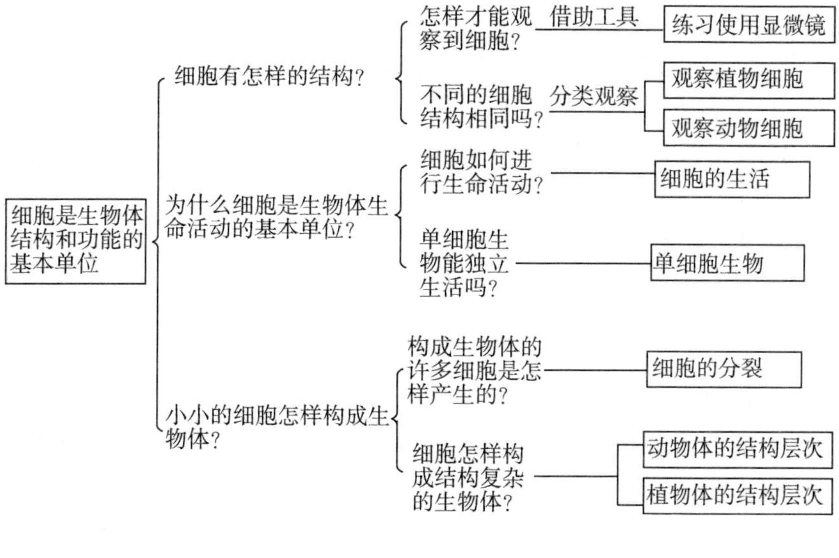

教师利用驱动性问题引领策略可以帮助学生开启"先见森林后见树木"的学习之旅，有利于学生在学习之初快速把握知识主线，逐步自主构建知识体系。对于初中学生尤其是起始年级学生自学能力的培养大有裨益。

学生在教师驱动性问题的引领下，对于知识间内在联系的深入挖掘，往往还体现在知识框架图的构建过程，如学习《人体的营养》时，学生已经具有一定的生活体验和经验，借助教师提出的驱动性问题"人体需要哪些营养物质?""人体细胞怎样获取营养物质?""人体营养如何保障?"学生在学习之初就开始关注知识的关联性，从而对《人体的营养》形成脉络清晰的初期感知，进而引发对人体自身健康的关注及对生物圈的保护意识。

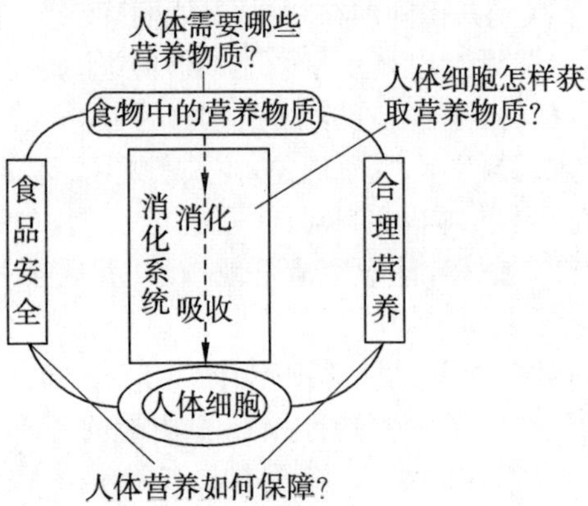

(二) 概念内涵解读策略

布鲁纳认为："帮助学生有效地习得概念是学校教育的目的之一。"2011 版新课程标准凸显了概念传递的重要性，初中生物教材中强调了 50 个重要概念。如何在生物中观课堂进行概念传递，让学生习得概念的同时体悟生物学探究方法、提高学习能力，这对于生物教师是一个挑战。

运用概念内涵解读策略，教师可以帮助学生挖掘概念的内涵，寻找需要探究的要素，进而为学生的自主探究搭建好框架。有了探究框架，学生目标清晰，有路可循；通过自主学习，思维不断拓展，认知不断完善，有利于学生思维能力的培养。

如学习《人体的营养》中"糖类、脂肪、蛋白质的消化过程"时，学生已经通过探究"馒头在口腔中的变化"这一实验对消化有所感知——"食物在消化道内分解成可以被细胞吸收的物质的过程叫做消化"。但此时还仅局限于给"消化"下个定义，学生对于具体物质的消化条件及消化过程、消化产物等还没有清晰的认识。教师此时以"消化"作为探究主线，挖掘其内涵，帮助学生建立"食物消化需要在消化道的一定部位进行""食物消化需要消化液提供消化酶""食物消化后的消化产物可以被细胞吸收"的认知，学生就会沿着"消化场所、消化液、消化产物”这几个要素进行自主思考和探究，从而顺利完成对糖类物质消化过程的学习。在此基础之上，进一步学习脂肪、蛋白质的消化就变得非常容易。这对于学生最终整体形成“消化系统包括口腔、食道、胃、小肠、肝、胰、大肠和肛门，其主要功能是从食物中获取营养物质，以备运输到身体的所有细胞中”的重要概念大有帮助。

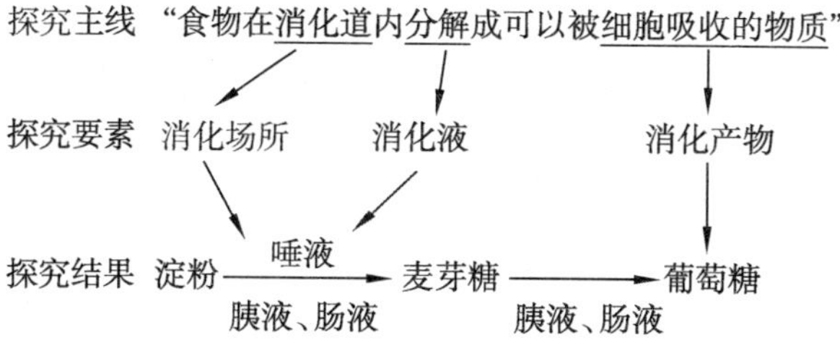

概念内涵解读策略，关注“怎样才能学会”，重在提升学生的学习力。教师的作用主要是启发学生挖掘概念的内涵，激发学生自主学习；学生则从多角度探究并不断深化丰富概念，从而使知识体系更加全面。在这个过程中，学生学会不断寻求已知知识与未知知识之间的关联点，利于知识的对比和衔接，也可防止“一叶障目，不见森林”情况的出现。

又如学习《光合作用吸收二氧化碳释放氧气》，对于“光合作用”这一重要概念的传递，教材中设计了大量的实验，如何合理运用实验探究突破光合作用概念呢？教师挖掘“绿色植物通过叶绿体，利用光能，把二氧化碳和水转化成储存能量的有机物，并且释放氧气的过程”概念内涵，指导学生进行实验探究在前，通过实验现象的直观观察，帮助学生构建以下探究框架：

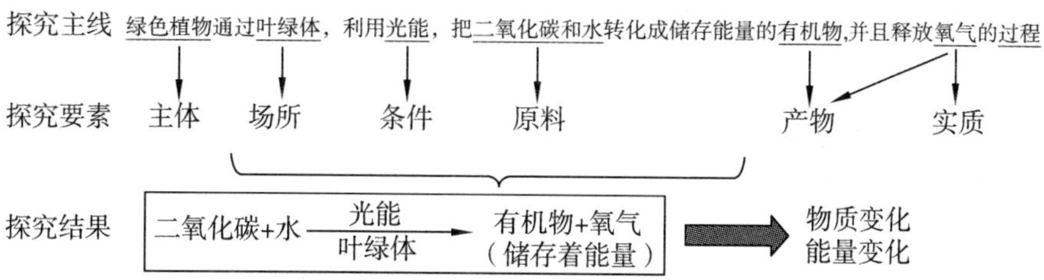

同时为学生八年级学习化学反应提供了素材和熟悉的模式，将生物和化学两个学科联系起来，进一步增强学生“万物皆有关联”的感悟。

（三）学科思想指导策略

生物学思想是由生物学的基本观点支撑的。如，“生物体的结构与功能相适应”“生物体的形态结构与生活环境相适应”“生物是发展进化的”等观点，对于指导学生进行中观学习、提升学生生物学科素养尤为有效。

如《生物圈中的人》这一单元的教材设计凸显“生物体结构与功能相适应”这一观点。学习其中的各个章节时可运用学科思想指导策略。

在学习《人体的呼吸》过程中，学生会形成诸如“呼吸等于呼吸作用”“呼吸中气体交换的原理都是扩散作用”等一些错误认知。借助学科思想指导策略的中观复习则可以帮助学生纠正这些错误认知。

教师通过“人体的呼吸是否等同于呼吸作用？二者之间有什么关系？”两个问题的讨论，确立人体呼吸实则是“外界——组织细胞”进行气体交换的复杂过程。以“气体交换”这一功能作为复习的中观知识线索，牵出“肺与外界”“肺泡与血液”“组织细胞与血液”的三次气体交换。每次气体交换均以“生物体结构与功能相适应”观点指导复习，从功能入手分析结构特点。

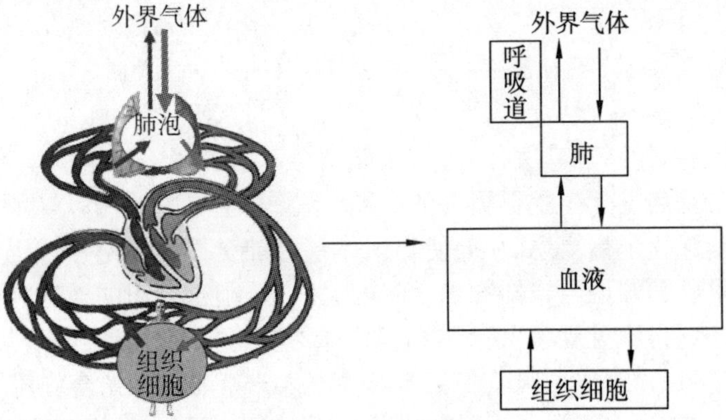

三次气体交换的探讨，帮助学生纠正错误认知的同时，学生对《人体的呼吸》有了整体感知，从而形成“依赖于呼吸系统，人体细胞从大气中摄取代谢所需要的氧气，排出代谢所产生的二氧化碳”的认知。

又如在学习《人体对外界环境的感知》中《眼与视觉》这个内容的过程中，学生已经逐渐体悟到“生物体结构与功能相适应”的生物学基本观点，也已经形成“眼——视觉”“耳——听觉”的对应关系，教师完全可以用学科思想指导策略，放手让学生自主学习。

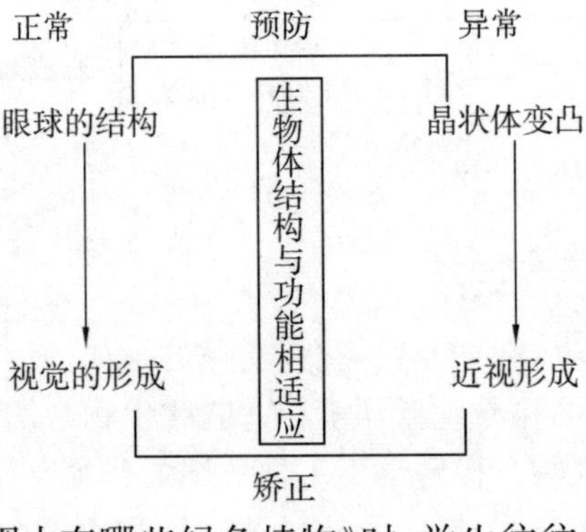

再如学习《生物圈中有哪些绿色植物》时，学生往往局限于各植物类群形态结构的零散记忆，形成割裂认知。为帮助学生实现从模糊到清晰、从割裂到

系统的认知提升，教师可利用“生物是不断发展进化”的生物学观点进行中观复习，帮助学生寻求各类群之间的联系，对比把握各类群植物的主要特征，同时还能帮助学生认识到“生物多样性是生物亿万年进化的结果，是大自然的宝贵财富”。

中观课堂上，教师运用学科思想指导策略，学生可以用生物学观点构建起知识间的联系，学生也能像老师一样站在学科思想的角度分析生物学现象。这不仅有助于提升学生的生物学科素养，更有助于提升学生的思维品质。

中观思想进入课堂，改变了教师的思维深度和广度，追求学科本质，寻求内在联系，提升学科高度。中观思想进入课堂，优化了学生的学习方式，其学习不再零散无序，优化了学习路径，提高了学习效率，有利于更好地领略生物学课程之美。

附：课例1——《生物体的结构层次》中观教学实录

(一) 单元课标分析

本部分知识属于课标十大主题中第二大主题——生物体的结构层次中的内容，在教学中教师要帮助学生形成以下重要概念：

1. 细胞是生物体结构和功能的基本单位。

2. 细胞能进行分裂、分化，以生成更多的不同种类的细胞用于生物体的生长、发育和生殖。

3. 一些生物由单细胞构成，一些生物由多细胞组成。

4. 动植物细胞都具有细胞膜、细胞质、细胞核和线粒体等结构，以进行生命活动。

5. 相比于动物细胞，植物细胞具有特殊的细胞结构，例如叶绿体和细胞壁。

6. 多细胞生物体具有一定的结构层次，可包括细胞、组织、器官（系统）和生物个体。

(二) 单元教材分析

生物体的结构层次是生物课程内容十大主题之一。生物体的各种生命现象源自于生物体的基本结构，细胞是生物体结构和功能的基本单位。学会临时装片的制作，理解有关细胞的知识，明确动植物体的结构层次，为后续学习各类生物的形态结构、生命活动奠定重要的知识和技能基础。

本单元包括“细胞的结构和功能”“细胞的分裂和分化”“多细胞生物体的结构层次”三个专题。专题一通过分组实验制作临时装片，增加对细胞的感性认识，能描述动植物细胞的结构；通过单细胞生物草履虫对刺激的反应，理解细胞是生物体基本的功能单位。专题二明晰生物体通过细胞分裂、生长和分化，增加细胞数目、增大细胞体积和形成组织，实现由小长大。专题三在前两个专题基础上拓展延伸，构建多细胞动植物体的结构层次。

(三) 中观学情分析

六年级学生好奇心强，求知欲也强，想象力丰富，对生物学现象和知识有着浓厚的兴趣，渴望探索生物奥秘，这是学生学习动力的良好储备。但是学生抽象思维能力相对欠缺，细胞结构微小，功能相对抽象，距离学生的生活经验又较远，因此如何引导学生借助显微镜观察细胞这一微观世界是教学上要突破的一个难点。可以利用学生小学科学关于细胞的粗略认知以及六年级学习生物圈的知识基础，发挥驱动性问题的引领作用，让学生从宏观逐渐转向微观，从细胞水平上认识生物体，认识生命现象。

(四) 中观教学目标

中观教学目标：阐明细胞是生物体结构和功能的基本单位。

微观教学目标：1. 说明显微镜的构造和作用。

2. 规范使用显微镜，观察到清晰的图像。

3. 认同显微镜的规范操作方法，爱护显微镜。

4. 认同人类对细胞的认识得益于显微镜的发明和显微技术的不断改进，科学的进步需要技术的支持。

(五) 单元中观线索

按照“生物圈——生物个体——细胞”的顺序，引领学生梳理宏观脉络，理清本单元知识“从哪儿来”；借助中观线索——“细胞是生物体生命活动的基本单位”，提出“细胞有怎样的结构?”“为什么细胞是生物体生命活动的基本单位?”“小小的细胞怎样构成生物体?”三个问题，理清本单元知识围绕哪些问题展开；通过认识显微镜和动手规范操作显微镜，进行本堂课的微观落实，使学生明白要学习、研究细胞，必须先认识显微镜并能够规范使用显微镜，借助工具认识微观世界。

(六) 单元课时规划表

单元名称	生物体的结构层次
课时规划	第一章　观察细胞的结构(4 课时，含中观课) 第一节　练习使用显微镜(2 课时) 第二节　观察植物细胞(1 课时) 第三节　观察动物细胞(1 课时) 第二章　细胞是生物体生命活动的基本单位(2 课时) 第一节　细胞的生活(1 课时) 第二节　单细胞生物(1 课时) 第三章　细胞怎样构成生物体(4 课时) 第一节　细胞的分裂(1 课时) 第二节　动物体的结构层次(2 课时) 第三节　植物体的结构层次(1 课时)

（七）教学过程实录

（课件出示生物圈的图片）

师：同学们，通过第一单元的学习，你能说出图中所有生物共同的家园叫什么吗？

生：生物圈。

师：是的，在浩瀚巨大的生物圈中生活着形形色色的生物体，你能说出有哪些生物体吗？

（课件出示各种动植物的组图，一并出示）

生：动物、植物和其他生物。

师：宏观的生物圈以及生物体我们是可以看得见的，那么你知道生物体又是由什么组成的呢？

生：除病毒外，都是由细胞组成的。

（课件出示显微镜下的细胞图片）

师：生物圈——生物体——细胞（课件出示），引领我们从宏观世界向微观世界开始探索。现在请同学们打开课本，让我们看一下即将开启的第二单元《生物体的结构层次》。

（引领学生翻开课本）

师：看看目录，我们会了解细胞是什么？答案就隐藏在目录中。请找到并大声地读给我听。

（生大声读：细胞是生命活动的基本单位；教师板书）

师：关于细胞，同学们想学习了解哪些知识？

生：细胞是什么样子的？怎样才能看到它？

生：细胞为什么是生命活动的基本单位？

生：细胞如何构成生物体？

师：我们先来探究一下第一个问题——

微小细胞的发现离不开技术的发展，让我们看看细胞的发现史吧。列文·虎克利用自制的显微镜在1660年观察到了细胞，从而使微观世界的奥秘从此被揭开。随着科学技术的发展和对微观细胞研究的深入，施旺通过观察提出“动物是由细胞构成的”；施莱登提出“植物是由细胞构成的”，于是伟大的细胞学说诞生了。正是依赖于技术的进步，今天我们就能轻松地借助显微镜来观察细胞了。请在课本目录中找到让我们观察细胞的章节。

生：第一章（学生自己找）。

师：小小的细胞是如何构成生物体的呢？答案我们该从目录的哪一章节寻找？

生：第三章。

师：生物体是由细胞最小单位逐个层次构建起来的，我们到时一定要关注不同的层次哦。

师：细胞是生命活动的基本单位，也就是说细胞是生命活动的最小单位，一个细胞就能进行生命活动。那有没有只有一个细胞组成的生物体呢？大家应该从哪一章节寻找答案呢？

生：（看目录）第二章　单细胞生物。

师：经过大家的寻找，我们可以把第二单元的知识归结为解决三大问题。

（课件出示）

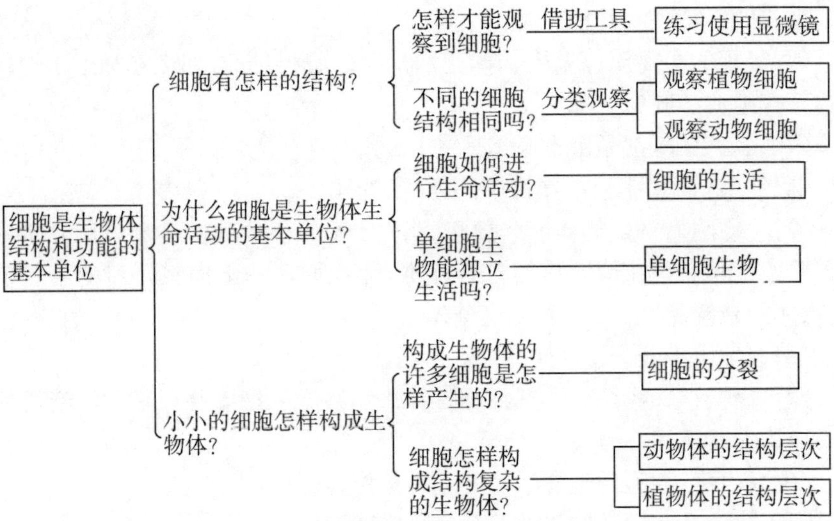

【评析】从学生已知的生物圈入手，找到各种生物结构上的共同特征—具有细胞结构，从而引领学生学会从微观视角观察生物。利用“细胞有怎样的结构？”“为什么细胞是生物体生命活动的基本单位？”“小小的细胞怎样构成生物体？”三个问题让学生明白本单元的探究方向，同时对本单元知识间的相互关联形成初步感知。这种由知识关联构建起来的框架，有助于拓宽学生思路，改变学生分析问题的视角。

师：细胞结构微小，要想观察它研究它，我们必须借助显微镜。所以这节课我们既要认识显微镜，还要规范使用显微镜。首先，让我们一起认识显微镜的结构。

师：我们进行活动一：看谁认得快？先看着课件，我说号码，大家认。

（第一阶段：学生齐答；第二阶段：提问学生个人）

师：请同学们看着显微镜实物，你来问，同位答，看看哪组同学认得快？

（学生看显微镜实物，互相指着说名称）

师：同学们，显微镜是精密仪器，它的使用有严格的步骤，否则将会影响观察结果甚至损害显微镜。所以请同学们先和我一起学习使用，学习完成后我将留出充足的时间让同学们操作练习。

师:显微镜的使用分为几大步骤?

生:四大步,取镜和安放、对光、观察、整理和归位。

师:如何规范取镜和安放?请同学们看老师的示范。

(教师示范显微镜操作)

师:请个同学说说这一步骤的要点。

生:左手托,右手握,偏左放,一掌宽。

师:请同学们思考外界光线如何通过显微镜进入你的眼睛?

生:对光。

师:请同学们观看视频操作(播放视频),用你自己的语言来说说如何对光以及注意事项。

生1:对光时要先使镜筒上升。

生2:对光时是低倍物镜对准通光孔。

生3:对光时使用较大的光圈。

生4:当我们能看到白亮的圆形视野时,证明对光成功了。

师:同学们的描述非常准确,下面请同学们对照课本操作要求完成对光。

(学生操作显微镜,进行对光)

师:我们利用显微镜是要探究细胞微观世界,那如何进行观察?请同学们看视频(播放视频),总结操作要点和注意事项。

生1:标本放在载物台上,要正对通光孔的中央,标本用压片夹压住。

生2:转动粗准焦螺旋使镜筒下降时,眼睛要看物镜。

生3:反方向使镜筒上升,直到看清楚物像。可以调节细准焦螺旋,使物像更加清晰。

师:用几个字总结一下操作就是:放—降—升—调。

师:请同学们自主练习规范使用显微镜。

(教师巡视指导学生动手观察,写有“上”字的玻片、写有“上”字的不透明纸、动植物玻片标本)

师:视野中看到的物像是正的吗?

生:倒像。

师:看到的物像究竟被放大了多少倍?

生:40倍。

师:你是如何计算显微镜的放大倍数的?

生:目镜与物镜放大倍数的乘积。

师:不透明纸“上”的数字为什么看不清?这对你有什么提示?

生:不透光。说明用于显微镜观察的材料要薄而透明。

师:放大倍数不同,看到的细胞个数和大小有什么不同?

生:放大倍数大,看到的细胞大、数目少。

师:同学们,实验完成之后,整理和归位很重要。只有正确地进行归位整理,我们的实验仪器才能得到更好的保护,才能更好地为我们的学习服务。

(学生整理、归位;填写实验记录单)

【评析】中观课堂上的微观落实抓住了学生的关注点——显微镜的使用。在这部分的教学中,教师组织学生开展自学、提炼、操作、交流等活动,让学生发现操作要点和注意事项,培养了学生的动手操作能力。

师:通过这节课的学习,你有什么收获?

生 1:认识了显微镜。

生 2:知道了如何操作显微镜。

生 3:……

师:是的,回答得非常好。这节课我们不仅学习了如何使用显微镜来观察细胞的微观世界,而且借助细胞这一把钥匙把第二单元的知识进行了宏观上的认识和把握。

师:同学们,学习完本节课你可利用课后时间自制标本,带到实验室进行观察。

板书设计

第二单元　生物体的结构层次

细胞是生命活动的基本单位
- 练习使用显微镜 / 观察植物细胞 / 观察动物细胞
- 细胞的生活 / 单细胞生物
- 细胞的分裂 / 动物体的结构层次 / 植物体的结构层次

第一章　观察细胞的结构

第一节　练习使用显微镜

一、显微镜的构造

二、显微镜的使用步骤

1. 取镜和安放
2. 对光
3. 观察
4. 整理和归位

【评析】本节课是中观与微观的结合,整体上本节课宏观脉络清晰,授课教师通过三个问题与学生一起构建了清晰的中观线索——细胞是生物体生命活动的基本单位。在整堂课的教学中,教师始终有序地引导学生积极参与、体验、合作、讨论与交流,培养学生主动、负责、开拓、创新的个性特征和科学的思维方式,将知识与技能、过程与方法、情感态度与价值观有机地结合起来,教学活动始终面对全体学生,让每一个学生都有收获,都得到成功的体验,充分体现了全面育人的新课标精神。

附：课例2——《生物圈中的微生物》中观教学实录

（一）单元课标分析

本部分知识从属于生物课程十个一级主题中“生物多样性”和“生物技术”两大主题。教学中，教师要帮助学生形成以下重要概念：

1. 微生物通常包括病毒、细菌、真菌等类群。

2. 不同类群的生物各有其特征，在生物圈中具有不同的作用，保护生物的多样性极为重要。

3. 发酵技术利用了微生物的特性，通过一定的操作过程可以生产相应的产品。

（二）单元教材分析

在学习了《生物圈中的绿色植物》《生物圈中的人》两大单元后，本单元介绍生物基本类群中的微生物。《生物圈中的微生物》涵盖了细菌、真菌还有病毒的相关知识，教材分为两章：第一章《细菌和真菌》，主要介绍细菌和真菌的主要特征、与人类的关系以及细菌和真菌在生物圈中的作用；第二章《病毒》介绍病毒发现史，阐明技术手段对科学研究的促进作用。

由于微生物形态较小，一般不能肉眼观察，教材设计了多种探究活动及丰富的资源，让学生动手操作，增强感性认知；微生物培养技术、模拟实验的方法，引导学生运用科学方法进行探究，培养科学精神；“制作孢子印”“制作酸奶”等活动，培养学生实践能力的同时，引导学生关注微生物与人类的关系，帮助学生理解生物技术的作用。

（三）中观学情分析

学生对微生物的了解有以下基础：生活中耳濡目染的“细菌”是学生生活中最常提到的微生物。许多学生可能会片面地认识细菌与人类的关系：认为微生物只是使食物腐败变质或导致人类生病的“罪魁祸首”，对于人类利用微生物的实例了解不多。借助本章节的学习，能帮助学生辩证地认识微生物。

学生在六年级上册学习过《生态系统的组成》，对细菌和真菌充当分解者的角色有粗略的认知，知晓其作用是将动植物遗体分解成简单的物质归还到自然界中，但对具体的物质变化情况了解得不够清楚。学生已经掌握了植物的光合作用和动物的呼吸作用方面的知识，在此基础之上，教师创设思考情境，学生可以进行迁移，从而自己构建起中观线索。

对于技术层面，学生从小学阶段的科学即知晓细菌、真菌等微生物无处不在，多数肉眼不可见，但如何培养使之宏观可见学生涉猎甚少。在此章节中，学生可以借助微生物培养技术，对微生物培养中严格的无菌操作进行初步感知，进而为生活实际中的食物防腐和发酵提供指导。

(四) 中观教学目标

1. 说出细菌和真菌在物质循环中的作用，借助这一问题的讨论，构建章节中观线索。

2. 尝试采用细菌和真菌培养的一般方法，探究细菌和真菌的分布情况，体验细菌和真菌广泛分布的特点。

3. 通过对细菌和真菌与人类的关系的认识，学会从正反两方面辩证地看问题。

(五) 单元中观线索

微生物作为生物圈中的主要分解者，其生命活动特征既与生产者(植物)、消费者(动物)有共性，又有其特殊性。首先构建“植物—动物—微生物”并存的宏观脉络，有助于学生对本章知识准确定位。利用三者之间生命活动的对比，梳理出“细胞的呼吸作用”这一中观线索，以驱动性问题“微生物包括哪些生物类群?”“微生物在生物圈中有什么重要作用?”“不同微生物的结构如何?”“人类如何利用微生物?”引领学习，将《生物圈中的微生物》各部分知识连接于中观线索的各个节点，使学生在学习之初就对本章知识的内在联系和整体框架有一个初步感知，能够清晰明了地沿着一定路径有目标有方向地进行学习。

(六) 单元课时规划表

单元名称	生物圈中的微生物
课时规划	第一章　细菌和真菌(共 6 课时) 　　第一节　细菌和真菌的分布(2 课时，含中观课) 　　第二节　细菌(1 课时) 　　第三节　真菌(1 课时) 　　第四节　细菌和真菌在生物圈中的作用(1 课时) 　　第五节　人类对细菌和真菌的利用(1 课时) 第二章　病毒(共 1 课时)

(七) 教学过程实录

(课前 1 分钟播放《毛巾上的微生物》视频，引发学生对微生物的关注)

师：看到视频中清晰可见的细菌菌落，听到如此庞大的细菌数目，大家对微生物会提出哪些感兴趣的问题呢?

生：微生物对人的危害有哪些?

生：怎样培养微生物并进行计数?

生：微生物的结构和学过的动植物细胞一样吗?

生：能不能让微生物为人类服务?

……

【评析】运用视频中的画面和数字，引起学生对微生物的关注，激发学生了解微生物的兴趣，并在广泛的提问中发现学生的思维新亮点，对学生所提的问题及时认可和评价尤为重要。

（课件出示下图）

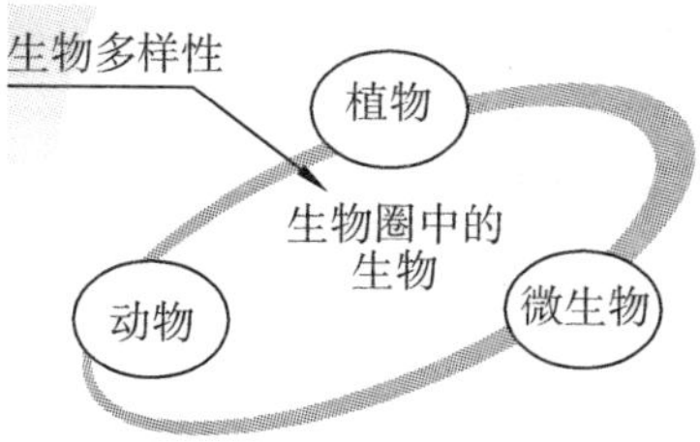

师：生物圈是所有生物的家园，你知道生物圈中生活着哪些生物？

生：动物、植物、微生物。

师：微生物与动植物一起构成了丰富多彩的生命世界，不同类群的生物又在生物圈中承担不同的角色。你能介绍一下它们在生物圈中各自的角色分工吗？

生：绿色植物—生产者。

师：生产者生产什么？如何生产呢？

生：通过光合作用制造有机物，为其他生物提供食物来源和能量。

生：动物（其中人是最重要的）—消费者。

师：消费者消费什么？是如何消费的？

生：消费的是有机物，凭借自身的呼吸作用进行消费，把有机物分解成二氧化碳和水，放出能量。

生：微生物—分解者，分解有机物为水、无机盐、二氧化碳，也放出能量。

【评析】宏观脉络非常清晰地围绕生物多样性，以各种生物在生物圈中的作用进行角色定位，在回顾六年级、七年级已学知识的基础上，将分解者与其他生物的作用共同指向“有机物”，为下一步中观线索的探寻埋下了伏笔。

（学生阅读课本 P_{91}，深入了解分解者的作用）

（师生概述分解者的作用，教师板书中观线索，如下图）

有机物——►水+无机盐+二氧化碳+能量

师：值得关注的是，微生物分解的是动植物遗体中的有机物，分解成植物可再利用的无机物，变废为宝，实现物质循环。

师：你知道的微生物有哪些？

生：细菌、真菌。

生：还应该有病毒。

师：你知道病毒这种微生物的特殊之处吗？请从课本目录中找到帮助我们了解病毒的那一部分。

（学生主动在课本中搜寻，找到在本单元最后一节进行学习）

师：相比于植物、动物，微生物小得多，你能看得见的微生物有哪些？

生：微生物不是都很小吗？

（教师出示大型真菌的幻灯片；学生了解到并不是所有微生物肉眼都看不见）

师：我们想了解微生物的结构，但大部分的微生物肉眼不可见，这给我们的探究带来了困难。有没有一种方法能让微小的细菌、真菌肉眼可见呢？

（学生翻看课本，找到本单元将学习的一项新技术—微生物培养技术，让微小的细菌、真菌可见。培养之后将学会区分细菌和真菌，并进一步了解细菌和真菌的结构和功能）

师：作为分解者，微生物参与物质循环，维持生态平衡，我们应该予以关注，但相信大家最关注的还是微生物与人类的关系。一提到细菌、真菌，有同学脑海中浮现的是腐烂变臭的食物、致人生病的细菌，所有微生物都是人类的敌人吗？

生：不是。营养丰富的酸奶、清爽可口的泡菜可都离不开细菌。

生：有些菌能酿酒。

师：在学习了一定的微生物知识后，我们要学会控制好条件，利用微生物的作用，趋利避害让微生物成为人类的朋友，为人类服务。（食品保存和发酵食品等，还包括现代转基因技术的应用等在第5—6课时学习）

【评析】围绕中观线索，教师以问题情境激发学生主动提出问题，并让学生翻阅课本，寻找答案。在学生质疑和快速浏览的过程中，初步体会本章节的教材设计意图，构建起本章节的知识结构图，可以“先见森林”然后再通过课时学习“后见树木”。

（教师出示厨房的馒头图片）

师：在馒头上你看到了什么？这是为什么？

（学生自学课本，突破菌落概念。一个细菌或真菌繁殖后形成了肉眼可见的集合体—菌落）

（教师出示培养皿上的菌落图片）

师：培养皿中有几种菌落？数量多少？

（学生进行辨析强化落实）

师：要进行微生物培养需要为微生物的繁殖准备合适的“温床”，让微生物舒舒服服地生长繁殖。请思考，“温床”必须含有什么成分？为什么？

生：需要有机物提供能量。

生：需要水和无机盐。

（教师出示琼脂实物，介绍琼脂的作用—形成固体培养基，利于观察）

（教师出示已经高温灭菌的培养基，让学生形成感性认识）

师:如何将细菌转移到培养基上呢?

(学生讨论接种的一些常用方法,实例如空气、手、硬币等)

(讨论结束学生打开已经高温灭菌的培养基的培养皿盖,当堂进行空气中细菌和真菌的接种)

师:进一步思考为什么要事先对培养基进行高温灭菌? 为什么需要冷却?

生1:事先高温灭菌能杀死培养皿和培养基中原有的微生物,排除原有微生物对实验的干扰。

生2:如果不冷却就接种,会把要接种的微生物烫死的。

师:请进一步思考,培养微生物时需要哪些外部条件?

生1:考虑温度适宜。

生2:湿度(水分)。

……

师:我们总结一下微生物培养技术的步骤及注意事项:配置培养基→高温灭菌→冷却、接种→培养。

师:接下来,请同学们提出自己要探究的问题,如一起探究手上是否有细菌、真菌分布? 题目小组自己选定。

(小组选好问题后,按照微生物培养的步骤说说自己的实验计划)

师:各小组交流自己的计划后,你认为需要提醒注意哪些问题?

生:注意无菌操作和对照实验的设计问题。

(学生分组领取器材,准备课后探究)

【评析】先以图片和大量的实物让学生形象感知菌落及微生物培养的大致过程,对于其中的关键性问题,利用辨析活动、问题情境,让学生通过讨论探讨其必要性,避免"告知"事实,培养学生凡事思考"为什么"的思维习惯。最后的案例尝试则是满足学生学习新知后跃跃欲试的求知欲,也便于梳理思路,让学生经历系统的实验方案设计,进一步把握科学探究的过程,为后面小组课后实验做了铺垫。

师:以家庭常见的肉汤为例,要避免微生物的滋生,我们可以怎么做?

生1:加盖子,防止细菌等飘落到肉汤中。

生2:喝不完的要加热保存。

生3:放到冰箱里。

……

【评析】创设生活问题情境,让学生利用微生物培养的条件,从反面考虑如何避免微生物的滋生,从而达到应用生物知识解决实际问题的目的。做到生物学知识"从生活中来,到生活中去"。

师:提前了解细菌和真菌的菌落在形态、大小、颜色等方面的不同,可以帮你锻炼"火眼金睛"。请思考细菌和真菌的菌落为什么会出现上述差异。

【评析】预留的任务学生能够借助课本等资源获取基本信息,但是要能辨真假，并有科学依据尚需要学生经过进一步的思考和整理，有利于指导学生进行科学的、有思考价值的预习。

【评析】本节课的设计分为“宏观脉络→中观构建→微观落实”三部曲，是对师生思维方式的一次挑战。中观课堂引导教师跳出一课时的局限，先思考“从哪里来”的问题，把局部知识定位于宏观脉络的某一节点处，沿中观线索进行准确定位。就好比要到某地旅游，先要借助地图找到所属区域及具体路线，在搜索定位的过程中“先见森林后见树木”，把与之相关联的内容也呈现在了结构图中，所以教师的思维方式就在“中观教学设计”的过程中逐渐体会“中观思想”而悄悄发生转变。

在实际课堂教学中，师生探寻中观线索、构建知识结构的过程，让学生感悟教材设计所传达的关联知识，体验教材涵盖的丰富信息，从而对课本有了新的认识，也对教材设计所要传递的生物学观点有了初步的体会。学生尝试从大处入手，用联系的观点分析问题，避免了散点式学习带来思维存储杂乱的问题。好比让学生在大脑中先学会思维分区，划定好思维存储柜，将知识有序地存储，有序地建立联系，为将来有序地提取做好充分的准备。

课堂永远是留有遗憾的，这节课的遗憾就在于，师生在探寻中观线索及构建知识结构时的互动思考不足，无法让学生充分体味中观课堂带来的新体验。互动的活动设计将是中观教学设计的重点，毕竟课堂活动是师生传递中观思想的最佳介质，也是师生思维方式发生转变的最佳平台。

五、中观课堂评价标准

初中生物中观课堂学生学习效果评价表

<table>
<tr><td colspan="2">单元主题名称</td><td></td><td>执教人</td><td colspan="2"></td></tr>
<tr><td colspan="4">评价内容</td><td colspan="2">评价结果</td></tr>
<tr><td rowspan="7">学习效果</td><td colspan="3">1. 学生清晰地了解单元主题的结构脉络。</td><td>15</td><td></td></tr>
<tr><td colspan="3">2. 学生知晓单元学习的课时规划。</td><td>10</td><td></td></tr>
<tr><td colspan="3">3. 学生课堂生成有效，能够发现问题、提出问题并积极思考探究。</td><td>15</td><td></td></tr>
<tr><td colspan="3">4. 学生能感悟到单元主题中体现的生物学科思想。</td><td>10</td><td></td></tr>
<tr><td colspan="3">5. 微观落实内容达标率高。</td><td>15</td><td></td></tr>
<tr><td colspan="3">6. 学生能根据预留问题明确后续的学习任务。</td><td>10</td><td></td></tr>
<tr><td colspan="3">7. 学生能对自己的学习过程和结果做出恰当的评价。</td><td>15</td><td></td></tr>
<tr><td>总评</td><td colspan="3">8. 学生认同中观课堂教学，对生物学习的自信心有所增强。</td><td>10</td><td></td></tr>
</table>

第七节　思品中观课堂实践研究

一、学科性质解读

思想品德课程是一门以初中学生生活为基础、以引导和促进初中学生思想品德发展为根本目的的综合型课程。

主要有以下特点：

1. 思想性：以马列主义、毛泽东思想、邓小平理论和“三个代表”重要思想为指导，紧密联系社会生活和学生思想实际，帮助学生逐步形成良好的道德品质和心理素质，养成遵纪守法和文明礼貌的行为习惯，增强爱国主义、集体主义的思想情感，逐步树立中国特色社会主义的共同理想，为学生逐步形成正确的世界观、人生观和价值观奠定基础。

2. 人文性：注重以民族精神和优秀文化培养学生，关注学生的成长需要与生活体验，尊重学生学习与发展规律，不断丰富学生的思想情感，引导学生确立积极进取的人生态度，培养坚强的意志和团结合作的精神，促进学生人格健康发展。

3. 实践性：注重与学生生活经验和社会实践的联系，通过学生自主参与的、丰富多样的活动，扩展知识技能，完善知识结构，提升生活经验，促进正确思想观念和良好道德品质的形成和发展。

4. 综合性：从学生适应社会公共生活和思想品德形成与发展的实际出发，以成长中的我、我与他人的关系、我与集体、国家和社会的关系为主线，对道德、心理健康、法律和国情等多方面的学习内容进行有机整合。

二、学科思想介绍

课程标准根据思想品德教育的目标，从初中学生的认知水平和生活实际出发，围绕成长中的我、我与他人的关系、我与集体、国家和社会关系，整合道德、心理健康、法律和国情教育等内容。

其学科思想界定为：促进初中学生道德品质、健康心理、法律意识和公民意识的进一步发展，形成乐观向上的生活态度，逐步树立正确的世界观、人生观、价值观。其核心思想是道德品质、健康心理、法律意识和公民意识。

学科思想与典型知识对照表(鲁教版)

心理健康	道德品质	法律意识	公民意识
六年级第四单元《生活告诉自己“我能行”》,做自尊自信的人,走自立自强之路。	六年级第三单元《相逢是首歌》,学会用恰当的方式与同龄人交往,正确对待教师的表扬与批评,增进与教师的感情。	六年级第二单元,知道公民有受教育的权利和义务,学会运用法律维护自己受教育的权利,自觉履行受教育的义务。	八年级第二单元《热爱集体、融入社会》,关注社会发展变化,增进关心社会的兴趣和情感,养成亲社会行为。
六年级第五单元《历经风雨才见彩虹》,正确对待挫折,了解培养坚强意志的方法和途径。	七年级第三单元《分辨是非,对自己行为负责》,明辨是非善恶,做一个对自己行为负责的人。	七年级第二单元《学会依法保护自己》,知道预防犯罪,从杜绝不良行为做起,了解法律保护未成年人的四条生命线。	八年级第六单元《在社会生活中承担责任》,知道责任的社会基础,体会承担责任的意义,懂得有时候承担责任需要付出代价,知道不承担责任的后果,努力做一个负责任的公民。
六年级第六单元《青春的脚步,青春的气息》,对学生进行青春期教育。	七年级第四单元《让爱驻我家》,体会父母为抚养自己付出的辛劳,孝敬父母和长辈。学会与父母平等沟通(正确认识父母对自己的关爱和教育,以及可能产生的矛盾)。	八年级第一单元《我们依法享有人身权、财产权、消费者权》,知道法律保护公民的财产,未成年人的财产继承权和智力成果权不受侵犯,学会运用法律保护自己的经济权利。 知道法律保护消费者的合法权益,学会运用法律维护自己作为消费者的权益。	九年级全一册,认清国情,爱我中华。 学习第一单元,知道中国特色社会主义理论体系,了解我国现阶段基本经济制度和根本政治制度,知道我国各民族人民的共同理想。

续表

心理健康	道德品质	法律意识	公民意识
七年级第四单元《让爱驻我家》，知道青春期闭锁心理现象及危害。克服“逆反”心理。	七年级第五单元《学会交往天地宽》，知道礼貌是文明交往的前提，掌握基本的交往礼仪与技能，理解文明交往的个人意义和社会价值。	鲁教版思想品德八年级第五单元《生活在依法治国的国家》，知道中华人民共和国宪法是我国的根本大法，依法治国基本方略的实施有赖于每个公民的参与，是全体公民的共同责任。了解建立、健全监督和制约机制是法律有效实施和司法公正的保障，增强公民意识，学会行使自己享有的知情权、参与权、表达权、监督权。	九年级第二单元《关注国家的发展》，了解我国的基本国策和战略，弘扬和培育民族精神。
七年级第五单元《学会交往天地宽》，知道每个人在人格和法律地位上都是平等的，做到平等待人，不凌弱欺生，不以家境、身体、智能、性别等方面的差异而自傲或自卑，不歧视他人，富有正义感。学会换位思考，学会理解与宽容，尊重、帮助他人，与人为善。	七年级第六单元，知道礼貌是文明交往的前提，掌握基本的交往礼仪与技能，理解文明交往的个人意义和社会价值。理解竞争与合作的关系，能正确对待社会生活中的合作与竞争，敢于竞争，善于合作（养成团结合作、乐于助人的品质）。	八年级第三单元《与大自然和谐相处》，知道我国环境保护的基本法律，增强环境保护意识，自觉履行保护环境的义务。	九年级第三单元《我们的未来不是梦》，了解当今世界发展趋势，知道我国在世界格局中的地位、作用和面临的机遇与挑战，增强忧患意识。 认识树立全球观念的重要性，增强为世界和平与发展做贡献的意识。

续表

心理健康	道德品质	法律意识	公民意识
八年级第二单元《热爱集体、融入社会》，正确认识好奇心和从众心理，发展独立思考和自我控制能力。	八年级第二单元《热爱集体、融入社会》，正确认识个人与集体的关系，主动参与班级和学校活动并发挥积极作用，有团队意识和集体荣誉感，感受学校生活的幸福，体会团结的力量。		
九年级第三单元，了解不同劳动和职业的特点及其独特价值，做好升学和职业选择的心理准备。			

三、学科核心概念框架图

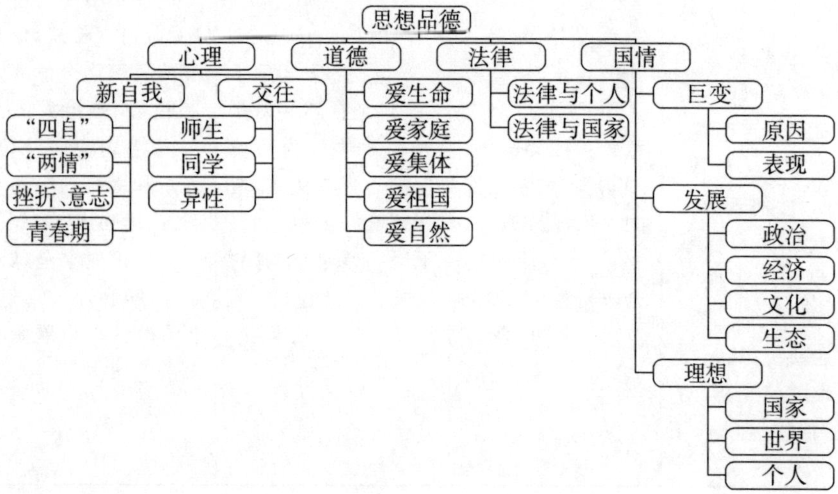

四、学科认知结构化策略

众所周知，若要熟练掌握和深刻理解学科知识，需要建构相应的知识体系，在建构学科体系时要遵循一定的学科规律，坚持科学的方法和原则。我们思品课教师努力从宏观、中观、微观三种角度，通过抓主线、分块面、扣核心等几种方法构建学科体系，使学生对知识的记忆、理解和运用达到一个更高层次，也可对学生学科能力的形成产生较大的影响。

（一）初中思品课宏观脉络建构的策略

宏观建构知识体系的方法就是指立足于学科课程标准、把握各个年级教材特点，从整体上把握学科思想体系，建构初中阶段思品课教材的结构体系，帮助学生形成学科思想，从而产生全新的整体性的认识。主要包括以下几个方面：

1. 宏观领悟，明确学科性质、学科思想

通过研究讨论我们明确了思想品德的学科性质是一门以初中学生生活为基础、以引导和促进初中学生思想品德发展为根本目的的综合型课程。本课程的特征主要有：思想性、人文性、实践性、综合性。

其学科思想界定为：促进初中学生道德品质、健康心理、法律意识和公民意识的进一步发展，形成乐观向上的生活态度，逐步树立正确的世界观、人生观、价值观。其核心思想是道德品质、健康心理、法律意识和公民意识。

2. 扣核心——纲举目张；分块面—建构体系

相关概念之间的关系是教材中最基本的内在联系，正确认识概念之间的关系是培养学生逻辑思维能力、进行判断推理的内在要求。整个教材的知识体系就是由这些概念的内在联系构成的。在这一系列相关概念中，应注意抓住核心概念，从中引出一系列的知识连接点。我们抓住了心理、道德、法律、公民四个核心概念，分成四个板块，做到纵横延伸和辐射。

当然，利用核心概念发散形成知识图表时，最好的办法就是“刨根问底”法，即根据某个核心概念，不断深入地提出问题，形成问题群、问题链，在反复、深入地思考中提高自己的思维品质和思维能力。

（二）中观线索建构策略

中观建构知识体系的方法是指以概念群、原理群为基础，在更高层面上寻找知识板块间的脉络线索，实现知识系统内部的优化，建立该板块与其他知识板块外在的联系，即通常所说的内优外联、纵向提升、横向拓展。主要包括以下方法：

1. 抓标题——编织网络

初中思品学科教材在编写体例上的一个特点是，每一单元一个主题，每课都有三级标题：课题、节题、目题。这些不同级别、层次的标题本身就体现了教材知识的逻辑关系。如果说单元是一个集合体的话，那么课、节、目就是这个集合体中的子集。也就是说，单元包含了课，课包含了节，节又包含了目。作为学生要在每一课教学开始前、结束后，及时进行预习和总结，绘制出本课知识体系图，直观揭示单元知识之间的内在联系，并且要弄清每一个知识点在整课中的地位，弄清这一知识点在哪一课、哪一目。俗话说要成为群体，须有"左邻右舍"。因而，我们要在知识网络中掌握某一个知识点，而不能孤立地理解它。

2. 重逻辑——一网打尽

对于一个重要知识点的把握，决不能仅仅局限于一个个相关知识要素的记忆，而应该找出这一知识点相关内容之间的内在逻辑联系，要求把各知识点按一定的内在联系串联起来，形成基本线索。弄清各知识点的前因后果、来龙去脉和知识点之间的逻辑结构，达到融会贯通、触类旁通。通常可以通过抓住"是什么""为什么""怎么样"三个环节，从总体上构建这一知识点的逻辑框架，这就是我们所说的"以问题为中心建构学科知识体系"。

(三) 微观落实策略

微观建构知识体系的方法就是依托概念群寻找知识之间的纵向与横向的联系，结成一个上下联通、左右衔接的知识网络。具体而言就是从某一概念出发，寻找这一概念上位的知识与下位的知识，建立起知识之间的纵向联系，或立足于某一概念，寻找与此概念相关的概念，建立起知识间的横向联系。主要包括以下几种方法：

1. 讲对应——由此及彼

思品教材知识体系从其构成要素看可以分为三大部分：一是概念，如法律、权利、义务等；二是意义或做法；三是材料，主要是在教材中用楷体字表现的一些事例、名人名言和漫画等。在这三大部分内容中，有的概念与概念之间、问题与概念之间、材料与道理之间等都存在着直接对应的关系。在学习中，要注意抓住这种对应关系，由此及彼地构建教材的知识体系。

2. 讲类比——触类旁通

思品学科有许多概念具有相同或相通之处，在学习时可以把这些相关概念的内涵和外延进行类比，往往会收到事半功倍、融会贯通的效果。

比如说政治制度和体制的比较、情趣和情绪的比较、公民和人民的比较等，通过比较，对概念的内涵和外延界定更为明确。

3. 列图表——简明扼要

列图表就是把相关或相对应的知识通过一定的图形表格反映出来，使知识间的区别和内在联系简明扼要地呈现于眼前，从而加深对知识的记忆和理解，完整、准确、系统地把握相关学科的知识体系。

总而言之，学生的能力只能通过对知识的理解和应用显现出来，因此，以"能力立意"的教学评价越来越占主要位置。我们在学习的过程中，对基础知识的掌握要做到准确、全面、灵活、系统，要突出主干知识，注意核心概念，做到"点成线，连成面，结成网"。要进行知识梳理，科学构建知识体系，形成条理清晰的"知识树"。夯实基础知识，构建自己的学科知识体系，不是靠"死记硬背"，而是在理解的基础上掌握、运用并践行，达到思品学科的教学要求。

（四）实践中注意的问题

1. 构建最宏观的体系一般根据实际情况由教师来完成，而中观建构、微观建构一般由学生自己完成，教师只作评价，样式不做统一要求，提倡百花齐放、各显神通。

2. 因为每一个学生的原有知识基础是不同的，因此对现有知识的理解也会是不尽相同，故建构的知识体系也应该是不同的，只要不出现学科错误，任何形式的联系都是有意义的，这也是和谐教学思想的魅力所在。

3. 教师则要从知识的传授者转为学习的激发者、组织者和引导者，善于留白，给学生留有充分的思维空间，鼓励学生大胆质疑和创造性思维。

附：《我们依法享有人身权、财产权、消费者权》中观教学实录

（一）单元课标分析

1. 了解宪法对公民基本权利和义务的规定，懂得正确行使权利、自觉履行义务。

2. 知道公民的人身权利受法律保护，任何非法侵害他人人身权利的行为都要承担相应的法律责任。

3. 知道法律保护公民的财产，未成年人的财产继承权和智力成果不受侵犯，学会运用法律保护自己的经济权利。

4. 知道法律保护消费者的合法权益，学会运用法律维护自己作为消费者的权益。

（二）单元教材分析

这一单元课题既体现了方法要求，又体现了目标要求。第一，这是贯彻党的依法治国方略、建设社会主义法治国家的需要；第二，这是预防和减少青少年违法犯罪、促进他们健康成长的需要；第三，这是《课程标准》规定的目标要求和内容要求，对本单元学习起指导作用。

（三）中观学情分析

八年级学生对法律知识知之甚少，又是容易冲动的时期，需要从基础知识入手帮助学生实现对法律知识的认知，激发学生学法积极性，做自觉守法护法的合格公民。经过前面中观课学习，学生初步具备了构建知识体系的能力。

（四）中观教学目标

情感、态度与价值观：尊重法律，尊重权利，增强权利义务观念，依法正确行使权利，认真履行公民义务，依法维护自己的合法权益。

能力：提高学生构建知识体系的能力；提高依法行使权利、自觉履行义务的能力；增强自我保护意识，提高自我保护能力；培养初步运用法律知识维护自己和他人的人身权利、合法权益的能力；培养学生先见森林再见树木的整体观、系统观。

知识：能找出本单元的核心概念；能构建本单元的知识线索。

知道法律的含义及本质；知道公民的生命健康权是公民最根本的人身权，法律保护公民的生命健康权不受侵害，未成年人生命健康权受法律的特殊保护；知道我国公民合法的私有财产受法律保护，财产继承权、智力成果权、消费者的合法权益、未成年人的财产继承权、智力成果权受法律保护。

知道权利和义务的关系，知道公民要依法行使权利，自觉履行义务；了解法律保护公民的人格尊严不受侵犯，懂得法律保护公民的个人隐私，任何组织和个人不得披露未成年人的个人隐私；了解有关的法律规定和维护合法权益的方法。

（五）单元中观线索

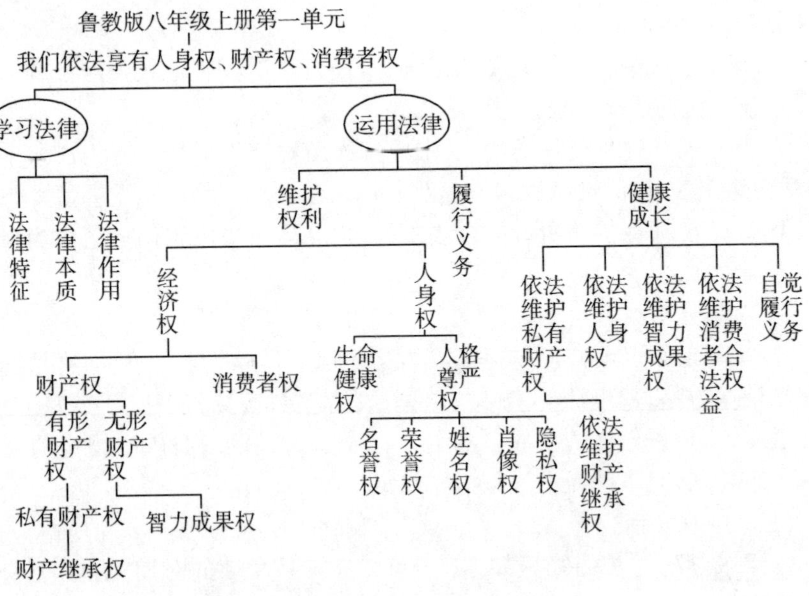

（六）单元课时规划表

我们依法享有人身权、财产权、消费者权

<table>
<tr><th colspan="3">传统</th><th colspan="3">中观</th></tr>
<tr><th>传统单元</th><th>传统目题</th><th>传统课时</th><th>中观知识框架</th><th></th><th>总课时</th></tr>
<tr><td rowspan="2">第一课
法律保护我们的权利</td><td>法律规定公民的权利和义务</td><td>1</td><td>构建法律知识中观体系</td><td></td><td>1</td></tr>
<tr><td>法律在公民生活中的作用</td><td>1</td><td>学习法律</td><td>法律的特征、本质作用</td><td>1</td></tr>
<tr><td rowspan="2">第二课
伴我们一生的权利</td><td>法律保护我们的生命健康权</td><td>1</td><td rowspan="2">运用法律</td><td>维护权利（人身权等）</td><td>1</td></tr>
<tr><td>法律保护我们的人格尊严</td><td>1</td><td>经济权</td><td>1</td></tr>
<tr><td rowspan="3">第三课
依法享有财产权、消费者权</td><td>财产属于谁、留给谁</td><td>1</td><td>健康成长</td><td>依法维护权利</td><td>1</td></tr>
<tr><td>法律保护我们的无形财产</td><td>1</td><td>阅读感悟</td><td>拓展视野</td><td>3</td></tr>
<tr><td>做个聪明的消费者</td><td>1</td><td>走进生活</td><td>实践活动</td><td>2</td></tr>
<tr><td>阅读感悟、实践活动</td><td></td><td>5</td><td>校本课程</td><td>教研室编写</td><td>2</td></tr>
<tr><td>总课时数</td><td></td><td>7+5</td><td>总课时数</td><td></td><td>5+7</td></tr>
</table>

（七）教学过程实录

教师准备

1. 本单元中观线索思维导图，导入播放的视频，学生学习评价反馈问卷表。

2. 投影仪等多媒体设施并保证其运行状态良好。

学生准备

构建思维导图的作业本、教材、笔。

课堂实录

师:请同学们观看视频:周克杰8年3地杀人案回放。

看完短片后请思考:

1.周克杰的行为是一种什么行为?

2.他最后的结局说明了什么?

生:周克杰的行为是违法犯罪行为,他的结局说明,只要违法犯罪都会受到法律的严惩。

师:非常好,周克杰的行为是属于哪种违法犯罪行为?侵犯了公民的什么权利?法律都保护公民什么权利?

生:……

师:本学期第一单元就是帮助同学们解决有关法律问题的。

【评析】创设情境,激发思考。

师:本单元内容多,覆盖面广,帮助学生了解依法享有的人身权、财产权和作为消费者的权益,引导我们树立法律意识,增强权利义务观念,在生活中能够正确行使权利和履行义务,做一个守法的好公民。下面请同学们自主学习本单元内容,初步构建本单元的知识构架图,从总体上分析本单元的主要内容。

(学生自主学习)

【评析】学生自主学习,初步感知本单元知识脉络。培养学生自主构建中观知识体系的能力。

师:经过观察,同学们已自主构建了本单元的知识架构图,现在以小组为单位进行讨论,小组成员阐述自己的思路,整理出思路清晰、内容全面、重点突出的思维导图进行全班交流。

(学生小组讨论并整理,推选小组代表进行全班汇报展示)

【评析】在合作、交流中互相学习,在思维碰撞中增长智慧。培养学生小组合作学习的能力。

师:下面哪位同学上台展示一下你们组的思维导图?

生:同学们好,我代表我们一组展示第一单元的思维导图。我们采用树状图形构建思维导图。树干是我们依法享有人身权、财产权、消费者权,分别长出三根树枝,即法律保护我们的权利、伴我们一生的权利、依法享有财产权、消费者权。树枝里都渗透着是什么、为什么、怎样做。本单元就是帮助我们解决这一系列问题的。

师:感谢一组同学的精彩展示。还有哪个小组想上来展示一下?

生:老师好,同学们好,我代表我们三组同学上来展示我们的思维导图。我们是采用框架结构图来说明本单元的知识体系的。首先单元题目是我们的根目录,衍生出三个子目录,第一个子目录法律保护我们的权利下有两个课题。第一个课题是法律规定公民的权利和义务,包括四个目题:第一个目题是法律是特殊的行为规范;第二个目题是我国公民的权利和义务;第三个目题是我国公民的权利和义务是一致的；第四个目题是依法行使权利，自觉履行义务。第二个课题是法律在公民生活中的作用，包括法律规范人们行为、法律维护公民的合法权益两个目题。根目录下第二个子目录是伴我们一生的权利，又分出法律保护我们的生命健康权、法律保护我们的人格尊严两个课题。每个课题下又分别包含两个目题，即生命健康权是公民最根本的人身权、依法保护我们的生命健康权及我们的人格尊严不容侵犯、法律保护我们的个人隐私。第三个子目录是依法享有财产权、消费者权，由三个部分组成，分别是财产属于谁、留给谁；法律保护我们的无形财产；做个聪明的消费者。

【评析】教师准备好投影仪、电脑等多媒体设施。学生利用现代化信息技术汇报、展示自己构建的中观知识体系，学生之间互相学习，培养了学生自我展示的能力，增强了学生的自信心。

师：感谢两组同学给我们做了精彩展示，下面请同学们进行点评。

生 1：第一组，问题设计围绕是什么、为什么、怎样做，问题明确，思路清晰，突出了重难点。

生 2：第三组同学设计的内容全面，思路也很清晰，把第一单元的知识基本都容纳进去了，且脉络清晰、线索明了，使我们一看就知道本单元主要学习什么，效果很好。

生 3：第一组的不足是内容简洁了些；第二组的不足是问题设计没有呈现出来。

师：同学们的思维导图制作水平越来越高，形式多样且内容丰富，思路清晰，点评也很到位。下面老师把自己制作的本单元的知识架构图与同学们分享一下。老师是利用 NovaMind 思维导图软件制作的，希望同学们也学习利用这个软件。老师把本单元内容概括为学习法律、运用法律两部分，然后对知识再进行分类概括。学习法律主要内容是法律的基本特征、本质、作用等；运用法律主要从享有权利、履行义务、健康成长三个方面分析。

生：老师这样把知识做了整理，既思路明了，又让人感觉内容不那么繁琐了。

生：我们可以借鉴同学和老师的思维导图再完善自己的。

【评析】总结全班交流情况，教师出示自己构建的思维导图，师生共同学习。培养学生中观思想，学会学习；教师的指导、同学的点评开阔学生思路，在交流中不断完善自己的中观思维及学习方法，这将使学生终生受益。

师：最后对本课情况做一下总结反馈。

（教师出示问卷，反馈学生学习情况）

[1. 请你写出本单元的核心概念。（10 分）

2. 请你根据核心概念画出本单元的主要线索及知识结构。（20 分）

3. 针对本单元你的疑问和困惑是什么？（10 分）

4. 你打算或希望怎样解决此困惑？（10 分）]

师：请同学们先回答第 1、3 题。

生 1：核心概念为：法律、权利、义务、生命健康权、人格尊严、财产权、消费者权。

生 2：生命健康权、人格尊严有什么关系？无形财产具体包括哪些内容？

怎样做个聪明消费者等还不明确。

师：同学们归纳的核心概念不错，提的问题也很有价值，在以后的学习中只要大家认真学习、用心思考，我想这些问题都能迎刃而解。关于这份问卷的第2.4两题希望同学们课后认真完成，今天的课就到这里，感谢同学们的精彩表现，同学们再见！

生：（齐）老师再见！

【评析】师生整理、总结、反思自己的教学行为，以期提高、改进教学。

【评析】通过中观课堂教学，师生构建了单元知识框架，强化了知识间联系，改善了学生的思维方式，减轻了学生的课业负担；学生学有方向，积极性和主动性有了提高，真正落实了三维目标，变学会为会学，促进了学习方式的变革。

学生通过自主学习，初步感知了本单元知识脉络，培养了学生自主构建中观知识体系的能力。

在自主构建知识框架和探索知识间联系的基础上，注重发挥小组合作的作用，学生在合作、交流中互相学习，在思维碰撞中增长智慧，培养了学生合作学习的能力。

学生自我展示环节生动活泼，培养了学生自我展示的能力，增强了学生的自信心及学习的积极性。

学生展示完毕后，教师展示了自己制作的思维导图，教师的指导、同学的点评开阔了学生的思路，师生在交流中不断借鉴、完善中观思维及学习方法。

最后通过问卷调查，师生整理、总结、反思自己的教学行为，以期不断提高教学水平、改进教学方法。

五、中观课堂评价标准

初中思想品德中观课堂教学评价量表

一级指标	二级指标	定性与定量	得分
教学思想 (10分)	1. 促进学生思想品德发展。 2. 三维目标并重。 3. 注重行为引导，落实知行统一。	优≥9分 9>良≥8分 8>合格≥6分 6>不合格	
教学设计 (20分)	4. 准确领会教材意图，三维目标定位准确，中观线索清晰，突出学科特点。 5. 教学内容熟悉，重点、难点明确，并能创造性地整合利用多种课程资源。 6. 适合学生自主、合作、探究学习；内容安排合理、适度。	优≥18分 18>良≥16分 16>合格≥12分 12>不合格	

续表

一级指标	二级指标	定性与定量	得分
教学活动(40分)	7. 环节清楚、结构紧凑，中观思想体现充分。 8. 注重营造学习氛围，师生互动，关系融洽。 9. 注重过程体验和学法指导，积极引导学生思考、探索、交流、实践。 10. 与教学目标密切联系，重点突出，难点突破，过程清晰、自然，课堂活动形式灵活多样。 11. 合理使用现代教育技术和其他教具、学具使其为教学服务，实验操作规范熟练。使用普通话，效果良好。 12. 评价准确、及时，方式灵活多样，重在鼓励，方法得当。	优≥36分 36>良≥32分 32>合格≥24分 24>不合格	
教学效果(30分)	13. 课堂气氛活跃，学生表现出浓厚的学习兴趣。 14. 学生思维活跃，思路正确，表达清楚，有创造性。 15. 初步建构本单元的知识体系，整体思维能力得到培养提高，情操得到陶冶。 16. 各层次学生都有不同程度的发展，并在学习经历中掌握一定的学习方法。	优≥27分 27>良≥24分 24>合格≥18分 18>不合格	
总体评价			

备注：优：90——100分　　良：80——89分　　合格：60——79分

第八节　历史中观课堂实践研究

一、学科性质解读

初中历史课程是以普及历史常识为主，按照时序性研究社会盛衰分合演变规律的一门基础性人文学科，是义务教育阶段的必修课，对学生的全面发展和终身发展有着重要意义。历史是已经发生的客观存在的社会现象，这决定了初中历史课程与义务教育阶段其他课程相比具有客观性、时序性、过去性等特点。

二、学科思想介绍

（一）学科思想

通过历史课程的学习，引领学生掌握基本的、重要的历史知识和技能，逐步形成正确的历史意识，初步了解人类社会历史发展的基本过程，学会用历史唯物主义的观点全面客观地分析问题、解决问题；增强学生的爱国主义情感，继承和发扬中华民族的优秀文化传统，树立民族自尊心和自信心；初步形成正确的国际意识，理解和尊重其他国家和民族所创造的文明成果；学习和继承人类的传统美德，从人类社会历史发展的曲折历程中理解人生价值和意义，逐渐形成正确的世界观、人生观和价值观，从而达到以史为鉴、鉴史明智的目的。

（二）学科思想与典型知识对照表

学科思想	典型知识
关注民生，以民为本。	文景之治、贞观之治等治国理政的政策；家庭联产承包责任制等农村生产关系的调整。
改革与创新是促进历史发展进步的重要条件。	商鞅变法、罗斯福新政等古今中外的重要改革。
生产关系的调整一定要适应生产力的发展要求。	大跃进、人民公社化运动、新经济政策等生产关系调整的启示。
和平与发展是当今世界的主题；开放性、多元化的全球史观。	世界格局的演变。
民族统一是历史发展的必然趋势。	中国古代史民族关系、民族政策等内容。
科学技术是第一生产力。崇尚科学的意识和求真务实创新的科学态度。	近代以来三次科技革命对人类历史发展的重大影响。 古今中外科技发展成就。
思想解放推动社会发展。	戊戌变法、新文化运动、文艺复兴、启蒙运动等思想解放运动。

三、学科核心概念框架图

学科核心概念框架图

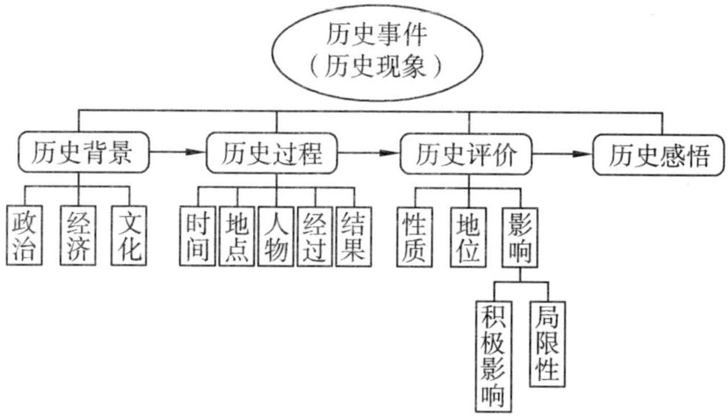

四、学科认知结构化策略

中观新授课的教学目的是在学生系统学习单元内容之前，辅助学生构建简单的单元中观线索并把握历史阶段特征。由于学生对即将学习的内容还不甚了解，不适合构建详细、复杂和有深度的知识框架，中观新授课主要任务应该是帮助学生把握单元核心知识框架，理清各个课时重点事件之间的内在联系，形成对本单元中观知识的初步认识，把握历史发展的基本脉络，从而让学生从一开始就能站在一定高度系统地学习本单元具体知识。

那么，在新授课中如何帮助学生构建中观线索呢？结合教学实践，我们总结出以下四点做法：

（一）充分做好课前预习

构建中观线索的重要前提就是学生充分的课前预习。历史教材每个单元都有大量的新鲜概念、事件要学习，如果学生对此一无所知，就会出现老师讲得滔滔不绝，学生却根本不知所云的现象。

所以，中观授课前必须要求学生对本单元各节内容做好充分的预习，做到精读、细读本单元的每一篇课文，能说出本单元都讲了哪些事情、有哪些主要人物，能简短地做出自己的评价，这样才能在课堂上更好地开展师生互动，一起完成课堂上中观线索的构建。

（二）把握从宏观到中观再到微观的原则

历史学科具有独特的时序性特点，课本基本是按照编年体的模式来编排，各单元内容前后之间有着密切的联系，所以我们在构建中观线索的时候，切不可人为地把单元间的知识割裂开来，一定要把握从宏观到中观最后到微观的原则，将单元中观知识放到整册书的大背景框架内学习，这样才能让学生更好地从宏观角度理解历史事件的因果缘由，理解人类历史发展的基本规律。

例如，在学习鲁教版八年级下册第七单元《战后世界格局的演变》这一单元时，首先要引导学生回顾归纳前面的相关内容，即第一单元学习了十月革命建立了世界上第一个社会主义国家，打破了资本主义一统天下的局面。建立之初，苏俄（联）就受到资本主义国家的仇视和抵制，两种制度水火不容。二战期间，因为有共同的敌人法西斯，两种不同制度的国家建立起暂时的合作关系。但是随着二战的结束，共同敌人的消失，两种制度之间再次出现分裂和对抗。再从第四、五两个单元看战后资本主义国家与社会主义国家不同的发展状况，即可推断出战后两大阵营对抗的最终结果必然是两败俱伤。随着世界经济格局多极化趋势的加强，政治格局也将朝着多极化方向发展。这样通过对前面几个单元内容的分析，自然而然地构建起了第七单元知识结构线索。

（三）利用单元题目和课时题目中的关键词

课本所有标题是对内容的精辟概括，充分利用好单元题目和课时题目中的关键词是学生理解和把握单元中观知识的一条重要捷径。

例如：鲁教版七下第一单元的题目是《新中国的成立和巩固》，学生一看题目就能明白本单元主要讲述两个方面的内容：一是新中国的成立；二是新政权的巩固。结合单元题目，教师可进一步追问学生，哪些框题内容与新中国的成立有关，哪些框题内容与新政权的巩固有关。经过这样的思考和互动，学生基本能理清本单元的中观线索，即：

- 新中国的成立和巩固
  - 新中国的成立
    - 政协会议
    - 开国大典
    - 解放西藏
  - 新政权的巩固
    - 抗美援朝
    - 土地改革

（四）教会学生自己动手构建知识结构图

一张线索清晰、内容简洁的知识结构图是对课本内容最精辟的概括，有利于帮助学生理清庞大繁杂的历史事件之间的关系，更好地理解和掌握事件发生的原委和影响，总结历史发展的规律进而反思历史，不过在授课过程中，有的教师往往自己首先做好知识结构图，上课时直接呈现给学生。这样的学习，学生只是被动地接受知识，而学生的归纳、概括、总结能力并没有得到提升。因此，作为教师，应该教给学生构建结构图的方法，即按照课本内容的时序性进行整合，体现事件之间的因果关系。知识结构图可详可略，按照需要进行构建即可。一般中观课上只要体现重大历史事件即可，复习课上则需要比较翔实地对内容进行系统的总结。构建知识结构图的能力绝非一蹴而就，教师一定要从第一堂历史课就开始让学生自己动手尝试构建知识结构图，千万不要越俎代庖。只有经过反反复复的练习，学生的能力才能得到不断的提升。

如“鲁教版六年级下册第三单元”，课前要求学生通读本单元内容，做好充分预习。授课时把明清两朝放到整个中国封建社会的时间轴中，从宏观的角度认识明清两朝的地位。接着引导学生从每个课题的关键词入手，把握明清的历史阶段特征，理解本单元主题的内在含义，如下图所示。

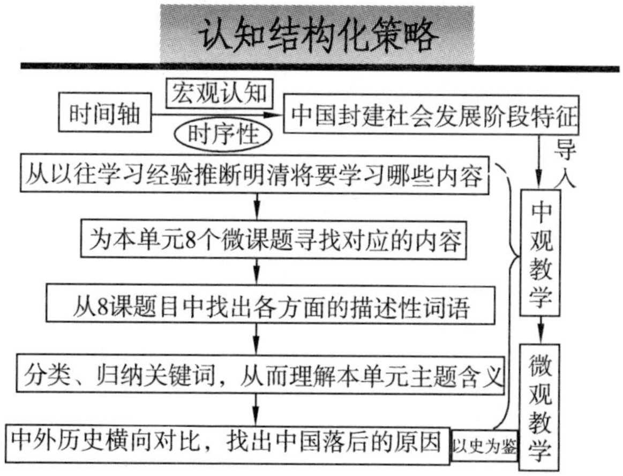

附：中观课堂教学实录

初中历史教材跨度较大，内容多而繁琐，每个单元的容量、难度也不一样，中观教学设计切不可千篇一律、生搬硬套，必须根据教学内容的具体情况有针对性地进行。内容少的就少讲，可以和一个完整微课时整合到一节课讲完，比如七年级下册第一单元《新中国的成立和巩固》；单元内容相对比较多的，可以以中观课教学为主，附加一小部分微课时教学；单元内容非常多的，可以设计成一课时的中观课；有的单元之间内容联系密切的，也可以两个单元合起来出示一堂中观课。综合各种情况，我们归纳出中观教学课型主要分为单元型、主题型和综合型三种。下面选取几个典型单元介绍我们在实践教学中是如何进行中观教学设计的。

一、单元中观课型

顾名思义,单元中观课型指的是以教材中一个单元的内容为基础,进行有效的知识整合、构建中观线索,以此实现中观授课的一种课型。初中历史课本的编写基本都是以时间或主题来划分单元的,单元线索非常明确,所以中观课一般只需在每个单元的第一课时进行。结合初中学生的已有知识水平和历史学科的特点,中观授课难度不宜太高,否则学生有时会听不懂,效果也不理想。中观教学一般不单独占用一节课时,而是采取中观线索构建与微观知识点落实相结合的模式,这是我们在教学中普遍采用的方法。

例:六年级下册第三单元《统一多民族国家的巩固和社会危机》,本单元共9课时,这是初中教材课时内容最多的一个单元。本单元先讲了明朝政治、明朝对外交往,然后是清朝的政治、对外交往、民族关系,接着又打破时序讲了明清的经济和文化,感觉有些混乱,所以我们对本单元内容进行适当的整合。具体设计如下:

课例:《统一多民族国家的巩固和社会危机》中观教学实录

(一) 单元课标分析

1. 了解明清两朝加强专制统治的主要措施。

2. 概述郑和下西洋的史实。

3. 讲述戚继光抗倭、郑成功收复台湾和雅克萨之战等史实,感受中国人民反抗侵略的英勇斗争精神。

4. 列举清朝设置驻藏大臣和平定大小和卓叛乱等史实,了解清朝加强对边疆地区管辖和维护国家统一的主要措施。

5. 简述"闭关锁国"的主要表现,分析其历史影响。

(二) 单元教材分析

本单元讲述的是明清两朝的历史,包括政权的更替、君权的加强、经济的发展、民族关系、对外关系和思想文化。明清是中国历史上最后两个封建王朝,也是中国封建社会由盛转衰的重要历史时期,本单元主要从两个方面讲述明清的历史,即统一多民族国家的进一步巩固和社会危机的出现。

(三) 中观学情分析

通过近一学年来初中历史的学习,学生积累了一定的历史学习经验,能够对历史的发展规律有个初步的了解和把握,但是本单元内容较多,出现了不少新的历史概念,学生学习起来有一定的难度。

(四) 中观教学目标

1. 知识与能力:知道明清政权更替的基本事实,理解明清历史的阶段特征。

2. 过程与方法：通过对八个微课时题目的解读与重组，理解本单元题目所概括的明清历史的阶段特征。

3. 情感态度与价值观：通过对中外历史的横向比较，激发学生探究中国明清落后的原因，以史为鉴，培养学生的爱国主义精神和历史责任感。

(五) 单元中观线索

明清历史概述

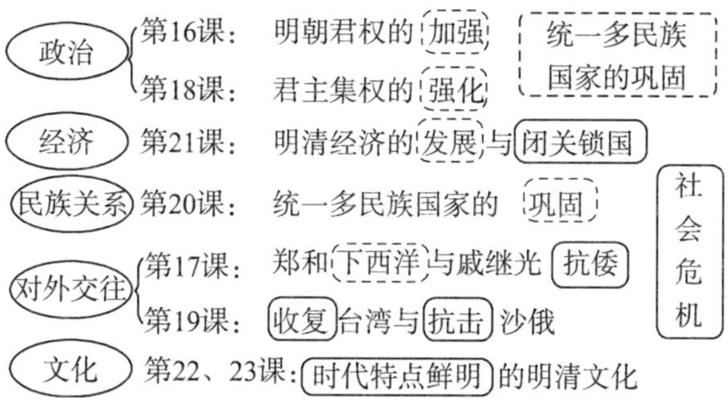

(六) 单元课时规划

根据每节课的主题、容量，本着虽增加中观授课但总课时数不能增加的原则，我们对本单元的授课内容进行了重新的整合，规划如下图所示：

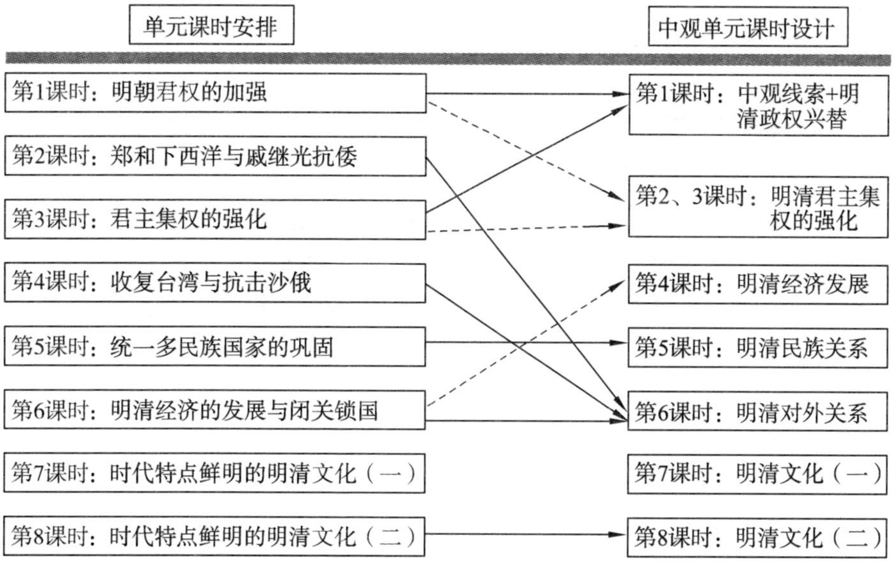

其中主要是对16、18课和17、19课内容做了调整。我们把16、18课的内容重新整合为两部分，分两课时来完成。第一课时主要帮助学生构建本单元的中观线索，理清明清时期历史发展的阶段性特征，学习明清两朝政权建立和政权更替的知识。第6课时则涵盖了17、19两课时中关于明清对外关系的所有内容，虽然课本用两课时来讲述明清的对外关系，但这两课时的内容并不是太多，合成一课学习，更有助于学生整体上把握明清对外关系从开放到闭关锁国、从平等友好的外交到抵抗外来侵略的转变，这样，整个单元的授课就更加系统，线索也更为清晰，如下：

明清政权的建立和更替→明清君权的加强→明清经济→明清民族关系→明清外交→明清文化。

(七) 教学过程实录

教学准备

学生通读本单元课文，了解本单元所学内容。

课堂实录

（播放一段自北京猿人到宋元时期历史发展的脉络及主要历史人物和事件视频，帮助学生回顾六年级以来所学过的主要内容，理清重大事件的历史顺序）

【评析】教师用自制的动画视频在短短3分钟内为学生再现了中国古代宋元之前的历史，吸引了学生的注意力，也是对已学知识的简单回顾。

师：刚刚我们用短短几分钟的时间穿越了中国数千年来的文明历程，一路走来，我们能够感受到中华文明的源远流长和博大精深。

师：从北京人到炎黄尧舜禹，这是中华文明的起源时期；禹建立夏朝，标志着中国出现了第一个奴隶制的国家政权；春秋战国则是社会大变革的时代；从秦朝中国进入到封建社会，一直到我们将要学习的明清两朝，这期间经历了五个重大的历史时期。下面老师给大家提供几个具有阶段特征的关键词，请你尝试为它们对号入座。

（教师课件出示阶段特征关键词）

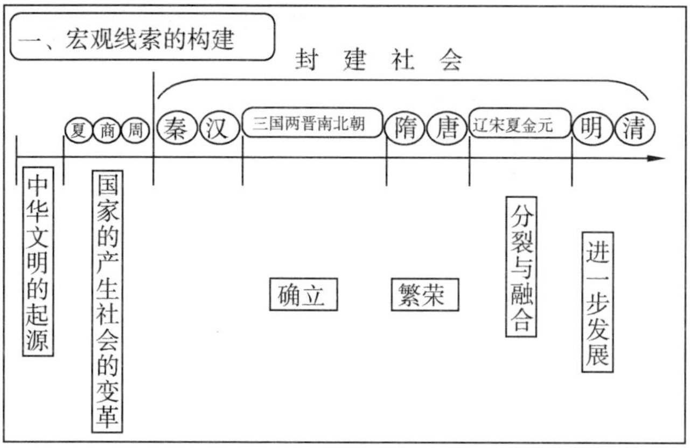

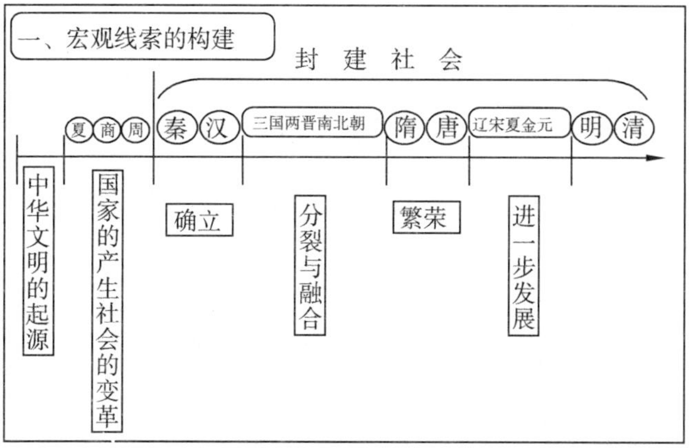

（学生思考）

生：秦汉时期是封建制度的确立时期；魏晋的主要时代特征是国家的分裂与民族的融合；隋唐是封建社会的繁荣期；辽宋时期封建制度进一步发展。

【评析】温故而知新，用时间轴的方式建立了古代史的宏观发展脉络，同时自然而然地过渡到了新课程的学习。

师：明清两朝的时代特征又该如何概括？从这节课开始我们将学习中国最后两个封建王朝——明清，根据以往的历史学习经验，大家来判断一下我们需要学习哪些内容？

生：政治、经济、民族关系、对外关系、思想文化。

师：同学们概括得比较准确。现在请打开课本的目录看看我们这一单元究竟要学习哪些内容，并且按照刚刚大家总结的五个方面给这一单元的 8 节课进行分类。

（学生阅读、思考、总结）

（教师课件出示目录并进行分类）

明清历史概述

- 政治
  - 第16课：明朝君权的加强
  - 第18课：君主集权的强化
- 经济
  - 第21课：明清经济的发展与闭关锁国
- 民族关系
  - 第20课：统一多民族国家的巩固
- 对外交往
  - 第17课：郑和下西洋与戚继光抗倭
  - 第19课：收复台湾与抗击沙俄
- 思想文化
  - 第22、23课：时代特点鲜明的明清文化

师：请同学们再仔细分析一下这8课的题目，找出课本上描述各方面特征的关键词。

（学生思考、总结）

【评析】通过找寻题目中的关键词提高了学生对课本目录重视的程度，用一种简单明了的方式构建了对本单元内容的基本认知。

（教师课件出示目录并依次标注关键词）

明清历史概述

- 政治
  - 第16课：明朝君权的加强
  - 第18课：君主集权的强化
- 经济
  - 第21课：明清经济的发展与闭关锁国
- 民族关系
  - 第20课：统一多民族国家的巩固
- 对外交往
  - 第17课：郑和下西洋与戚继光抗倭
  - 第19课：收复台湾与抗击沙俄
- 思想文化
  - 第22、23课：时代特点鲜明的明清文化

师：大家找得非常准确，现在老师对这些关键性的词语进行分类，请大家对比分析一下虚线方框和实线方框里面的词分别体现了怎样的发展趋势。

（学生思考、讨论、总结）

（师生共同总结）

生：虚线的内容体现了一种向上的发展趋势，说明这一时期多民族封建国家进一步巩固和加强、发展；实线的内容说明国家面临外来侵略，出现了社会危机。

【评析】通过对题目关键词的分析和归类，轻松地化解了对本单元题目的解读，掌握了明清历史的基本特征。

师：恭喜大家已经比较准确地概括出了明清时期的阶段特征，这也就是我们这一单元标题——《统一多民族国家的巩固和社会危机》。

（教师课件出示）

明清历史概述

政治：第16课：明朝君权的加强；第18课：君主集权的强化（统一多民族国家的巩固）

经济：第21课：明清经济的发展与闭关锁国

民族关系：第20课：统一多民族国家的巩固

对外交往：第17课：郑和下西洋与戚继光抗倭；第19课：收复台湾与抗击沙俄

思想文化：第22、23课：时代特点鲜明的明清文化

社会危机

师：从夏商时期到明朝中期以前的几千年，在政治、经济、文化等各方面中国都遥遥领先于世界，被称为世界“四大文明古国之一”，吸引着世界各国人民前来学习、经商、交流……但为什么从明朝中期以后中国却很快衰落了，短短几百年的时间里变成了被侵略掠夺的对象？在这几百年的时间里世界发生了什么变化？中国又发生了哪些变化？

（课件出示背景材料）

明清时期的西方世界	
政治	通过资产阶级革命和改革走上了民主、法治的道路。
经济	资本主义经济迅速发展，通过工业革命实现了机器生产代替手工劳动的转变。
思想	文艺复兴、启蒙运动解放了人的思想，自由、人权、平等、科学的进步观念深入人心。
对外	新航路开辟后兴起了大规模的殖民扩张，西方国家开始确立起对世界的统治。

师：在这四百年里中西方的地位为什么发生了大逆转，我们将在接下来的时间里学习这方面的知识，希望同学们在课下多渠道搜集信息，我们将在本单元学完之后进行一次大讨论，找出问题的根源，以史为鉴，避免历史的悲剧重演。

【评析】用明清前后中国国际地位的巨变这一问题激发了学生的学习兴趣，为后面内容的学习埋下了伏笔。

师：下面我们首先来了解明清两朝的政权兴替情况。

请同学们阅读课文90页第一自然段，92—93页两个自然段内容，说出A、B、C、D、E处应该填写的正确内容。

（教师课件出示下图）

明的兴与亡

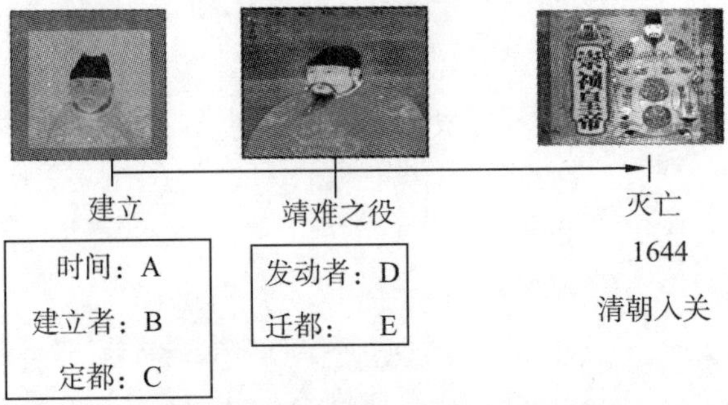

（学生阅读课本，总结发言，师生订正答案，课件依次出示）

明的兴与亡

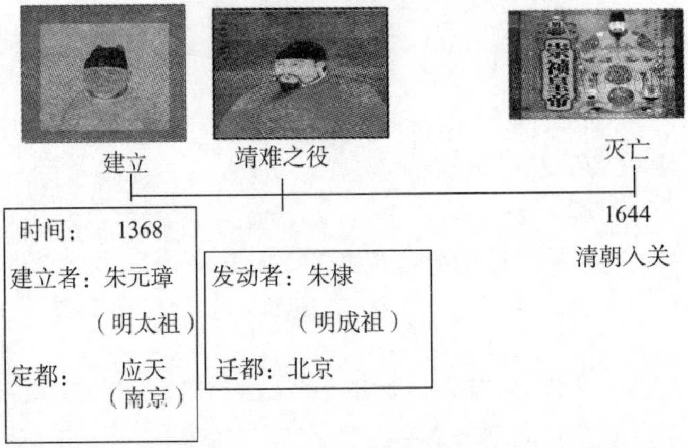

师：请阅读课文101—102页第一、二自然段内容，概括图中三位人物为清朝的建立所作的贡献。

（课件出示）

清的兴与亡

（学生阅读总结，教师课件出示答案）

清的兴与亡

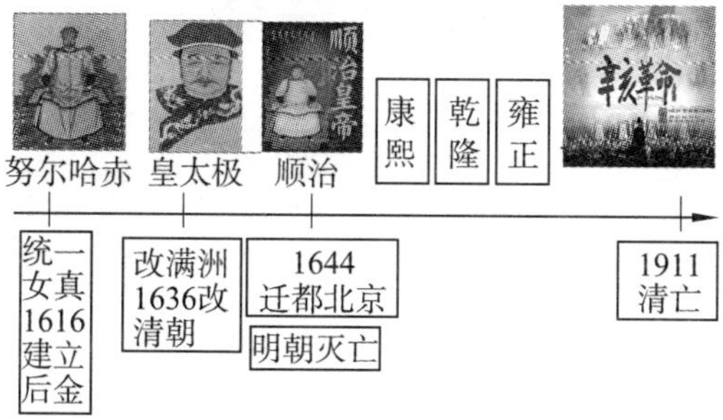

【评析】新授课的内容为课本内容整合后的明清政权建立和更替的史实，为接下来单元其他内容的学习奠定了基础。

师：通过本节课的学习，我们一起来总结一下明清两个封建王朝的政权更替的基本史实。请大家认真思考，以小组为单位画一个知识结构示意图。

（教师课件出示）

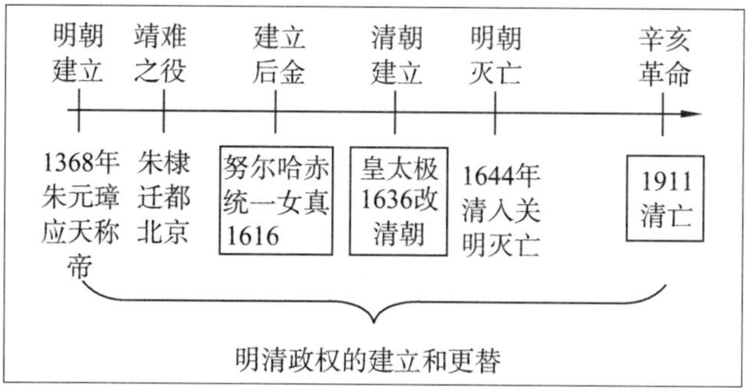

师：同学们总结得很好，接下来我们通过几个问题检测一下。

（教师课件出示检测题）

［(1) 识图话史

① 明朝的建立

1368年，________推翻元朝统治，在________（今南京）称帝，国号________。朱元璋就是________。此后近20年时间，扫平各种残余势力，完成了统一。

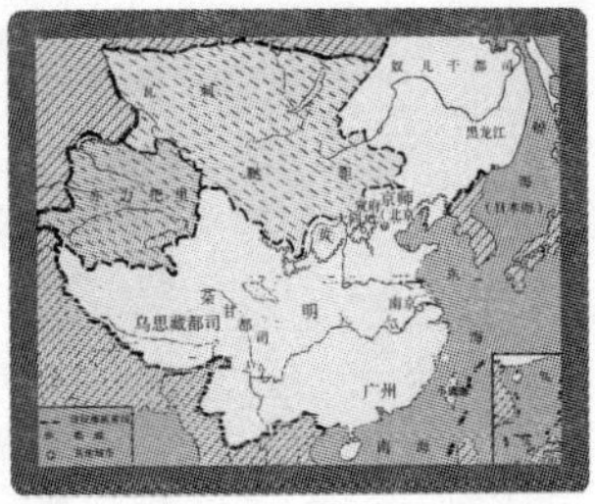

② 明成祖把都城从________迁至________。

③ 明朝后期，________统一东北女真各部，建立________政权。

④ ________改女真为________，1636 年改国号为清。

⑤ 1644 年清朝入关，迁都________，建立起对全国的统治。

(2) 巩固提升

① 如果你是明朝一地方官员，有事上京参见朱元璋皇帝，应去

A. 南京　　B. 北京　　C. 西安　　D. 洛阳

② 我们现在所看到的北京古城是在下列哪位皇帝时修建的

A. 朱元璋　　B. 朱棣　　C. 建文帝　　D. 崇祯帝

③ 清朝的第一位皇帝是

A. 努尔哈赤　B. 皇太极　　C. 福临　　D. 玄烨

④ 他是一位具有传奇色彩的大英雄：他以十三副铠甲起兵，出生入死，功勋卓著，也曾身陷囹圄；他多次遇刺却能逢凶化吉；他懂天文熟地理，谙韬略善用人；他戎马倥偬数十载，横扫白山墨水，统一女真各部，击溃大明王朝，成为威震北中国的一代铁血汗王！他是

A. 阿骨打　　B. 忽必烈　　C. 努尔哈赤　D. 皇太极]

(课件出示作业)

[必做：预习第 16 课、18 课中关于明清两朝加强君主集权的相关内容。

选做：尝试画出明清两朝加强君主集权措施的结构示意图。]

板书设计

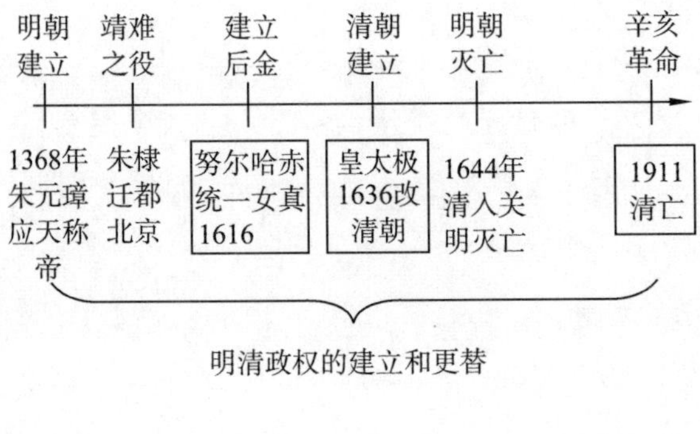

明清政权的建立和更替

【评析】本节课的主要目的在于帮助学生了解明清历史的阶段特征，构建明清历史阶段的知识体系，建立起各课时之间的联系；采用突破关键词的方式，步步为营，逐个击破，微课时的授课有取有舍，对课本内容进行了重新整合，重点突出，脉络清晰。

二、主题中观课型

在历史教学中，有的单元时间跨度很大，或者一个单元涉及多个主题。如果将单元知识整合在一个中观课里，学生掌握起来难度较大，也不容易落实。这样的单元我们通常会按照不同的主题分成多个小中观课去分别落实。

例如六年级上册第二单元《国家的产生和社会的变革》，这一单元共安排六课时，讲述的是我国历史上夏商周三代的历史，其中周又分成了西周和东周（春秋、战国）。从本单元标题中我们可以看出这一单元主要包含两个方面的问题：一是国家的产生，讲述的是夏、商、西周的政权交替（包括 5、6 两课）；二是社会的变革，讲述的是春秋战国这一社会大变革、大动荡时期的历史（包括 7、8 两课）；9、10 两课讲的是整个这一阶段中华文化蓬勃兴起的史实。本单元知识结构如下：

第二单元　国家的产生和社会的变革

第 5 课　夏、商、西周的兴亡

第 6 课　灿烂的青铜文明

第 7 课　春秋战国的纷争

第 8 课　大变革的时代

第 9 课　中华文化的勃兴(一)

第 10 课　中华文化的勃兴(二)

单元拓展(二)

本单元涉及的历史时间长、范围广，但是教材内容却又编写得非常简单，这对于知识储备有限的六年级学生来说理解起来非常困难，单凭简略的课本知识甚至会让学生产生一些误区：由禅让到世袭，由公天下到家天下，由原始社会的平等到阶级社会的剥削，学生很可能会单纯地理解为这是一种社会的倒退。由此我们认为本单元中观课的授课难点就在于“国家”和“变革”这两个关键词的突破上。对此，我们分别采取补充概念性的材料和出示历史演变示意图的方法进行突破。

本单元中观课设计的第一个重难点应该是让学生理解什么是国家，国家是怎样产生的，国家的产生对社会的发展有什么进步意义。只有理解了这些问题，学生才能将一、二单元的知识连接起来。在这一问题的突破上，我们补充了以下内容：

1. “国家”的概念——广义上指拥有共同的语言、文化、种族、领土、政府的社会群体。

2. “国家”出现的背景——由于社会生产力的发展，私有财产和贫富分化出现了，家庭私有制的出现和奴隶阶级的形成是国家产生的前提，是经济上占统治地位的阶级“获得了镇压和剥削被压迫阶级的新手段”。

3. 国家的职能——① 保护国家免受其他国家侵犯。② 保护国内每个人免受他人的侵犯和压迫。③ 举办个人或少数人不能举办的事（比如修建大型水利工程、宫殿、组织生产等）。

当学生看到这一概念的时候，教师应引导学生回顾第一单元学过的内容并结合现实生活帮助学生理解什么是国家。

通过阅读分析以上内容，学生能够自己说出对课本 P27“动脑筋”的正确理解了。

本单元中观设计的第二个重难点是帮助学生理解“春秋战国社会大变革”问题。大变革是什么意思？为什么会出现社会的大变革？有哪些方面发生了大的变革？这里我们设计了这样一个社会变革的示意图，帮助学生理解。

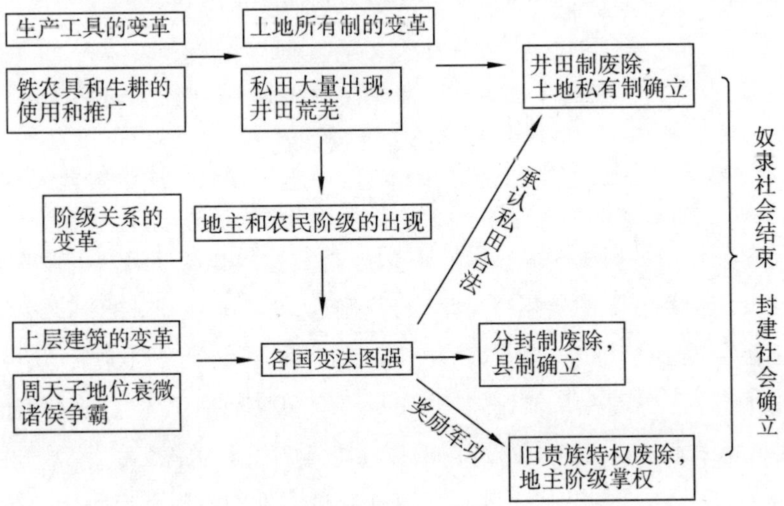

春秋战国大变革的时代

在课时设计上可以根据自己的需要灵活地把中观教学分成两部分进行，思路如下：

第一课时：中观教学《国家的产生》＋第 5 课《夏商西周的兴亡》。

第二课时：第 6 课《灿烂的青铜文明》。

第三课时：中观教学《社会的变革》＋第 7 课《春秋战国的纷争》。

第四课时：第 8 课《大变革的时代》。

第五课时：第 9 课《中华文化的勃兴(一)》。

第六课时：第 10 课《中华文化的勃兴(二)》。

课例：《春秋战国的纷争》中观教学实录

(一) 单元课标分析

1. 简述夏朝建立的基本史实，理解禅让制到王位世袭制的演变是历史的进步。

2. 了解夏、商、西周三代更替的时间、原因等基本史实。

3. 能说出西周分封制的主要内容，包括分封的目的、方式、主要封地及其影响。

4. 知道春秋争霸和战国七雄的史实。

5. 知道商鞅变法的主要史实，认识战国时期的社会变革。

(二) 单元教材分析

本单元主要内容为国家的产生和社会变革，主要抓住两个环节：一是国家起源；二是国家发展到一定阶段产生的社会变革。公元前 21 世纪(公元前 2070 年)，王位世袭制的实行及国家机构的设置标志着中国最早的国家—夏朝出现。夏商西周时期，社会经济和文化方面取得巨大飞跃，创造了以青铜器、甲骨文和礼法制度为代表的灿烂的青铜文明。春秋战国时期开始进入铁器时代。新的锐利工具和生产技术推动了生产发展和社会变革，进而推动了社会的发展，地主剥削农民的新型封建生产关系开始确立。社会的变革促进了思想解放和学术的繁荣，人们思想大为解放，在思想领域形成学术繁荣、百家争鸣的局面。本单元是学生理解和学习中国古代史的第一步，也是重要的一步。

(三) 中观学情分析

六年级的学生认知和理解能力有限，但是思想活跃，乐于表现。本单元教学内容虽然纷繁复杂，历史事件众多，时间跨度大，但是历史现象之间联系密切。教师应从整体上把握，帮助学生构建中观线索，形成系统的历史知识结构，同时利用成语故事会、课本剧等形式激发学生的学习兴趣。

(四) 中观教学目标

1. 知识能力目标：通过本课的学习，使学生掌握东周分为春秋和战国两个时期；春秋时期著名的霸主齐桓公、晋文公、楚庄王；晋楚争霸与城濮大战，了解南方的吴越争霸；掌握战国的形成过程、名称、方位及长平之战的影响。

2. 过程与方法：通过比较春秋争霸战争和战国兼并战争所体现的不同时代特征，培养学生在比较中认识历史的能力。

3. 情感态度与价值观：通过对齐桓公、晋文公和越王勾践建立霸业过程的学习，使学生认识到国兴靠治、人兴靠明，兴人是兴国的关键。

（五）单元中观线索

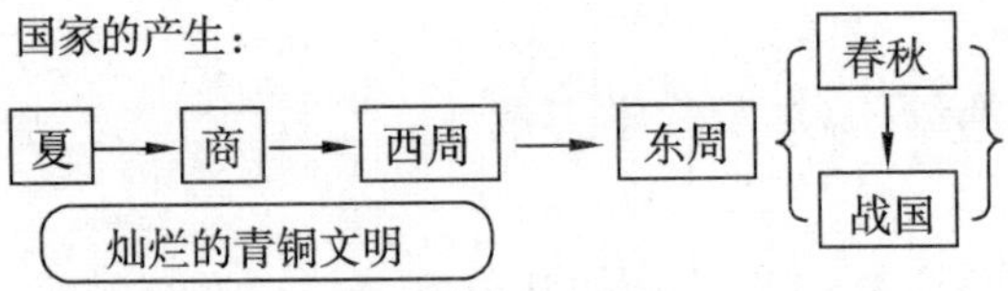

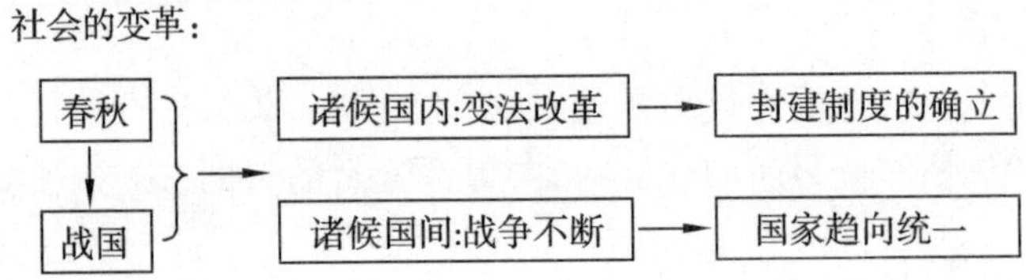

（六）单元课时规划

第一课时：中观教学《国家的产生》＋第 5 课《夏商西周的兴亡》。

第二课时：第 6 课《灿烂的青铜文明》。

第三课时：中观教学《社会的变革》＋第 7 课《春秋战国的纷争》。

第四课时：第 8 课《大变革的时代》。

第五课时：第 9 课《中华文化的勃兴(一)》。

第六课时：第 10 课《中华文化的勃兴(二)》。

（七）教学过程实录

（课件播放春秋战国诸侯争霸战争的视频）

师：请同学们认真观看视频，说一说从这段视频里你看到了什么又想到了什么？

（视频播放结束，学生畅所欲言）

师：为什么在这一时期诸侯之间会爆发如此频繁的争霸战争？面对如此激烈而残酷的竞争，各国如何才能取得战争的胜利避免被兼并的命运呢？这将是我们在接下来的两节课中学习的内容。

【评析】用视频导入比较能吸引学生的注意力，也能在短短的三四分钟的时间里让学生对春秋战国的历史有了大致的了解。

师：西周灭亡后，周王室地位衰微，公元前 770 年，周平王东迁，史称东周，东周分为春秋、战国两个时期。这一时期诸侯国之间群雄争霸，政局动荡，各国为了能在争霸战争中取胜纷纷进行变法。这一时期，社会上出现了大变革、大动荡、大发展的局面。这一时期，无论是生产方式，还是阶级关系以及政治制度，都发生了翻天覆地的变化。请同学们阅读第8课第一个框题，说说这一时期生产方式发生了什么变化？

生：出现了铁农具和牛耕技术，使生产效率大大提高。

师：那么这种生产方式的变化对土地所有制和社会阶级关系产生了什么影响呢？请阅读课本45页第一段黑体字。

生：出现了大量的私有土地，出现了封建地主和农民这两个新的阶级。

师：政治上在春秋战国的争霸战争中，各国纷纷进行变法富国强兵，请同学们阅读第38页、45页、46页，说说这些变法对社会的发展产生了什么影响？

生：土地私有制确立、地主掌握了统治权。

师：县制确立取代了分封制，整个奴隶社会分崩离析，春秋战国时期是奴隶社会向封建社会转变的过渡时期。我们通过知识结构图系统地总结一下这一时期的社会变革情况。

（教师课件出示下图）

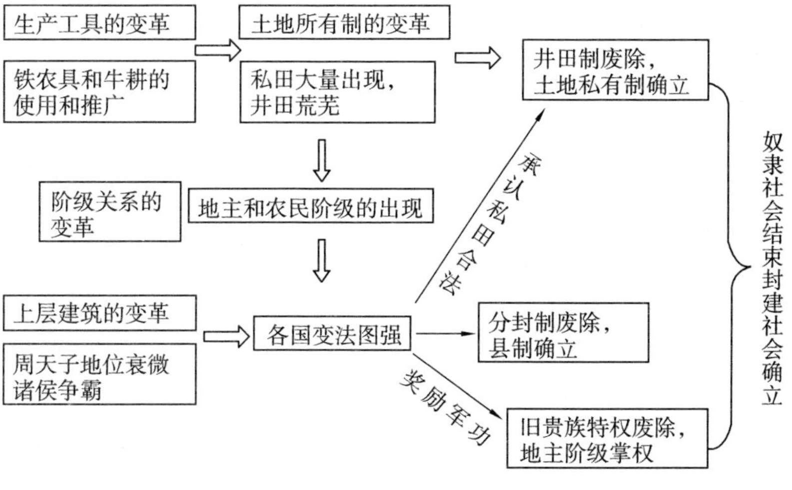

春秋战国大变革的时代

【评析】这一部分整合了课本7、8两课的内容，为了便于学生更好地掌握和理解，必须让学生做好课前预习，并制定相应的预习学案。

师：下面我们先来学习第7课，了解春秋战国时期诸侯纷争的史实。

（教师课件出示史料）

［“平王立，东迁于洛邑，避戎寇。平王之时，周室衰微，诸侯强并弱，齐、楚、秦、晋始大，政由方伯。”——《史记·周本纪》）］

师:请同学们认真阅读课本第一标题和这段材料,认真思考以下三个问题:

(教师课件出示)

[① 春秋时期为什么出现诸侯争霸的局面? ② 春秋时期出现了哪些主要霸主? ③ 分析齐国称霸中原的原因。]

生:① 春秋时期周王室地位衰微,群龙无首,各国不再听从周王的命令。② 春秋霸主有最早称霸的齐桓公,后来的有晋文公、楚庄王等。③ 齐国称霸的原因:齐国位于东方,盛产鱼盐;任用管仲为相,改革内政;以"尊王攘夷"为号召,扩充疆界。

(教师课件出示管仲与齐桓公的故事,请学生谈谈对齐桓公的看法)

生:齐桓公有容人之度,知人善任,不计较个人恩怨。

师:继齐桓公之后参与争霸的是晋国和楚国。晋、楚数次联合自己的盟国在中原地区进行对决,先后持续百余年,是春秋时代最壮观的景象。

师:请阅读课本说说晋文公称霸的原因。

生:晋文公信用功臣,改革内政,实行免债薄赋、救贫济弱、减轻关税、便利交通、促进商业、宽恤农业等发展生产的政策;坚持举用贤能、论功行赏的用人政策、扩充加强军队。

师:奠定晋文公成为霸主的战役是什么?

生:城濮大战。

师:为什么本处于劣势的晋军能取得胜利?

生:晋军采用了"退避三舍"的计策,指挥得当。

师:总结一下齐、晋称霸的共同原因是什么? 对我们今天有哪些启示?

生:春秋时期的霸业,是在以变求强的争霸过程中实现的。各大国为谋霸政而改革,因改革而富强,进而推动整个社会的进步。齐国和晋国都是通过改革迅速致强的,改革都涉及内政、生产、军事等方面。改革是社会进步的推动力,改革开放是强国之路。

师:春秋时期的两百多年间,诸侯们大战了四百多场。到春秋末期,诸侯国由初期的一百多个锐减到二十几个。到战国时期主要为七雄,这说明社会发展出现了什么趋势?

(教师课件出示春秋战国形势图)

生:国家趋向统一。

【评析】通过一连串的设问,让学生带着问题有目的地看书,这样更有利于对课本知识的理解。

师：春秋时期的争霸战争，给社会带来各种灾难，在争霸过程中，有些诸侯国被消灭，出现了一些疆域较大的国家。周王几乎被遗忘，“尊王”的时代已过去，大国对峙的局面形成，历史上的“战国时期”开始了。

（教师课件出示战国七雄示意图，让学生观察它们的地理位置，说出有什么特点）

师：“齐楚秦燕赵魏韩，东南西北到中间”。根据地图的变化情况，这七雄中，哪些国家变化最大？

生：晋国，因为“三家分晋”。

师：战国时期是一个人才辈出的时代，从我们淄博市淄川区梓童山的鬼谷洞里走出了著名的军事家孙膑和庞涓，请同学们结合你搜集到的历史知识为我们讲讲桂陵之战和马陵之战。

（学生展示课前搜集的相关资料）

师：请大家想一想，身处这样的环境中，一个国家怎样才能避免被消灭？

生：进行改革，发展自身的实力。

师：请你预测一下战国时期的兼并战争最后结果会怎样？

生：最后只剩一个强大的国家，实现了统一。

师：最后实现统一的是哪个国家，它完成统一的关键一步是什么？

生：秦国；长平之战。

师：长平之战中秦取胜的原因是什么？

生：秦国势力强大，战士作战勇猛。对手赵括纸上谈兵。

【评析】整个新授课的环节采取的是问题驱动学习法，通过层层设问，用问题带着学生学习这段历史、理解这段历史。

（课件出示历史歌谣）

[春秋诸侯齐首霸，尊王攘夷管助他。晋楚争霸在中原，此时旧制如碎瓦。战国七雄并立打，桂棱马棱留史话。长平战后秦无敌，秦扫六合统天下。]

【评析】诗歌通俗易懂，但是没有体现学生的学习力。

（学生完成课堂练习）

（课件出示课后作业）

[收集、整理春秋战国时期的成语故事，比一比谁收集得多，谁讲得精彩。]

板书设计

一、春秋争霸

1.争霸背景：王室衰微。

2.春秋五霸：齐桓公、晋文公、楚庄王、吴王阖闾、越王勾践。

3.齐桓公首成霸业原因：自然条件；政治条件；外交手段。

4.晋楚争霸：城濮之战。

二、战国七雄

1.战国七雄：齐楚秦燕韩赵魏。

2.桂陵、马陵之战。

3.长平之战——奠定秦统一六国的趋势。

【评析】本节课容量大，一方面要让学生把握整个春秋战国的发展脉络，理解"社会大变革"的含义；另一方面还要知道春秋战国时期主要诸侯国之间的争霸、兼并战争。虽然中观授课的内容对于初一新接触历史的学生来说有一定的难度，但由于学生在上课前进行了充分的预习，教师在上课过程中注意适当的取舍，学生理解起来就比较轻松了。这也为第8课的学习打下了较好的基础，使第8课的教学能进行得更加顺利。

三、综合中观课型

综合中观是指把联系非常密切的多个单元内容整合在一个中观课里讲授的中观课型，有利于学生对历史事件形成一个更全面的认识。

以七年级上册第二单元《近代化的探索》为例，谈一谈我们是如何设计这堂课的。鲁教版七年级上册讲述的是中国近代史的内容，其中19世纪中期到20世纪初的内容被分在了两个单元里进行学习，即第一单元《侵略与反抗》和第二单元《近代化的探索》。这就容易给学生造成一种潜在的错误认识，即先发生了一连串的侵略与反抗的史实后中国才开始了一系列近代化的救国探索。为了解决这一问题，老师们必须在第二单元复习的时候再去给学生重新构建一二单元时序性的知识框架，但这种亡羊补牢的做法有时不能解决学生先入为主的错觉，有些基础差的学生免不了会产生思维混乱。针对这种现象，我们不妨在第二单元新授课之前加上一节中观课的内容，轻松破解这一难题，这就是中观新授课的优势，也是我们探索新授中观课的必要性。

线索如下：

课本目录	中观线索
第 1 课　鸦片战争	
第 2 课　第二次鸦片战争期间列强侵华罪行	
	第 7 课　洋务运动
第 3 课　收复新疆	
第 4 课　甲午中日战争	
	第 8 课　戊戌变法
第 5 课　八国联军侵华战争	
	第 9 课　辛亥革命
	第 10 课　新文化运动

课例:《洋务运动》中观教学实录

(一) 单元课标分析

1. 知道洋务运动的背景,列举洋务派为"自强""求富"而创办的主要军事工业和民用工业,全面客观地评价洋务运动在中国近代化进程中的地位和作用。

2. 知道"公车上书"和康有为、梁启超的主要活动,知道"百日维新"的主要内容,认识戊戌变法对中国近代社会的影响。

3. 了解孙中山的主要革命活动,知道武昌起义,探讨辛亥革命的历史意义。

4. 列举陈独秀、胡适等新文化运动的主要代表人物,知道新文化运动的主要内容,了解新文化运动在中国近代思想解放运动中的地位和作用。

(二) 单元教材分析

本单元主要讲了近代中国各阶层的抗争与探索,共四课时。这一单元在整册教材中占有重要地位,是考试的重点内容。近代中国历史发展的第二条鲜明的主线是近代化,这一单元开始学习近代化起步方面的知识,有失败,有成功,有探索,有思考,留下了一长串历史的足迹。我们在学习中,要分阶段、分阶级、分阶层、分人物、分事件逐一审视,将各代表人物的基本主张、重大实践、影响意义、局限性等一一讲清,并从中得出一些规律性的认识、正确的历史结论与启示。历史与现实在本单元中有很好的结合点,所以在学习时我们要关注当今中国的改革开放事业及其伟大成就，体现历史对现实的借鉴功能。

（三）中观学情分析

七年级学生善于表达，比较喜欢参与、体验活动，思维主要以感性思维为主，同时，经过一年的学习，七年级的学生分析历史材料、概括归纳问题的能力也有所提高。鉴于此，本节课主要通过直观的地图、丰富的图片、恰当的史料等素材呈现鲜活的历史，从而引导学生体验历史、感悟历史，最后形成历史认识。

（四）中观教学目标

1. 知识与能力：构建第二单元知识框架，了解洋务运动的相关背景知识，说出洋务运动的主张和主要内容，理解洋务运动失败的原因，对洋务运动做出比较全面、客观的评价。

2. 过程与方法：完成预习学案，通过小组合作自行纠错，掌握洋务运动的基本史实。通过分析背景材料理解洋务运动失败的原因和在中国近代化进程中的地位、作用。

3. 情感态度与价值观：近代中国面临西方列强的侵略，中国人民始终坚持努力探索救国道路。理解向西方学习、探索近代化是顺应历史发展趋势做出的必然选择。

（五）单元中观线索

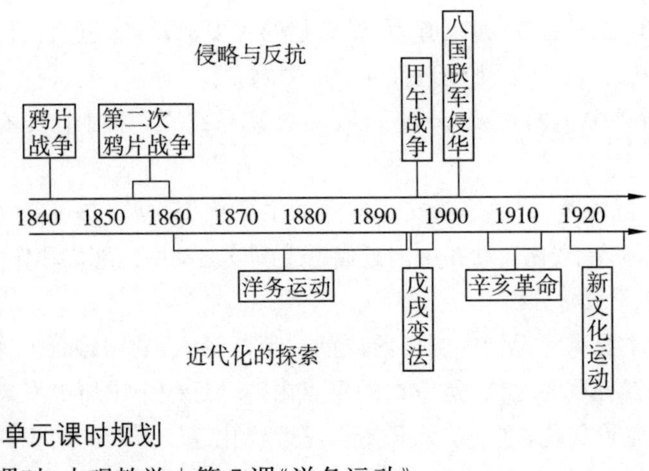

（六）单元课时规划

第1课时：中观教学＋第7课《洋务运动》。

第2课时：第8课《戊戌变法》。

第3课时：第9课《辛亥革命》。

第4课时：第10课《新文化运动》。

（七）教学过程实录

（课前播放《复兴之路》第1集截取的片段）

【评析】在上课之前播放这段视频吸引了学生的注意力，学生迅速地安静下来，有利于更好地组织教学。

师：中国近代史是一部融合了中国人民血泪的抗争史，谁来说一下中国近代史的开端是什么事件？为什么这一事件标志着中国近代史的开端？

生：鸦片战争是中国近代史的开端，因为它改变了中国的社会性质，中国从封建社会开始沦为半殖民地半封建社会。

师：回忆第一单元我们学过的内容，列强发动了哪些战争最终把中国拖入了半殖民地的深渊？

生：鸦片战争、第二次鸦片战争、甲午中日战争、八国联军侵华。

师：面对列强侵略，勇敢的中国人民从来没有放弃反抗，关天培、邓世昌以及太平天国、义和团……民族英雄们向侵略者展示着中国人民反抗外来侵略的决心，但我们必须认真思考为什么列强敢于一次次来犯，为什么每次最终的结果都是清政府屈辱地签订不平等条约？

生：因为清政府腐败无能，因为中国太落后。

师：所以说，落后就会挨打！那怎么才能不挨打呢？

生：让中国强大起来。

师：怎么才能强大起来？

生：向西方先进国家学习。

【评析】通过回顾已学知识导入新课，自然而然地过渡到了新单元的学习。

师：同学们说得很对，向西方先进国家学习、探索近代化是当时中国的唯一出路。睿智的中国人在这条道路上是如何艰难探索的，这是我们第二单元将要学习的内容。请同学们打开课本翻到目录，大声读一下第二单元的题目。

（学生齐读：近代化的探索）

师：什么是近代化，中国的近代化探索的主要任务是什么呢？请看大屏幕，自己默读作简单了解。

（教师课件出示，学生了解）

向西方学习，探索近代化

19世纪中期，近代化是世界性的进步潮流，它是指从传统农业社会向近代工业化社会的转变过程。

中国近代化
- 经济：机器生产
- 政治：反侵略——民族独立
  反封建——民主自由
- 思想：解放思想，宣传民主科学自由平等

师：请同学们阅读课本第二单元目录，说出中国近代化探索过程中进行了哪些实践？

生：洋务运动、戊戌变法、辛亥革命、新文化运动。

师：请同学们分别阅读课本 7—10 课的第一段和最后一段，找出这四次近代化探索的时间，在屏幕中的时间轴上找到它们的位置。

（学生阅读课本，完成时间轴）

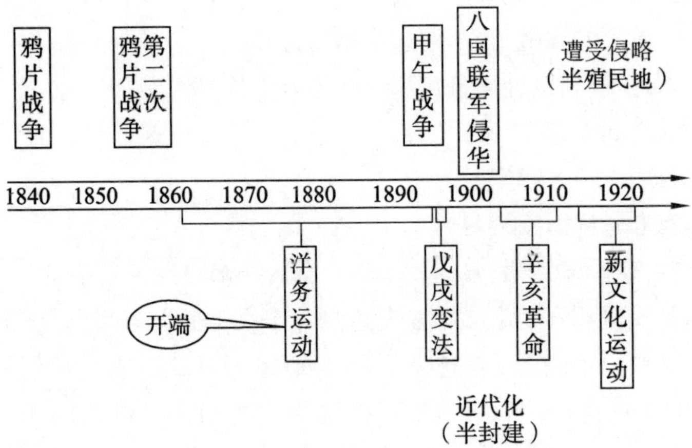

【评析】用明确的指令引导学生通过自学完成了一、二单元时间轴的构建。

师：近代化的探索主要集中在三个方面，通过预习请同学们告诉我洋务运动主要学习的是什么？

生：西方的技术。

师：洋务运动破产之后，先进的中国人试图通过变法和革命两种方式改变中国的社会制度，戊戌变法和辛亥革命解放了人们的思想，推动了中国社会发展的历程。最后，先进的知识分子意识到中国落后根源在于中国人思想的腐

朽没落，所以要解救中国必须先解放人们的思想，所以发起了新文化运动。如果说列强对华的侵略战争一步步把中国拖进了半殖民地的深渊，是中国历史的沉沦，那么一次次的近代化探索则打破了腐朽的封建体制，是中国历史的进步，而近代化的开端是哪一事件？

生：洋务运动。

师：顾名思义，什么叫洋务？

生：跟外国人有关的事情。

师：所以，洋务运动就是向外国学习的一场变革运动。请大家拿出我们的预习学案，以小组为单位，自行订正学案的内容，如有异议和解决不了的问题，过一会我们集体讨论。

（学生以小组为单位，相互交流，订正学案内容）

【评析】用学案导学的方式将预习放在了课前，课上学生小组合作互相纠错。学生能自己掌握的，老师不再进行不必要的讲解。这样既锻炼了学生的自学能力，也大大提高了课堂效率。

师：刚才大家讨论得非常热烈，学案第一部分内容基本没什么问题，大家的答案也都完全正确了。但老师还有一点疑问，“师夷长技”是什么意思？

（学生解释不太清楚，老师帮助理解）

师：师就是学习；夷是中国人对洋人的一种蔑视的称呼；长技，顾名思义就是先进的技术。这就表明，洋务运动学习的内容主要集中在哪一方面？

生：技术。

师：关于洋务运动的内容可以概括为四个方面，请同学们再认真地阅读一下课本，然后合上课本把洋务运动内容的知识结构图补充完整。

（学生自行学习记忆洋务运动的内容）

（生完成洋务运动的知识结构图）

（教师课件出示洋务运动的内容）

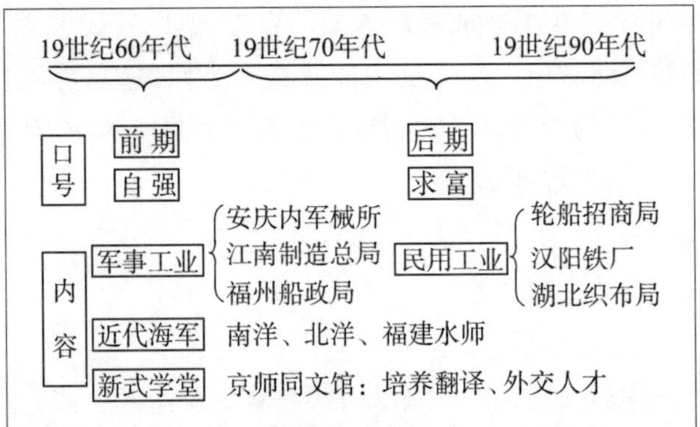

洋务运动的内容

师:洋务运动内容主要集中在哪些方面?

生:近代工业、军事、教育。

(教师课件出示洋务企业图片)

师:在洋务运动中,分别是谁创办了什么性质的企业?洋务企业的生产方式是什么?以前中国人自己有这样的生产技术和企业吗?由此分析洋务企业的创办有何积极作用?

生:李鸿章创办的军事企业和张之洞创办的民用工业,都是用机器生产的。中国以前没有这样的生产方式,洋务运动引进了西方先进的技术,中国才出现了第一批近代企业,这开启了中国的近代化之路。

师:近代化是世界性的进步潮流,洋务运动学习西方先进的技术,发展近代工业、培养新式人才,这些顺应了历史发展的潮流,但为何最终仍旧失败,无法挽回清朝走向灭亡的命运?中国的真正出路在哪里?请同学们阅读学案中的四组材料,以小组为单位讨论一下。

[材料一:官营企业不按经济规律办事而按长官意志办事

例汉阳铁厂兴办一事。

光绪初年,张之洞电告驻英公使定购炼铁厂机炉。英国人告知办厂前先要化验铁矿石、煤焦,确定铁、煤的质地可炼何种钢,才能配置何种机炉。

张之洞对此充耳不闻,"以中国之大,何所不有,岂必先觅煤、铁而后购机炉?"吩咐照英国所有机炉买一套回来就是了。

张之洞调任湖广总督,把铁厂改到湖北。购得大冶铁矿,于是开始建汉阳铁厂,但是长期找不到好煤,只好到德国购买焦炭,掺和土焦使用。费去6年时间,原来预计开支白银200万两,实际耗费560万两,还没炼出1吨合格的钢铁。

盛宣怀接手，找到萍乡煤矿，又招商股200万两，还是炼不出好钢，再次派人出洋考察，才发现订购的机炉不合适，只得再从日本人那里贷款，改装设备。

“靡去十余年光阴，耗费千余万之成本，方若夜行得烛，回首思之，真可笑也。”

材料二：留学生等进步知识分子

没有功名，就站不住脚。

容闳靠曾国藩授五品军功的虚衔，才得以出国采办机器。

主张改革、学习西方的严复，参加4次科举考试都名落孙山，在中国官场始终是一个失意者。

材料三：西学书籍很少有人问津

江南制造总局翻译的西方著作，30年只销售13000本。

在日本，福泽渝吉的关于西洋文化的畅销书《劝学论》出版后，很快卖掉25万册。

1895年前中国大多数士大夫知识分子仍生活在传统的精神世界中。

材料四：新式技术很难得到推广

1872年英国人在日本修建了第一条铁路，日本天皇亲自参加通车典礼，日本国民都脱掉鞋子登车参观。

1881年中国自主修建了第一条铁路唐胥铁路，清廷认为火车震动东陵先王神灵，禁止使用机车，以马牵引，竟然成了马车铁路。]

（学生分小组讨论：洋务运动失败的原因；中国要实现富强的真正出路在哪里）

（对以上问题学生畅所欲言，师生共同讨论得出结论：中国传统制度与文化对晚清自上而下的现代化进程造成了巨大的体制性障碍，所以中国要想真正冲破牢笼强大起来，就必须改变落后的封建制度。这也是洋务运动之后近代化探索想要解决的问题）

【评析】通过补充足够的文字背景材料，让学生体会并真正理解为什么洋务运动不能把中国带入富强之路，理解社会改革有待继续深入，避免了对课本知识的死记硬背。

师：这节课大家集中精力，学习效率很高，最后请同学们根据课件中的框架自己做一下总结，同时同位之间相互检查知识掌握的情况。

（教师课件出示下列框架）

［总结：洋务运动

1. 背景：

2. 目的：

3. 代表人物：

4. 时间：

5. 主张：

6. 口号：

7. 内容：

8. 结局：

9. 性质：

10. 评价：（局限性和进步作用）］

（学生自行总结，同位之间检查记忆）

【评析】将课本知识最终落实到了纸上。

（学生独立完成学案中的随堂练习）

［**材料一**　李鸿章曾说，我办了一辈子的事，练兵也，海军也，都是纸糊的老虎，不过勉强涂饰，虚有其表。"事"指的什么？目的是什么？李鸿章兴办了哪些代表性企业？为什么说是"纸糊的老虎"，中国富强的真正出路在哪？

材料二　梁启超曾这样评价李鸿章："吾敬李鸿章之才，吾惜李鸿章之识，吾悲李鸿章之遇。"通过这两个单元内容的学习，你觉得梁启超为什么这样说，你是如何评价李鸿章的？］

【评析】这节课容量很大，既要进行中观教学，构建一二单元之间的联系，又要完成《洋务运动》的新授课，学生通过提前完成预习学案，对单元知识有了初步了解，大大提高了课堂的效率。课上的主要任务是帮助学生构建知识框架、理清知识线索、答疑解惑、突破学习中的难点。中观教学必须把握好一个"度"：讲得深了、难了学生往往不容易理解，讲得太简单了效果则不理想，这将是今后教学中我们需要继续探索的问题。

五、中观课堂评价标准

淄博高新区实验中学历史学科中观课堂评价标准

授课人：	课题：		时间：
评价项目	评价要点		得分
教学目标（10分）	1. 符合课程标准、教材的要求，目标完整、具体、可操作。 2. 构建清晰、具有启发性的单元中观知识结构网络，培养学生综合思维能力。 3. 充分挖掘教材中教育因素，寓情感态度与价值观教育于历史教学之中，达到以史为鉴的目的。		
教学过程（45分）	1. 创造性地使用教材，对教材内容理解准确，重构巧妙，深入浅出。 2. 了解教材目录与内容分解重组后的对照表及课时安排。 3. 指导学生独立构建清晰的单元中观线索，具有引导性和启发性，有利于学生掌握构建历史线索的基本方法。 4. 关注学生“学的过程”和“学的效果”，注重主体参与的体验探究学习，“让学生经历一个学习活动过程，在活动中自然获得知识、提高能力和形成认识”，融合达成三维目标。 5. 能体现历史教学基本原则，主要是“整体认知”“从现象到本质”“体验探究”“发展历史思维”等原则。 6. 教学手段直观，运用多种教学媒体为学生创造良好的学习环境。		
学生学习过程（30分）	1. 积极参与，思维活跃，兴趣浓厚。 2. 师生之间、生生之间交互训练活动充分；合作学习有实效。 3. 学生有自主学习的时间，体现探究式的学习过程。 4. 学生能在具体的语境中运用所学知识，清晰流畅地表达自己的观点。		
教学效果（15分）	1. 能够合理构建中观知识线索，正确把握主题单元线索之间的内在联系。 2. 了解单元学习的课时规划，能根据预留问题明确后续的学习任务。 3. 时间分配合理，不同层次学生都能学有所得，在经历学习过程中体验到成功的愉悦。		
总分			

第九节　地理中观课堂实践研究

一、学科性质解读

义务教育地理课程是中学课程中唯一以人类赖以生存的地理环境、人类与地理环境关系以及人类可持续发展为基本内容的学科，它是一门兼有自然学科和社会学科性质的综合性基础课程。具有以下几个特征：

1. 区域性

义务教育地理课程内容以区域地理为主，展现各区域的自然与人文特点，阐明不同区域的地理概况、发展差异及区际联系。

2. 综合性

地理环境是地球表层各种自然和人文要素相互联系、相互作用而成的复杂系统。义务教育阶段地理课程初步揭示自然环境要素之间、自然环境与人类活动之间的复杂关系，从不同角度反映地理环境的综合性。

3. 思想性

地理课程突出当今社会面临的人口、资源、环境和发展问题，阐明科学的人口观、资源观、环境观和可持续发展的观念，富含热爱家乡、热爱祖国、关注全球以及可持续发展思想的教育内容。

4. 生活性

地理课程内容紧密联系生活实际，突出反映学生生活中经常遇到的地理现象和可能遇到的地理问题，有助于提升学生的生活质量和生存能力。

5. 实践性

地理课程含有丰富的实践内容，包括图表绘制、学具制作、实验、演示、野外观察、社会调查和乡土地理考察等，是一门实践性很强的课程。

其中区域性是基础，综合性是建构，思想性是统领，生活性是追求，实践性是途径。

二、学科思想介绍

(一) 学科思想

地理学科思想是什么，到现在没有统一的定论。基于对学科性质的理解，地理学科思想要从自然地理和人文地理两方面分析归纳。自然地理的核心是培养学生科学思维和探究能力，发展观察能力、总结能力、分析能力和逻辑思维能力，注重综合思维能力的培养；人文地理的核心是理解人地关系，培养学生的人地协调观。可以看出，地理学科既注重知识的积累、思想的融合，又注重理性的培养、能力的发展。我们把地理学科的精髓概括为 24 字：因图识地，以地析理，由理释地，知地知理，人地和谐。这里的“地”指具体的地理事物或现象；“理”指基本原理、规律等，也分别指感性知识和理性知识；“识”是从图像中认识、获得具体或个别的地理事物分布，从形象到抽象，“析”出分布的原因、规律等原理；然后再回到具体事物中去“释”、去印证，从抽象到具体，使认识加深、提高，达到知其然又知其所以然的目的；人地和谐是一种价值观念，在“知”地“知”理的过程中，培养学生从地理的视角思考问题，关注自然与社会，使学生逐步形成人地协调与可持续发展的观念。

知地知理——对应三维目标中的知识与技能。

因图识地、以地析理、由理释地——对应三维目标中的过程与方法。

人地和谐——对应三维目标中情感态度与价值观。

（二）学科思想与典型知识对照表

学科思想	典型知识
因图识地	经纬网、等高线地形图、大洲大洋的分布、五带的划分、地球运动、气温分布图、降水的分布、气候类型的分布、河流的分布、地形类型分布、农业区的分布、工业区的分布、城市人口的分布、交通线的分布、人种语言宗教的分布、四大区域的分布
以地析理	台湾山脉东西降水差异原因、我国西北地区植被景观的变化、青藏地区太阳能和地热能丰富的原因、民居特点、河流的水文特征、东西部和南北方农业的差异
由理释地	地形影响河流流向与流速、气温的分布规律、降水的分布规律、气候的分布规律、农业区的分布规律、工业区的分布规律、城市人口的分布规律、火山地震的分布规律、聚落的分布规律
知地知理	课本所涉及的内容
人地和谐	人类活动对空气质量的影响、气候与人类活动、人口问题、聚落与世界文化遗产、发展与合作、长江与黄河的治理与开发、自然灾害、自然资源、东北三省、黄土高原、北京、塔里木盆地、三江源

三、学科核心概念框架图

核心概念图作为学科骨架支撑起对学科的认识，把教学内容统整起来搭建学科知识结构、明确学科核心内容。对学生而言，能帮助学生掌握学科的基本知识结构，把握章节之间的关联，培养综合思维能力，实现知识之间的迁移，对学科核心素养的养成起到事半功倍的作用；对教师而言也可用于教学设计中对每节课进行教学定位，确定教学思路并搭建思维框架，帮助学生系统地学习地理核心知识，养成学科核心素养。地理教学的专业性体现在“位、布、区、关、图”上，也就是位置要紧—注重分布—突出区域—阐明关系—运用地图。突出区域：概括区域特征、体现区域差异、反映区域联系；阐明关系：阐明地理要素的关系、阐明人地关系。根据地理教学的专业性，确定了以下的核心概念图：

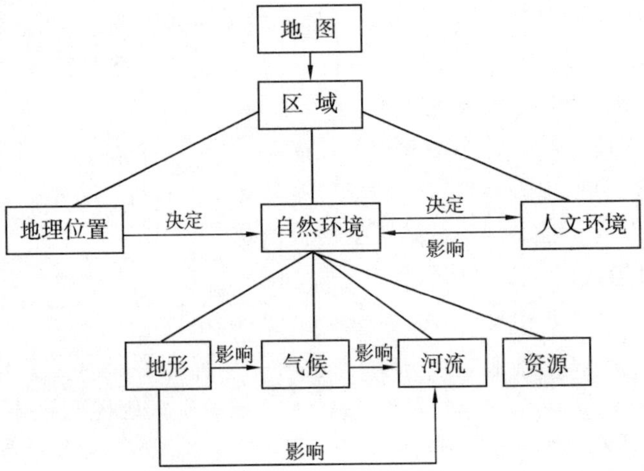

四、学科认知结构化策略

（一）区域要素分析策略

义务教育地理课程内容以区域地理为主，区域地理包括地理位置、自然环境和人文环境三部分，地理位置和自然环境是研究区域地理的基础。地理位置决定自然环境，自然环境影响人文环境，因此利用三者之间的关系图作为区域地理学习的中观线索，而且当学生有了一定的学习方法后，在学习一个新的区域时，通常也会采用同样的思路进行分析。以下是区域学习的中观线索：

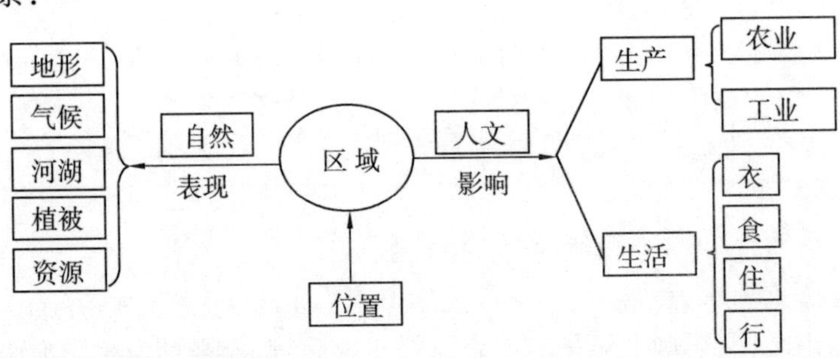

（二）标题解读策略

在义务教育地理课程中，很多章节的标题就是本节课的核心内容，可以根据核心内容进行思维延伸构建出中观线索。以“干旱的宝地——塔里木盆地”

为例，首先确定本节内容的核心关键词就是“干旱”“宝地”。“干旱”这条线索探究：为什么干旱？干旱环境下人们是如何生活的？“宝地”这条线索探究：为什么称为宝地？怎么开发利用？有什么意义？在开发利用中如何保护？构建的中观线索如下：

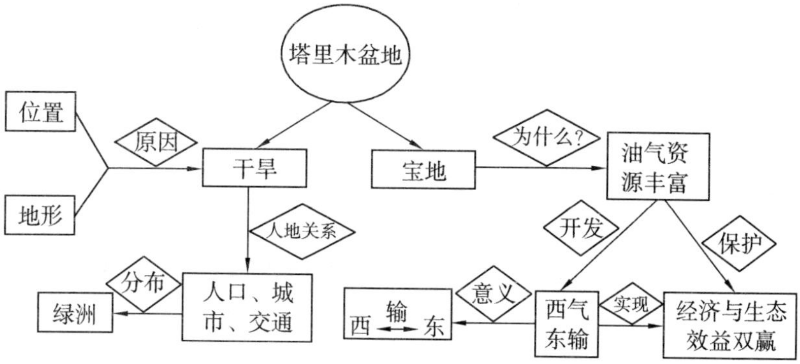

（三）特征驱动策略

义务教育地理课程内容以区域地理为主，特定区域的特征非常明显，且这个特征往往深刻地影响本区域的其他地理要素，因此以这个特征为核心构建出中观线索，以青藏地区为例加以说明。以其典型的自然特征——“高、寒”作为线索，一方面思考探究青藏地区为什么高，自然特征高和寒之间的相互关系是什么；另一方面探究高寒环境对青藏地区自然环境和人文景观的影响；对自然景观的影响，重点探究青藏地区的地形、气候、河流、植被、资源等；对人文景观的影响，重点探究高寒对生活、生产的影响。独特高寒环境下对生产的影响主要表现在农业生产方面，对生活的影响一般表现在衣食住行方面，体现地理中的人地和谐观。构建的中观线索如下：

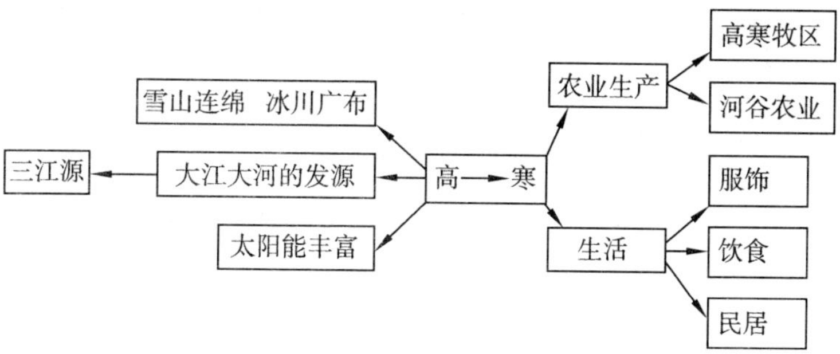

（四）因果分解策略

复习课中经常进行专题复习。以气候这一专题为例，首先出示气候类型分布图，分析得出气候类型特点，继而将问题引到影响气候分布的三大因素上，紧跟问题“给出气温曲线与降水量柱状图，并分析某种气候特征”，引出气候的两个组成要素气温和降水，而对于气温和降水我们要了解它们的变化特点和分布特点，这样就构建出了以下中观线索：

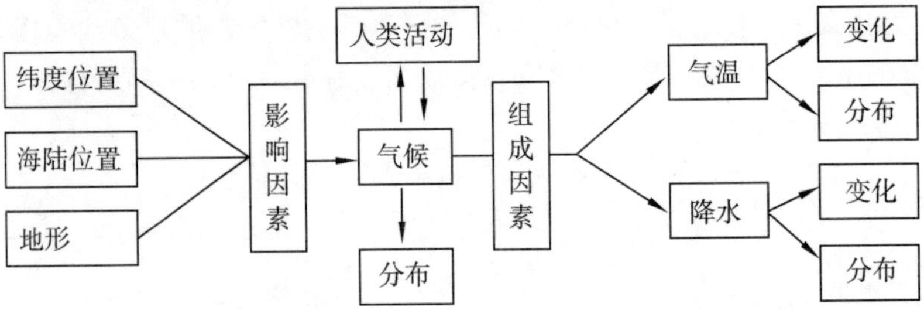

(五)“面线点”策略

如果把课本的每节内容看成一个面的话，那么这个面则是由无数条线组成的，而每条线则是由无数个点组成的。教师根据地理课程标准研读教材、整合教材，首先使学生认识区域的“面”，再分解成各条“线”，最后落实在“点”上，这在一定程度上体现的是用教材教，而非教教材。下面以北京为例来说明。

教师首先呈现偏向宏观的中观线索，使学生认识北京在北方地区中的位置和区域特征(北京是“北方地区”最后一节的内容，偏向宏观的中观线索直接呈现，不用再构建)。

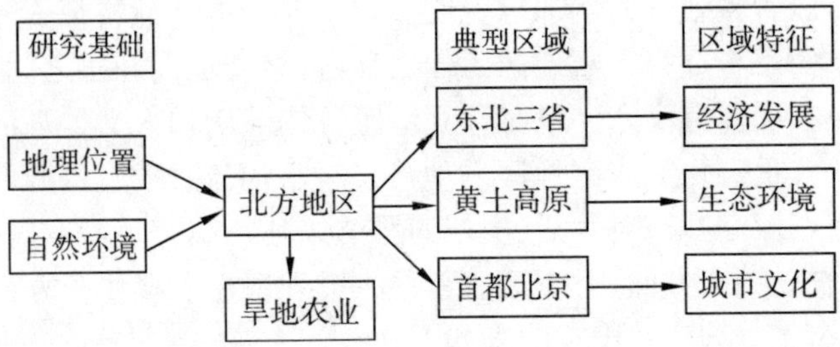

教学中，有两个问题值得关注：如何构建“北京”这一节偏向微观的中观线索？用视频导入“你印象中的北京是什么样的?”(学生头脑风暴)从视频中我们可以看出北京的城市文化特色非常突出。作为省级区域的北京，可以分三部分来进行学习：首都北京、人文北京、建设北京，其中首都北京部分主要了解为什么北京能够成为首都？北京作为首都有哪些职责？人文北京部分将带领大家领略历史古城与现代都市的魅力，而北京在发展中会遇到一定问题，如何更好地建设首都北京需要我们共同的努力。梳理出的中观线索如下：

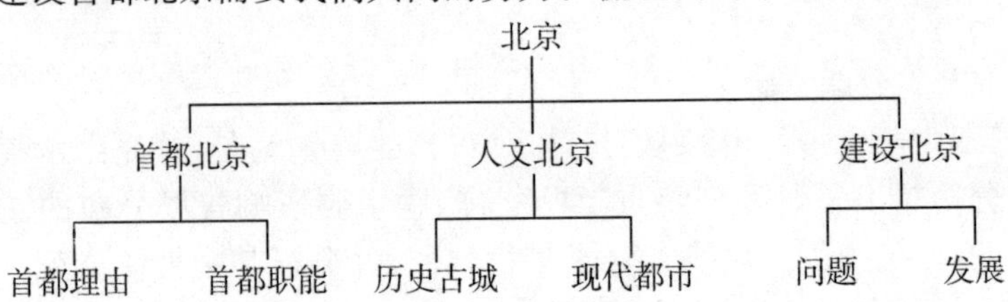

附:课例1——《专题复习:地形》中观教学实录

(一) 单元课标分析

1. 在等高线地形图上识别山峰、山脊、山谷,判读坡的陡缓,估算海拔与相对高度。(认识地图)

2. 在地形图上识别五种主要的地形类型。(认识地图)

3. 运用地图和地区资料,归纳某大洲地形、气候、水系的特点,简要分析其相互关系。(认识大洲)

4. 运用地形图和地形剖面图,归纳某地区地势及地形特点,解释地形与当地人类活动的关系。(认识地区)

5. 根据地图和其他资料归纳某国家自然环境的基本特点。(认识国家)

6. 运用中国地形图概括我国地形、地势的主要特征。(认识中国自然环境)

7. 在地形图上识别某区域的主要地形类型并描述区域的地形特征。(认识区域·位置与分布)

(二) 单元教材分析

地形是地理自然环境中最基本的要素之一,不同的地形特点影响着区域的气候、河流及当地人们的生产生活,因此地形是学习区域自然地理最基础的要素之一。初中地理阶段对于专题地形学习,无论是世界区域还是中国局部区域,主要是描述某区域的地形特点,认识我国主要的地形区,分析地形对其他地理要素的影响,理解自然地理要素间的相互作用和相互影响,树立和谐的人地观念。

(三) 中观学情分析

学生通过前面区域地形知识的学习,对地形的概念、某区域的地形特点、地形对其他地理要素的影响已经有了初步的认识,但没有形成系统的地形知识建构,地形学习方法的归纳总结能力和区域拓展迁移能力还有待进一步提高。

(四) 中观教学目标

知识与技能:运用地形图和地形剖面图,归纳某区域的地形特点;运用地形图和相关资料,分析地形对气候、河流等其他自然地理要素的影响;运用地形图和相关资料,分析地形对当地人类活动的影响。

过程与方法:运用地形图和相关资料,培养学生描述地形特点的地理方法,理解自然地理要素之间是相互作用的基本原理。

情感态度与价值观:培养学生系统建构地形有关知识的方法,树立人地和谐观念。

（五）单元中观线索

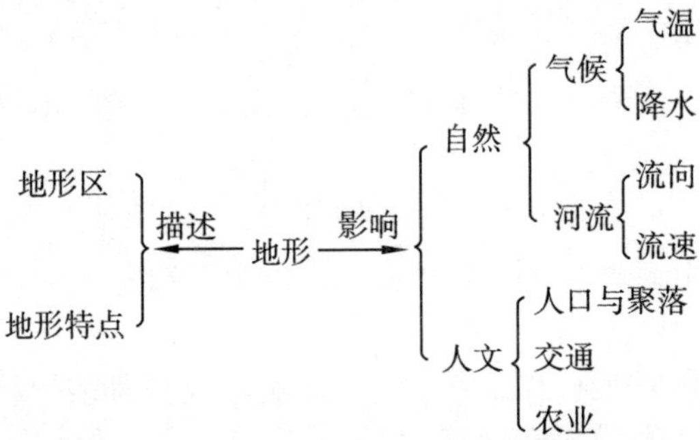

（六）教学过程实录

师：我们初中地理阶段主要学习区域地理，大家思考一下，认识某区域主要从哪些方面进行学习？

生：区域包括地理位置、自然环境、人文环境。地理位置包括纬度位置、海陆位置，自然环境包括地形、气候、河流；人文环境包括生产、生活等方面。

师：其中地理要素之间的关系相互作用、相互影响，那么地理要素之间的相互关系是如何影响的？

生：地理位置决定自然环境，自然环境决定人文环境，而人类活动会影响着自然环境。

师：自然地理要素间的相互关系又如何描述呢？

生：地形影响气候，气候影响河流，地形影响河流。

师：这节课我们进行地形专题学习。

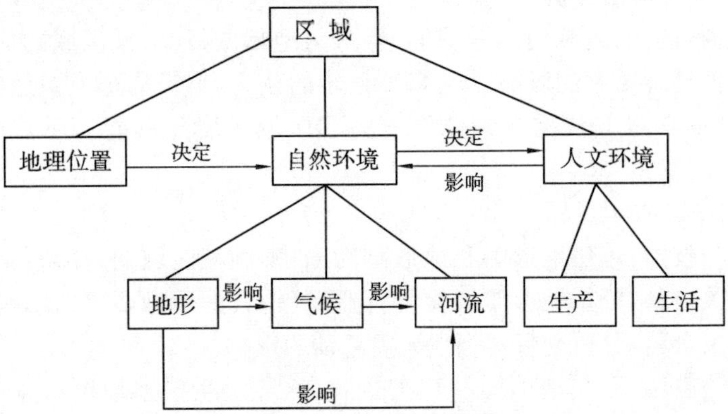

【评析】利用学科宏观脉络图，找出中观线索的起源。通过梳理区域学习内容，培养学生整体建构能力，能够从整体上把握区域地理的学习内容。

师：近几年，我们淄博中考对地形内容和方法的考查主要包括哪些方面？我们通过学案上的中考题来分析找出有关地形的考点，大家在题目中圈出考查的关键词并构建地形中观线索。

（学生活动：审阅学案，圈出近几年淄博中考对地形的考查点）

师：在近几年的中考题中都考查地形哪些方面的知识点？

生：地形区、类型、地形对农业的影响、地形对气温和降水的影响、对河流的影响……

（学生回答，教师板书，构建地形中观线索，明确地形主要考查的内容）

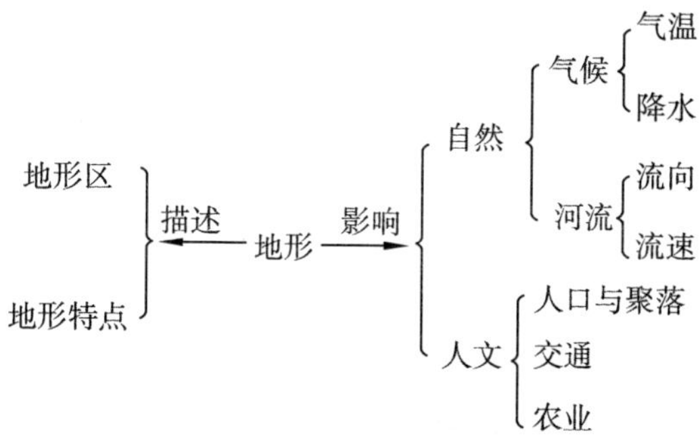

地形中观线索

（师生归纳：从中观线索中，我们归纳总结专题要素地形主要考查描述中国区域的地形区，描述某区域的地形特点，分析地形对其他地理要素的影响）

【评析】通过分析淄博中考对地形的考查点构建中观线索，使学生系统、清晰地理解地形考查的知识点，把握中考动向和考查的难易度。

师：我们进入第一个探究学习环节：如何描述某一区域的地形特点？大家来做一下学案上活动2的第1题。读台湾地形分布图和地形剖面图，根据问题自主探究台湾的地形特点。

［(1) 读台湾地形分布图，写出地形类型：① ________________，② ________________。

(2) 读台湾地形剖面图，分析该地区的地势特点__________。

(3) 根据台湾地形图，有位同学归纳出其地形特点是："中东部以山地为主，西部主要是沿海平原"。你认为这种结论是否正确？如果感觉不完善，需要补充的请说出。］

（学生小组交流：探究如何描述台湾地形特点）

（学生课堂展示）

生1：地形类型：①山地。②平原。

生2：地势特征是东高西低。

生3:正确。

生4:不全面,再加上地势东高西低。

师:以上答案同学们有疑问吗?

生:没有。

师:同学们能不能归纳一下应该从哪些方面来描述某一区域的地形特点?

生:描述区域地形特点从地形类型及其分布和地势高低来描述。

(教师板书)

地形特点 —描述→ { 地形类型(分布方位)；地势高低 }

【评析】学生通过例题感知理解从哪些方面描述某区域地形特点并进行方法归纳提升,拓展迁移到其他区域。

师:某一区域的地形特点又会影响哪些地理要素,带着这个问题,大家自主完成学案上活动3的题目。

(学生活动:学生自主完成学案,根据台湾气温和降水分布图、台湾河流分布图和台湾城市、交通、农业分布图等相关地图,探究台湾的地形对气温、降水、河流、交通、人口、农业的影响)

[(1) 地形对气候的影响

1) 读台湾气温分布图,分析等温线形状________,等温线①→②→③数值变化逐渐变________,影响这种气温分布的原因是________。

2) 推测图中A、B处降水量大的是________,判断依据是________。

(2) 地形对河流的影响

1) 读图描述台湾河流的大致流向________,理由是________。

2) 根据图中信息分析,①、②处河流流速较大的是________,若在条件允许的情况下,①、②处将选择建水电站,你选择________处,理由是________。

(3) 地形对人口聚落的影响:读图描述台湾的城市主要分布地区________,从地形方面分析原因是________。

(4) 地形对交通的影响:读图描述台湾主要铁路线的分布形状________,从地形方面分析这样修建铁路线的原因是________。

(5) 地形对农业的影响:发展农业要因地制宜,读图写出农业部门A________,B________;从地形方面分析,A、B两地发展不同农业的原因是________。]

（学生小组交流：探究分析台湾的地形特点对气温、降水、河流、交通、人口、农业的影响）

（学生课堂展示）

生：等温线形状呈环状，受地形的影响。降水多的是 A 处，地处迎风坡，降水多。

师：受地形影响，海拔高气温低，海拔低气温高；迎风坡降水多，背风坡降水少。

生：水自东向西流，地势东高西低；流速大的是 1 处，原因是等高线密集，坡度陡，河流流速快，蕴含着丰富的水能。

生：西部为平原地区，原因是地势平坦；铁路线呈环状，受地形的影响。

生：西部发展种植业，东部发展林业；西部地形以平原为主，东部地形以山地为主。

师：同学们能不能归纳总结区域地形特点与其他地理要素相互关系的原理？

（学生在教师的引领下齐声回答，教师板书，梳理出知识框架）

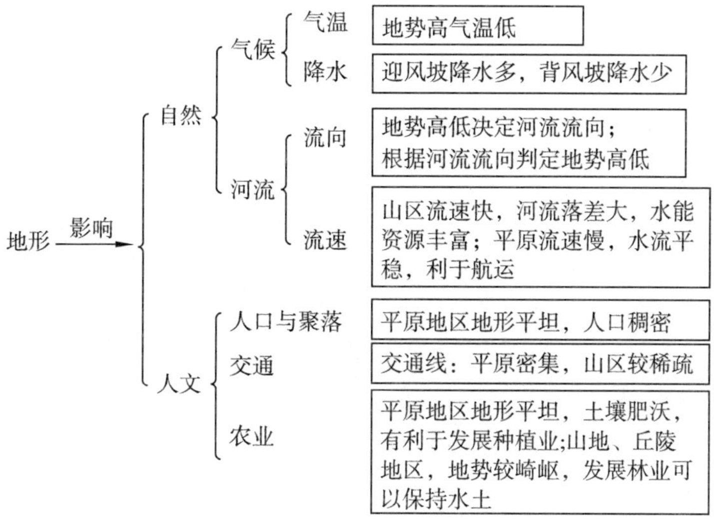

方法归纳

【评析】通过阅读相关地图，培养学生的读图分析能力；通过探究活动培养学生运用地理语言分析地理要素相互关系的能力，提高了学生的分析归纳能力和探究表达能力。

师：同学们利用地形中观线索，自主地梳理这堂课我们学习的有关地形内容。

（学生活动：根据中观线索，梳理从哪些方面描述区域地形特点，分析地形对气候、河流等自然地理要素以及地形对人口、交通、农业等人文的影响）

师：我们通过专题系统学习，明确了地形考查的有关基础知识。下面我们通过淄博历年的中考题来检测一下我们的学习成果。

【评析】通过淄博市中考题，进行实战演练，巩固学习知识，提升学生学习能力，并有效进行反馈评价。

（学生完成学案上的中考强化题目）

[1.（2010 淄博）山脉 B 是＿＿＿＿＿＿，B 山脉是我国地势第二级阶梯和第＿＿＿＿＿＿级阶梯的分界线，其东侧的地形区是＿＿＿＿＿＿。

2.（2014 淄博）根据图例，结合所学知识，分析欧洲西部的地形特点。

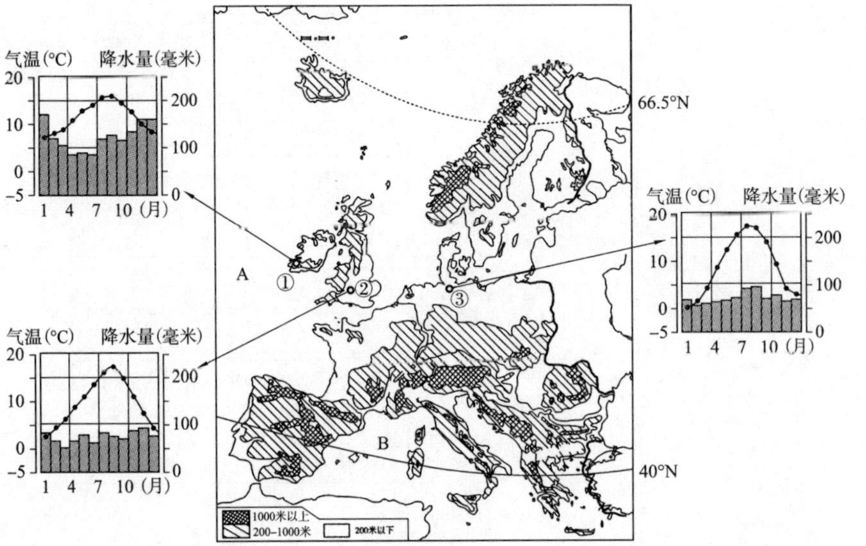

欧洲西部

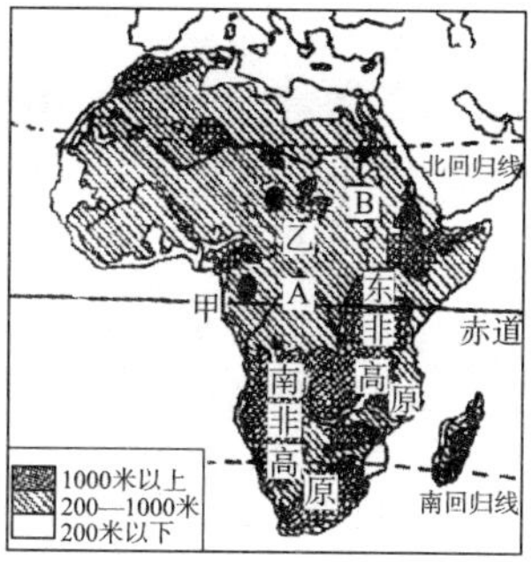

3.（2013 淄博）根据右图，描述非洲的地势特点________。

4.（2015 淄博）下图是亚洲沿 30°N 纬线地形剖面图，该图呈现出亚洲自西向东地势的变化是（　　）

A. 中部高、四周低

B. 低—高—低

C. 高—低—高

D. 高—高—低

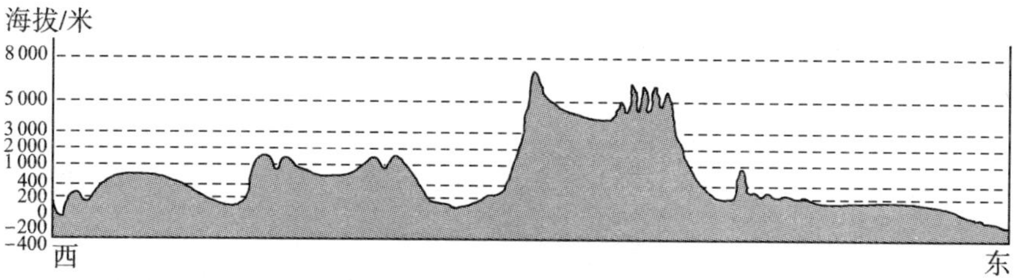

5.（2012 淄博）图中①、②两地夏季气温相差很大，主要影响因素是（　　）

A. 海陆位置

B. 纬度位置

C. 人类活动

D. 地形

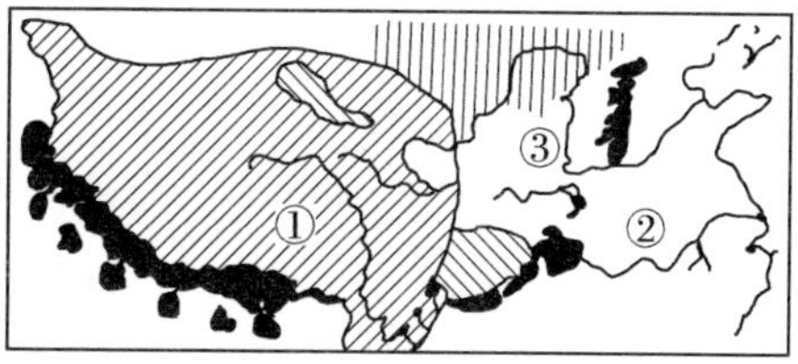

6.（2014 淄博）下列关于台湾岛地理特征的叙述，正确的是（　　）

① 西隔台湾海峡与福建省相望　② 被誉为“亚洲天然植物园”　③ 树种单一，樟树是台湾最著名的树种　④ 西部沿海降水量多于东部　⑤ 地处湿润地区

A. ①②④　　B. ②③⑤

C. ①③④　　D. ①②⑤

7.（2011 淄博）从亚洲略图中提供的信息判断：亚洲的地势特点是________，你判断的依据是________。

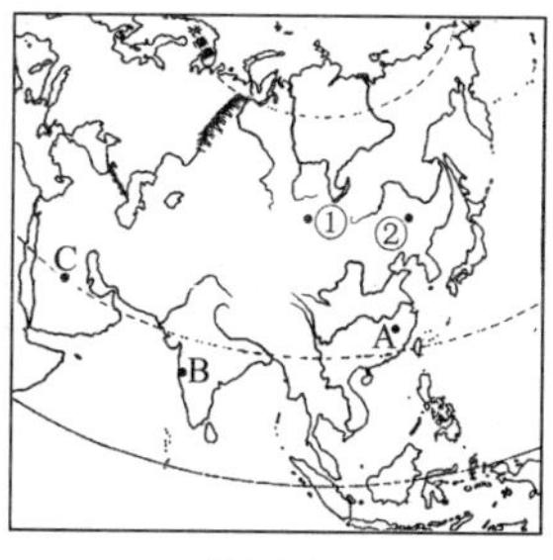

亚洲略图

8.（2015 淄博）关于乙河山东段特征描述不正确的是（　　）

A. 水能丰富，落差大

B. 有结冰期

C. 有“地上河”现象

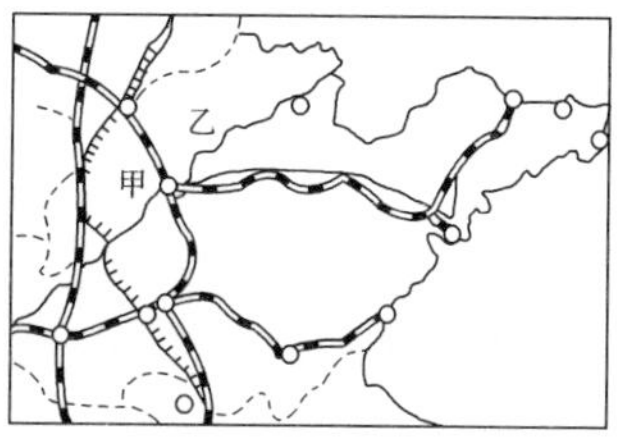

D. 有凌汛现象

9.（2012 淄博）某中学地理研究性学习小组搜集有关台湾的部分资料，你认为下列选项中与台湾无关的是（　　）

A. 少数民族主要是高山族

B. 盛产香蕉、菠萝等水果

C. 森林覆盖率高，树种丰富

D. 东部地区人口稠密

10.（2011 淄博）请你从气候和地形两方面，简要分析台湾岛发展粮食生产的有利条件。

____］

【评析】初中区域地理学习都包括专题要素地形，而每个区域地形的学习方法都类似，本课把初中阶段地形内容有效加以整合，形成了专题，学生掌握了有关地形的学习方法，明确了地形从哪些方面进行学习，进而拓展迁移到其他地理区域的学习上。

对地形知识要考查的内容很多，如何突出重点，本课通过对淄博中考题中有关地形内容的考查，构建地形中观线索，使学生先见森林，整体把握专题地形线索骨架，使学生系统、清晰理解地形考查知识和方法，改变了学生的学习思维方式，提升了学生的统筹学习能力。

学生根据地形中观线索，结合相关地图和材料，从描述区域地形特点和分析地形对其他地理要素影响方面进行自主有效学习。学生通过例题感知理解从哪些方面描述某区域的地形特点并进行方法归纳提升，进而拓展迁移到其他区域。通过探究活动分析地形对其他地理要素的影响，归纳总结地理要素间相互关系的基本原理。通过学习学生理解了学习地形从哪些方面入手，知道学什么、怎么学，提高了学生的自主高效学习能力，实现了“既授人以鱼，又授人以渔”的目标。

附：课例 2——《世界气温与降水的分布与变化》中观教学实录

（一）单元课标分析

阅读世界年平均和 1 月、7 月平均气温分布图，归纳世界气温分布特点；运用气温资料，绘制气温曲线图，说出气温随时间变化的特点；阅读世界年降水量分布图，归纳世界降水分布特点；运用降水量资料，绘制降水量柱状图，说出降水随时间变化的特点；举例说明纬度位置、海陆分布、地形等因素对气候的影响。

（二）单元教材分析

“天气与气候”共有四节，第一节为“多变的天气”；第二节为“气温的变化与分布”；第三节为“降水的变化与分布”；第四节为“世界的气候”。从内容上来说，第二节和第三节起到了承上启下的作用。

从知识角度看，这两节内容是初中地理教学中的难点。课标要求“阅读世界年平均和1月、7月平均气温分布图，归纳世界气温分布特点”“运用气温资料，绘制气温曲线图，说出气温随时间的变化特点”。链接课标要求，教材分别从日变化和年变化两个方面讲述气温变化的状况，从水平分布和垂直分布两个方面讲述气温的分布状况。在这样的知识结构下，教材还有一条能力线索贯穿其中，即为完成课标要求的读图和绘图能力的培养，本节教材在每个标题下都设计了一些读图和绘图的活动。降水的分布主要介绍世界降水量的水平分布状况，降水的变化是从降水的年内变化和年际变化两个方面讲述的。读图和绘图能力的培养依然是贯穿其中的能力培养线索。在学习气温的变化与分布的基础上，进一步学习本节内容，同时又为后面世界气候的学习打下基础。教材中涉及的数据、图表较多，要求充分利用各种课程资源完成本节内容的学习。

（三）中观学情分析

复习阶段，学生已经具备了一定的知识储备，但是知识比较零散且遗忘较多。气温与降水的分布与变化，属于初中地理中的重难点，学生在复习阶段仍有较大难度。

（四）中观教学目标

知识与技能：区分“天气”和“气候”的概念并能正确运用；阅读世界年平均和1月、7月平均气温分布图，归纳世界气温分布特点并理解纬度、地形、海陆因素对气温的影响；运用气温资料，说出气温随时间变化的特点；阅读世界年降水量分布图，归纳世界降水分布特点并理解纬度、地形、海陆因素对降水的影响；运用降水量资料，说出降水随时间变化的特点。

过程与方法：使用世界气温分布图、世界降水分布图以及气温、降水的日变化、年变化资料图等资料，获取有用信息，尝试解答有关问题。

情感态度与价值观：通过参与读图、分析、讨论、展示等活动，增强实践能力，培养合作意识；通过分析各种因素对气温、降水分布的影响，逐渐形成追本溯源的探索意识，增强逻辑思维能力。

（五）单元中观线索

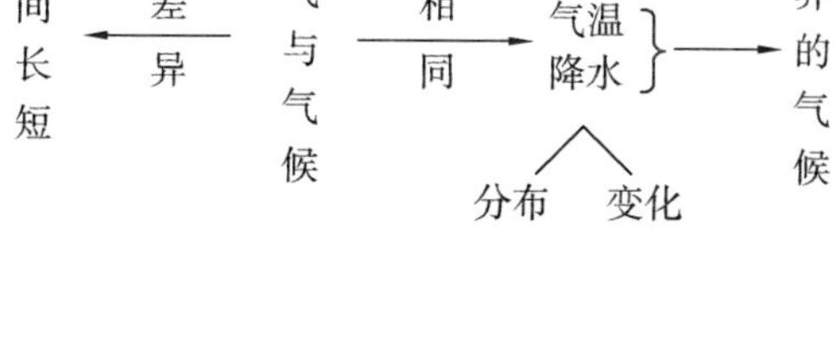

(六) 单元课时规划

第1课时:《气温与降水》。

第2课时:《世界的气候》。

(七) 教学过程实录

师:上节课我们复习了多变的天气,天气和气候这两个词在生活中经常被乱用。大家看下面的几句话哪些是合适的?

生:今天气候不错不合适,明天的天气不错合适,昆明四季如春合适。

师:天气和气候虽有不同,但是两者在描述对象上却有相同之处,都是描述气温和降水的。我们知道从时间上来看,气温在一天、一年内都是在不断变化的(教师呈现气温的日变化和年变化曲线)。从空间上来看,即使同一时间段,不同地方的气温也不同(教师呈现世界气温分布图)。

降水也同样如此,时间上一年四季不同,空间上各有差异(教师呈现山东地区的降水量柱状图和世界降水量分布图)。所以,本节课主要复习气温和降水的空间分布与时间变化以及影响它们的因素。通过本节课的学习,为气候的学习打下基础。教师在引导过程中,梳理出以下中观线索:

(教师课件出示)

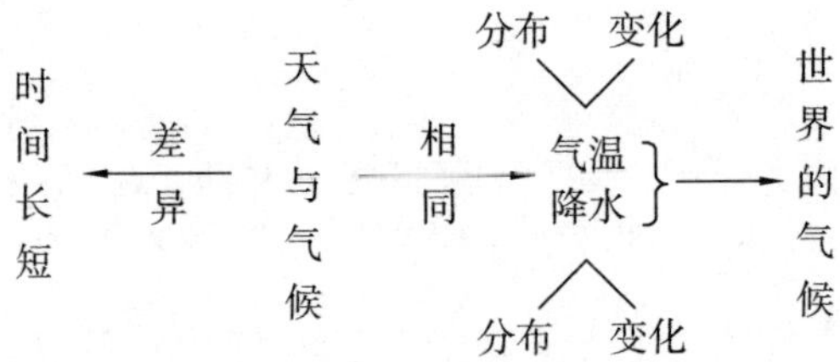

【评析】用复习回顾的方式导入新课,有利于学生复习巩固,也有利于构建中观线索。让学生通过知识结构的构建线索,理解本节课主要复习的内容,达到先见“森林”的目的,然后通过讲解进一步达到再见“树木”的效果。在梳理中观线索时,通过呈现一天和一年的气温变化曲线、世界气温分布图、山东省的降水量柱状图和世界降水量分布图,能够让学生直观感知到气温与降水在时间和空间上均不同而且在不断变化,更有利于构建中观线索。

教师:大家来看一天和一年的气温变化曲线图(图略)。思考以下几个问题:

(教师课件出示)

[问题1:1天和1年中最低气温和最高气温分别是什么时候?

问题2:气温日较差、日平均气温、年较差、年平均气温如何计算?

问题3:25℃和−5℃之间的温差是多少?]

(学生活动:根据教师给出的图,通过分析、计算,了解日最低气温、最高气温出现的时间,并学会温差、平均气温的计算方式)

【评析】通过地理问题，结合图像资料，培养学生的读图能力。

师：下面呈现世界气温分布图(图略)，你能说出纬度因素和地形因素是如何影响气温分布的吗?

生：纬度越高，气温越低。

生：海拔越高，气温越低。

师：分别指出年平均气温高于 20℃ 和低于 −10℃ 的主要纬度范围。

生：气温高于 20℃ 的是热带地区，低于 −10℃ 是两极地区。

师：青藏高原地区的气温在 0℃，而长江中下游地区的气温区在 20℃ 左右，影响因素是什么?

生：青藏地区海拔高，气温低，长江中下游地区海拔低，气温高。影响因素是地形因素。

【评析】通过读图、认图、指图说明，引导学生结合已有的地理知识，从纬度因素和地形因素角度，得出气温的分布规律，培养学生的分析、归纳能力。

(教师播放微课，了解海陆因素对气温的影响。微课主要内容如下：我国新疆地区有早穿棉袄午穿纱的场景，从西欧到东欧，同纬度地区，房屋的厚度不断加厚。通过将温度计分别插入水杯和沙土中观察温度的变化实验，让学生感知海陆热力性质的差异。进一步通过冬夏季的等温线分布规律，分析海陆因素对气温的影响)

(教师在播放微课过程中，采取暂停方式与学生进行互动)

师：为什么我国新疆地区有早穿棉袄午穿纱的场景?

生：新疆温差较大。

师：为什么从西欧到东欧，同纬度地区房屋的厚度不断加厚?

生：越往东气温越低。

师：在冬季(夏季)，同纬度的陆地与海洋，哪处气温高?

(学生活动：通过学习微课，分析得出，沿海地区温差小，内陆地区温差大；夏季(冬季)陆地气温高(低)，海洋温度低(高))

(师生活动，总结出影响气温的三大因素)

方法点拨
- 纬度因素：纬度越高(低)，气温越低(高)
- 海拔因素：
  - 海洋(陆地)冬季气温高(低)，夏季气温越低(高)
  - 距海近(远)，温差小(大)
- 地形因素：海拔高(低)，气温低(高)

【评析】笔者通过《小熊学地理》中的经典微课能较好地突破海陆因素对气温的影响这个难点。为了更好地突破这一难点，笔者在让学生看微课的过程中适时进行暂停并提出问题，以利于学生思维的培养。

师：请学生分析两地降水的时间分布状况。

（课件出示下图）

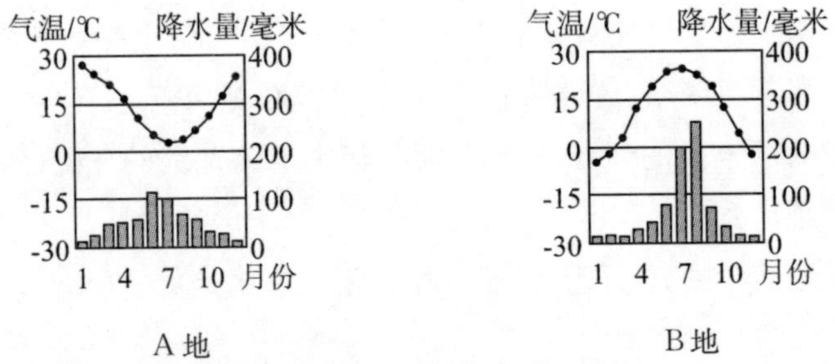

A、B两地气温曲线与降水量柱状图

生：A地冬季降水多，B地夏季降水多。

师：影响气温的因素有纬度因素、海陆因素、地形因素。实际上，这三个因素也同样影响降水。请同学们尽可能地举出相关的案例，说明三个因素对降水的影响。

生：从我国东南沿海向西北内陆降水逐渐减少，影响因素是海陆因素。

生：迎风坡降水多，背风坡降水少，影响因素是地形因素。

师：看我国降水量分布图，分析我国东北地区的降水分布规律是什么，影响因素有哪些？

生：从东南向西北降水逐渐减少，影响因素是海陆因素和地形因素。

师：看我国降水量分布图，分析我国山东的降水分布规律是什么，影响因素有哪些？

生：从东南向西北降水逐渐减少，影响因素是海陆因素。

师：沿海地区降水量是否就多于内陆地区？

生：沿海地区降水多于内陆地区主要是在中纬度地区，而回归线穿过的大陆东侧的降水多于西侧的降水。

【评析】经过中国地理上下册的学习，学生知道我国及部分地区如台湾、新疆等地的降水分布规律以及影响因素。考虑到课标中提到"说明纬度位置、海陆分布、地形等因素对气候的影响"，所以笔者设计了让学生举例说出海陆及地形因素影响降水的例子。这一方式有利于培养学生用学过的知识解决问题的能力，提高学生对地理问题的分析和总结能力。

（播放微课《纬度对降水的影响》，内容如下：教师分别取两个玻璃杯，一杯加入凉水，标上极地的标识；一杯加入热水，标上赤道的标识。然后往两个烧杯上各放一块玻璃片，半分钟后，分别拿两块玻璃片进行展示）

师：猜一猜哪块玻璃片上有水珠？

生："赤道"的玻璃片。

师：结合世界降水量分布图，可以印证赤道地区和两极地区降水有什么差异？

生：赤道地区降水多，两极地区降水少。

师：世界的降水从赤道向两极是否递减？

生：不是，比如从非洲的热带雨林地区出发到北极，降水是先减少后增加再减少的。

（师生总结降水的影响因素及规律，教师板书）

方法点拨
- 纬度因素：赤道地区降水多，两极地区降水少
- 海陆因素：
  - 中纬度地区沿海降水多，内陆地区降水少
  - 回归线穿过的大陆东岸降水多，西岸降水少
- 地形因素：迎风坡降水多，背风坡降水少

【评析】对于海陆、地形因素对降水的影响，学生有以前知识作为保障，难度不大，但是对纬度如何影响降水却不太理解。所以，教师通过实验，并通过地图印证，让学生清晰地感知到求实求真的科学态度的重要性。

【评析】本节课的教学设计紧扣课标，在构建中观线索的过程中让学生理解本节课主要复习的内容，达到先见"森林"的目的，然后通过讲解进一步达到再见"树木"的效果，从而让学生能够较好地掌握世界气温与降水的分布与变化规律。本节课的亮点之一是通过微课让学生自主学习，并采取暂停方式设置问题，起到了启发、释疑的效果。不足之处是，在教学组织形式上应更多地注重学生的自主学习，以达到有效教学的目的。

五、中观课堂评价标准

淄博高新区实验中学地理中观课堂评价表

<table>
<tr><td colspan="2">单元主题名称</td><td></td><td>执教</td><td colspan="3"></td></tr>
<tr><td colspan="4" rowspan="2">评价内容</td><td colspan="3">评价结果</td></tr>
<tr><td>优</td><td>良</td><td>一般</td></tr>
<tr><td rowspan="6">中观设计（15 分）</td><td colspan="3">1. 注重渗透学科思想。</td><td colspan="3">3</td></tr>
<tr><td colspan="3">2. 根据单元课标制定出符合学生学习能力的学习目标，当堂达标并预留明确的任务。</td><td colspan="3">3</td></tr>
<tr><td colspan="3">3. 建构出较清晰的内容结构图。</td><td colspan="3">5</td></tr>
<tr><td colspan="3">4. 列出教材目录与内容分解重组后的对照表及课时安排。</td><td colspan="3">1</td></tr>
<tr><td colspan="3">5. 关注学情，了解学生对单元学习内容的兴趣及知识储备情况。</td><td colspan="3">2</td></tr>
<tr><td colspan="3">6. 正确选取教学所需的各种资源。</td><td colspan="3">1</td></tr>
<tr><td rowspan="8">中观课堂（40 分）</td><td colspan="3">1. 情境创设符合主题，教学内容能吸引学生的注意。</td><td colspan="3">5</td></tr>
<tr><td colspan="3">2. 宏观脉络简洁，中观线索清晰，微观落实内容明确。</td><td colspan="3">5</td></tr>
<tr><td colspan="3">3. 学科思想体现充分。</td><td colspan="3">5</td></tr>
<tr><td colspan="3">4. 内容结构图符合逻辑。</td><td colspan="3">5</td></tr>
<tr><td colspan="3">5. 学生自主学习和探究的机会多、氛围浓。</td><td colspan="3">5</td></tr>
<tr><td colspan="3">6. 当堂达标难度、广度适中。</td><td colspan="3">5</td></tr>
<tr><td colspan="3">7. 预留知识线索为后续学生学习做准备。</td><td colspan="3">5</td></tr>
<tr><td colspan="3">8. 教师对学生学习评价及时准确。</td><td colspan="3">5</td></tr>
<tr><td rowspan="7">课堂效果（45 分）</td><td colspan="3">1. 学生能够掌握单元主题的结构脉络。</td><td colspan="3">9</td></tr>
<tr><td colspan="3">2. 学生知晓单元学习的课时规划，能根据预留问题明确后续的学习任务。</td><td colspan="3">5</td></tr>
<tr><td colspan="3">3. 学生课堂生成有效，能够发现问题、提出问题并积极思考探究。</td><td colspan="3">5</td></tr>
<tr><td colspan="3">4. 学生能感悟到单元主题中体现的学科思想。</td><td colspan="3">6</td></tr>
<tr><td colspan="3">5. 学生能够借助中观线索展开学习。</td><td colspan="3">7</td></tr>
<tr><td colspan="3">6. 微观落实内容达标率高。</td><td colspan="3">7</td></tr>
<tr><td colspan="3">7. 学生能对自己的学习过程和结果做出恰当的评价。</td><td colspan="3">6</td></tr>
<tr><td>总评</td><td colspan="3"></td><td colspan="3"></td></tr>
</table>

备注：优：90—100 分　良：80—89 分　一般：70—79 分

第四章　中观课堂的实证研究

第一节　教师学科素养提升的实证研究

教师走内涵发展之路，是当前国家教育改革和发展的趋势与潮流，是尊重教育发展的现实选择。教育要发展，首先教师要发展，教师要不断提高自身的专业素养。教师专业素养具有十分丰富的内涵，其中学科素养是其重要的内容。学科素养就是学科的素质和修养。教师的学科素养包括学科态度、学科追求、学科知识、学科技能和学科研究。我校实施中观教学改革以来，学校采取一系列措施激励、引导教师进行自我素质的提高，其中教师学科素养的提高是重中之重。

我校自进行中观教学改革以来，教师能站在系统的高度对主题单元进行设计，引导学生用联系的观点构建知识结构，对课堂教学环节仔细推敲。此类教研活动的开展势必对教师的学科态度、学科追求等认知因素产生影响，对教师的学科知识、技能等素质因素起到促进作用。为科学地了解中观教学改革对教师学科素养提升产生的影响，我们采取教师座谈、调查问卷、数据分析等手段进行研究，为中观教学改革的后续开展提供了数据支撑。

一、教师学科素养问卷调查分析

（一）问卷的编制

《教师学科素养调查问卷》采用网络调查问卷法，共编制选择题 15 道。1—3 题涉及被调查者的性别、年龄、学历；4—5 题涉及被调查者的学科态度，从是否喜欢学科和生活中运用学科知识两个维度进行调查；6—7 题主要调查老师们的学科追求；8—11 题调查了解教师的学科知识和技能状况；12—13 题涉及教师的学科研究问题；14—15 题调查了解中观课对教师素质提升的影响情况。

（二）数据初步分析

1. 本次问卷调查共收回 143 份问卷，其中男教师 39 人，女教师 104 人。本科学历的被调查者达 116 人，占全部人数的 81.12%，研究生学历的有 26 人，占 18.18%，只有 1 人是大专学历，只占 0.7%。从学历层次看，我校教师的学历较高，从学科知识深度和广度方面分析，教师素质较高。

2. 学科态度的调查。问题4询问教师对自己所教学科是否喜欢，62.94%的教师选择“喜欢”，27.97%的教师选择“非常喜欢”，这两项比例占到被访问者的90.91%。问题5调查教师是否经常运用所教授的学科知识解决简单的生活问题，68.53%的受访者选择了“经常用”。从这两个问题的调查数据看，我校教师的学科态度是较好的，应用学科知识的意识比较强。

3. 学科追求的调查。问题6调查教师是否阅读了与本学科教学相关的书籍，83.22%的受访者选择了“是”，其中45.45%的受访者在本周内阅读过相关书籍，29.37%的受访者在本周前一月内阅读过相关书籍。从数据看，我校教师在学科追求方面表现突出，超过八成的教师追求不断扩充专业知识。

4. 学科知识、能力和研究的调查。对于初中学段的知识树，39.16%的受访者能独立完整地画出，50.04%的受访者基本能够画出；69.23%的受访者能说出三种以上的学科思想，27.27%的受访者能说出一两种；82.50%的受访者具有主动钻研教材的习惯。从数据看，我校教师在学科知识方面还需要加强学习，在学科思想方面还有近三成的教师处在“落后”状态，教师的知识和能力还有较大的提升空间。

5. 中观课对教师影响的调查。问题14涉及中观课对教师专业素质提升情况的调查。52.45%的受访者选择“有较大提升”，36.36%的受访者选择“有微弱的提升”，7.69%的受访者选择“没有提升”。问题15调查以后教学教师是否上中观课。25.87%的受访者表示每个主题单元或章节都会上，69.93%的受访者表示有必要的章节会上。从数据看，我校在实施中观课改革的一年中，中观课对半数以上教师的专业素养有提升帮助，但仍有部分教师“收获甚微”。少数教师在对待中观课的态度方面认识不到位，觉得重要的章节才上中观课的老师占到近七成。这说明中观理念的推广还需要我们做很多工作。

(三) 数据交叉分析

从年龄段看教师对学科的追求

X/Y	是	否
25—30	17(94.44%)	1(5.56%)
31—35	33(82.5%)	7(17.5%)
36—40	17(77.27%)	5(22.73%)
41—45	37(90.24%)	4(9.76%)
46—50	12(66.67%)	6(33.33%)

其中25—30、31—35、41—45年龄段中，阅读相关教学书籍的教师占有率超过八成。

从年龄段看中观课对教师专业素质提升的影响

X/Y	有大的提升	微弱的提升	没有提升	没有参与中观课堂
25—30	9(50%)	8(44.44%)	1(5.56%)	0(0%)
31—35	29(72.5%)	9(22.5%)	1(2.5%)	1(2.5%)
36—40	7(31.82%)	13(59.09%)	2(9.09%)	0(0%)
41—45	21(51.22%)	17(41.46%)	2(4.88%)	1(2.44%)
46—50	5(27.78%)	5(27.78%)	5(27.78%)	3(16.67%)

31—35 年龄段受访 40 人，其中 72.5%的受访者表示有“较大提升”。

从年龄角度分析，我校中观改革对青年教师的促进较大，青年教师(25—35 年龄段)在对待学科追求及教学改革的实践中占有较大比例，成为教学改革最大的推动者和受益者。

从学科态度看中观课对教师专业素质提升的影响

X/Y	有大的提升	微弱的提升	没有提升	没有参与中观课堂
非常喜欢	26(65%)	10(25%)	4(10%)	0(0%)
喜欢	48(53.33%)	33(36.67%)	4(4.44%)	5(5.56%)
无所谓喜欢	1(7.69%)	9(69.23%)	3(23.08%)	0(0%)
不喜欢	0(0%)	0(0%)	0(0%)	0(0%)

对学科热爱的教师在“专业有较大提升”方面的占有率较高。

从教学实践看中观课对教师专业素质提升的影响

X/Y	每个主题单元或章节都坚持上	觉得有必要时就上	领导要求就上	不会上
非常喜欢	18(45%)	19(47.5%)	0(0%)	3(7.5%)
喜欢	17(18.89%)	70(77.78%)	0(0%)	3(3.33%)
无所谓喜欢	2(15.38%)	11(84.62%)	0(0%)	0(0%)
不喜欢	0(0%)	0(0%)	0(0%)	0(0%)

在教学实践的不同分类中，“觉得有必要时就上”的教师比例较高。

从学科态度角度分析，教师对热爱的学科是有很大的进取心的。对待中观课方面，部分教师的认识还不到位。这可能与中观课没有大范围地推广实施有很大关系。

(四) 调查结论

实施中观教学改革一年来，我校教师在学科素养上的提升是显著的。教师在学科态度方面转变较大，超过九成的教师对自己所教授的科目认可度高，良好的学科态度是教师进行自我发展的保证。在学科追求方面，超过八成的教师没有放弃或正在积极扩充学科专业知识，这为中观课的有效实施打下了基础。在学科知识和能力上，我校教师还存在学科知识不牢固、学科能力参差不齐的状况，这是以后教学改革亟须解决的重要内容。对待中观课的态度方面，老师们已经初步体会到了中观课带来的学生能力的变化，但是由于学科知识、能力不足等原因，教师难以对每个章节坚持实施中观教学。另外教师对中观理念的理解并不透彻，中观教学停留在依赖课堂教学模式阶段。在上中观课的态度问题上，大多数老师还是根据自我认知有选择地实施中观教学。

综上分析，中观教学改革对我校教师学科素养的提升是有效的，老师们的专业素养提升空间也较大。

二、教师学科素养展示活动

2014 年 3 月 25 日，淄博市初中化学集体备课现场会在淄博高新区实验中学成功举行。淄博高新区实验中学邢倩老师出示中观课《燃烧与燃料》；初四备课组长陈维婷老师利用《物质的化学变化》的

备课视频向与会老师展示了学校“一课三备”的集体备课过程，详细介绍了中观思想渗透备课的各个环节之中的情况；学校化学学科主任徐迎春老师做了关于中观课堂的专题报告，从化学学科角度用“宏观脉络—中观线索—微观落实与预留”解答了化学教学“从哪里来”“到哪里去”“解决什么”“预留什么”的问题，向全市 300 多名初中化学教师呈现了学校“建设教学相长的中观课堂”的初期成果。

同年 4 月 9 日上午，淄博市初中数学“同课异构”课堂教学研讨会在我校举行，全市 500 多名初中数学教师观摩了高新区实验中学韦凤莲老师精彩的公开课，市教研室数学教研员云鹏老师进行了全面系统的点评，特别对《探索两直线平行的条件》一部分内容的整合教学给予了肯定。根据学生思维的生成发展情况，极其轻松地探索出了平行线的三种判定方法，学生亦能站在系统的高度抽象出“从两条直线的位置关系转化为角的数量关系”这一中观线索，这在传统教学中是不可思议的事情。

2014年12月26日，淄博市理化生优秀教学成果展示活动在我校进行，我校赵亮、张艳红、邢亮三位教师分别出示了中观教学的示范课，向与会的500多名教师展示了我校中观课堂的改革进展成果。

三、教学质量大幅提升

教师学科素养的提升必将带动学校教育教学质量的提升。2015年中考，我校再创佳绩：进入普通高中提档线人数为519人，同比增长10.64%，高于全市平均水平2.8个百分点。其中，升入市实验中学127人，比去年增加18人，超额完成中考指标任务。艺体特长生升入市重点高中10人，增长50%，其中1人以音乐专业第一名的成绩被市实验中学录取，2人分别以第四名、第七名的美术专业成绩被市实验中学录取。450分以上高分段人数256人，占考生比率29.02%，名列全市前列。

第二节　学生学习力提升的实证研究

学习力是指一个人或一个企业、一个组织学习的动力、毅力和能力的综合体现。学习力是把知识资源转化为知识资本的能力。学习力的发展过程伴随着人的发展始终，是衡量个人综合素质和竞争力强弱的真正尺度。“未来的文盲将不再是不识字的人，而是不会学习的人”，可见提高个人社会竞争力的关键在于不断培养和提高学习力。

一、对学习力的理解

对学习力的界定需要从理解学习的内涵入手。学习有狭义与广义之分，狭义的学习是指在书本或他人辅导下获得知识。《现代汉语词典》对学习的解释是：“从阅读、听讲、研究、实践中获得知识和技能。”广义的学习是指一个人从外界获取信息并对信息进行加工整理的全过程。一个人的学习过程，说到底是不断接受并与外界交换信息的过程。

“学习力”主要包括学习者学习的动力、能力、毅力、创造力和学习效率五要素。

1. 学习的动力。学习的动力取决于学习的动机，学习的动机取决于学习的需要。学习的动力着重解决为什么学习的问题。

2. 学习的能力。学习的能力主要是学习的方法和学习的策略问题。学习的能力解决能够学习的问题。

3. 学习的毅力。学习的毅力主要是指行为强度和持久性问题。学习的毅力解决持续学习的问题。

4. 学习的创造力。学习的创造力主要是指学习的改造、运用与创造的问题。学习的创造力解决创新学习的问题。

5. 学习的效率。学习的效率是指学习速度及其成效。在竞争十分激烈的社会中，特别是知识信息对社会发展起绝对性作用的时代，学习的速度就显得特别重要。学习的效率解决学习成果的问题。

五个要素有一个从低级到高级的逻辑顺序，地位相互联系、相互依赖、相互促进，相得益彰，均决定着学生学习力的水平。

二、研究过程与初步分析

“建设教学相长的中观课堂”项目实施一年了，为了了解实施中观教学以后学生学习力的提升情况，探寻有效的教学措施与方法，为中观课的教与学提供借鉴和参考，在已有理论的基础上，根据研究的特点和需要，我们从学生学习的动力、能力、毅力、创造力和学习成果五个层面进行问卷调查和成绩分析。《学生学习方式调查问卷》主要涉及学生学习动力、毅力和能力三个层次的问题，《相交线与平行线中观课学生调查问卷》涉及学生学习动力和创造力问题，学习成果主要由实验班和对照班的综合成绩对比体现。

(一) 学生学习方式调查问卷分析

该问卷包含一道多选题、八道单选题和一个问答题。多选题主要调查学生的学习方式；单选题涉及学生的学习毅力和学习能力；问答题主要了解学生在学习能力方面的主观认识。

调查结论如下：

1. 中观教学优化了学生的学习方式

现代中学生的学习方式发生了很大的变化，较之于传统的讲授式教学，学生更倾向于探究式的自主学习。通过教师的引导，学生探究合作以及自主学习成为学习的“时尚”方式。中观课能够启发学生学习新的主题单元知识的方法，使学生带着“武器”自主学习新知识。通过学科思想(例如类比、转化等)的带动，学生能较好地建立新单元的知识结构。更可贵的是，学生能够分清哪些知识是自己的难点，为学习找准了方向，也确立了微观课的学习重点。

2. 中观教学提高了学生的学习兴趣

问卷第八题和第十题的数据充分说明了中观课对学生学习兴趣的影响。对于这种新的课堂形式，学生更愿意加入到探究问题的环节中去。从一个知识点出发，沿着一定的思维主线，每个学生或多或少地建立了自己的知识结构，明白了知识的来龙去脉。站在较高的“位置”看待知识，先见森林后见树木，学生有了更高层次的知识体验，自然会激发学习的兴趣。当然对少数基础薄弱的学生来说，基础知识的不牢固可能会在知识串联、扩充方面受到一定影响，这也是中观课需要继续探索的问题。

3. 中观教学提高了学生的自主学习能力

问题5和问题9问卷的数据说明，大部分学生在学习新的主题单元之前能够按照建立知识结构网络图的方法进行自主学习，对新知识提前预习。通过这种自学，学生建立了初步知识体系，通过课堂上师生间的交流探索优化了知识结构。以往学习，自学往往是点状的浏览教材，一个章节学到什么程度，用几节课学习都是模糊的。中观线索的搭建，为学生学习新知识提供了方法，让学生站在更高的层面看待整章知识，提高了他们自主学习的能力。

4. 中观教学对待进生起到的作用不明显

由于待进生基础薄弱，在知识结构的建立方面存在困难，他们从中观教学中汲取的“养分”难有用武之地。如何提高中观课对待进生的影响还需要做进一步的探索。

（二）中观教学后进行的学生问卷调查

刘淼老师讲完《相交线与平行线》中观课后，笔者立即对学生进行了问卷调查。该问卷由四个主观问题构成，主要调查学生在学习方法、策略和学习迁移能力等层面的变化情况。问题一涉及《相交线与平行线》本章的知识结构图，反映学生的学习成果；问题二、问题三考查学生学习策略和学习迁移能力的情况；问题四主要了解学生对中观课的认识，“认识”是学习动力的体现。

调查结论如下：

本节课是刘淼老师第一次在班内讲授中观课，课题为《相交线与平行线》。通过课前精心备课，刘老师这节课上得很精彩，得到了听课教师的一致好评。教师眼中的好课是否就是学生心目中的好课呢？课后我们对全班同学进行了问卷调查，调查的结论并非与我们的设想完美地吻合，但是也给我们带来了信心。

为了统计的方便，经过与老师们的协商，将同学们的问题答案判定为A、B、C三个等级，A等级最好，B等级居中，C等级较差。

1. 学生对本单元知识结构有了清晰的认识。问题一的统计结果显示，44名参与问卷的同学中，19人完整地写出了本章的知识结构；19人基本上能重建知识结构，在细节上有瑕疵；6 名同学不了解本章的知识内容。调查的数据说明中观教学能使大部分同学通过联系的观点建立章节知识结构，通过串联散点状的知识，为知识的内化奠定了基础。

2. 学生对几何学习的策略有了初步的感知。问题二主要调查学生类比的思想方法。其中，38％的同学能类比“线段”从图形的边、角、周长、面积等要素来研究图形；10％的同学能从边、角来研究三角形；52％的同学仅仅考虑边、角中的一个因素。问题三主要调查学生学习几何图形的学习策略。36％的同学能从两个三角形的大小、形状、位置来研究，说明这部分同学能从《平行线与相交线》这节课的学习中汲取几何学习的方法，并能灵活迁移到其他未知知识；64％的同学仅仅停留在对比两个三角形的边、角、面积等单个或两个元素，这说明中观课所传递的学科思想还没有很好地在学生的实践中得到体现。

3. 学生对中观课有浓厚的兴趣，中观教学能提高学生的学习兴趣。从学生回答问题四的情况来看，80％的同学表示喜欢这样的上课方式，从课中得到了乐趣，其中 20％的学生表示这样的课兴奋紧张，老师讲的内容太多。学生大都提到这种课师生互动的次数比较多，发言的机会多，能更好地表达自己的观点。有兴趣、有挑战的课势必能够提高学生学习的积极性，激发他们的学习兴趣，为学生自主学习能力的提高打下基础。

(三) 实验班与对照班学业成绩对照

1. 实验前：科目：数学，为实验方便，按照满分 100 分统计分析

	人数	平均分	标准差	优秀率
实验班	49	69.1	10.5	20.4％
对照组	247	68.5	11.5	19.1％

利用 Z 检验：$|Z|=0.049<1.96$，$P>0.05$，实验组和对照组无显著差异。

2. 2014—2015 第一学期期末

	人数	平均分	标准差	优秀率
实验班	49	72.2	11.6	22.5％
对照组	247	69	11.4	20.4％

利用 Z 检验：$|Z|=0.47<1.96$，$P>0.05$ 无显著差异，平均分和优秀率稍有提高。

通过一学期的教学实验，我们发现实验班的成绩无显著差异，只是平均分和标准差稍有改善。通过请教课改专家和听课教师反馈，实验教师及时调整教学策略，更加关注学困生的方法指导，提炼了教学效果差的一些误区，为下学期的教学实验奠定了基础。

3. 2014—2015 第二学期期末

	人数	平均分	标准差	优秀率
实验班	49	74.5	12.6	25.4%
对照组	247	70.4	11.2	19.7%

利用 Z 检验：$|Z|=2.49>1.96$，$P<0.05$ 差异显著，平均分、优秀率提高。

第二学期的实验数据显示，实验班的成绩提高显著，优秀率也大幅度提高，教学实验取得初步效果。

4. 学生个人分析（百分制）

姓名	班级	前测成绩	一学期末	二学期末
宋婉莹	11	87	91	94
乔庆彪	11	64	59	61

宋婉莹和乔庆彪同学都是普通家庭的孩子，父母工作稳定，家庭和睦。宋婉莹属于学优生，乔庆彪属于学困生。从他们的个体成绩来看，宋婉莹同学的成绩稳步提高，乔庆彪同学的成绩停滞不前且有下降的趋势。通过和他们谈话，实验教师了解到宋婉莹同学对于中观课的方法能完全领会，并能根据所学习的方法进行自学，微观课中讨论积极，所以成绩提高显著。乔庆彪同学对于中观理念初步理解，但在类比前知和后学内容时往往“出现断层”，另外在独立学习方面做得不够，造成了成绩的停滞不前。

三、研究结论

作为普通中学，我校进行的“中观课堂”的教学实验，我们的初衷是积极的，初步成效和前景是乐观的。我们希望实验结果能真正带来学生成绩的大幅提高和学生学习能力的提升，从而为改善我们的教学提供一个新方式。调查问卷和成绩分析都初步说明中观教学在提高学生学习力方面发挥了作用，但是个别学生没有发生显著的变化。

可以肯定的是，中观教学在激发学生学习兴趣、丰富和改进学习方法、提高学习积极性和学习效果方面发挥了积极作用，而且比较显著地提高了学生的学习力。中观教学在我校尚处于试验阶段，成绩分析数据也仅是从数学单一学科得到的。另外对于学困生的转化，中观教学还存在不足之处，还需要我们做大量的工作。

参考文献

[1]邓友超.教育解释学[M].北京:教育科学出版社,2009.

[2]霍华德·加德纳.多元智能[M].北京:新华出版社,1999:10.

[3]李克建.为理解而教学[J].上海教育,2006,(05A):38—39.

[4]梁红京.教师胜任感不足的原因及对策[J].江苏教育,2002(12):36.

[5]于慧慧,刘要悟.多尔后现代课程观质疑[J].比较教育研究,2006,(7):71—74.

[6]傅松涛,车玉平.专业性——新基础教育课程理念的历史性缺失及其超越[J].河北大学学报,2006,(5):6—10.

[7]孙可平,冯兰.脑科学视野下理科教育中科学探究教学有效性的辩议[J].全球教育展望,2013,(10):119—128.

[8]游永永,罗琬华.脑科学对中学物理教学的启示[J].教育导刊,2013,12(上):76—78.

[9]石向实.论皮亚杰的图式理论[J].内蒙古社会科学,1994,(3):11—18.

[10]吕巧娟.认知结构理论对现代教育的启示[J].昭通师范高等专科学校学报,2009,31(4):34—37.

[11]王会,张琨.哈佛"为理解的教学"模式及其应用实例探析[J].软件导刊·教育技术,2010,1(下).

[12]汪潮.基于学理的语文教学[J].福建教育,2015,(5):34—36.

[13]傅敏.论学校课程范式及其转型[M].教育研究,2005,(7).

[14]安桂清.整体课程研究[D].上海:华东师范大学,2004.

[15]史琴.整体主义课程理论及其对我国课程改革的启示[D].安徽:安徽师范大学,2006.

[16]安桂清.整体课程研究[D].上海:华东师范大学,2004.

[17]汪霞.课程研究:现代与后现代[M].上海:上海科技教育出版社,2003:238—272.

[18]M. David Merirl,盛群力,马兰译.首要教学原理[J].远程教育杂志,2003,4:20—25.

[19]汪潮.基于学理的语文教学[J].福建教育,2015,(5):34—36.

[20]杨桂青.教有学理的语文——访北京一零一中学副校长、特级教师程翔[N].中国教育报,2015-05-20(9).

附录一:教师学科素养调查问卷

教师学科素养调查问卷

本调查问卷为不记名作答,只为教学研究使用,不对教师做任何评价。老师,请认真对待本次问卷,谢谢您的参与!

1. 请问您的性别?[单选题][必答题]

○男　○女

2. 请问您的年龄段?[单选题][必答题]

○25—30　○31—35　○36—40　○41—45
○46—50　○51—60

3. 请问您的学历是?[单选题][必答题]

○研究生　○本科　○大专　○ 中专

4. 您喜欢您所教授的学科么?[单选题][必答题]

○非常喜欢　○喜欢　○无所谓喜欢　○不喜欢

5. 生活中,您是否经常运用所教授的学科知识解答简单的问题?[单选题][必答题]

○经常用　○偶尔会用　○从来不用

6. 本学期,您是否阅读了与本学科教学相关的书籍?[单选题][必答题]

○是　○否

7. 您最近一次阅读本学科相关的杂志或报纸是在什么时间?[单选题][必答题]

○一周之内　○一月之内　○三个月之内　○一年之内
○一年之前

8. 作为任课教师,您能够做出初中学段本学科的知识树么?[单选题][必答题]

○非常完整地完成　○基本能够完成
○有些知识不熟悉,不能完成

9. 您能够说出本学科三种以上的学科思想方法么?[单选题][必答题]

○能说出三种以上　○能说出一两种
○不了解

10. 您所教授的学科是?[单选题][必答题]

○语文　○数学　○英语　○物理
○化学　○生物　○历史　○地理
○音体美微机中的一门　○思想品德

11. 作为学科教师，您认为自己在学科技能方面有哪些优势？（如语文的朗读能力、英语的口语能力、数学的逻辑思维能力等）［填空题］

____

12. 作为学科教师，您是否具有主动钻研教材的习惯？［单选题］［必答题］

○具有　　○集体备课时有

○没仔细研究教材

13. 您对目前自己的学科素养有何评价？［单选题］［必答题］

○非常不满意　　○基本不满意

○一般　　○基本满意

○非常满意

14. 您觉得我校提出的中观课堂教学改革，多大程度上提升了您的专业素养？［单选题］［必答题］

○有大的提升　　○微弱的提升

○没有提升　　○没有参与中观课堂

15. 在以后的教学中，您会上中观课么？［单选题］［必答题］

○每个主题单元或章节都坚持上

○觉得有必要时就上

○领导要求就上

○不会上

附录二:学生学习方式调查问卷及分析报告

学生学习方式调查问卷及分析报告

调查时间:2015年4月7日　　班级:八年级每班随机抽30人

总人数:180人

1. 你喜欢的学习方式?(可多选)

A. 合作学习　B. 自主学习　C. 探究学习　D. 研究性学习　E. 基于对话的学习　F. 老师讲授　G. 基于问题的学习

A	B	C	D	E	F	G
71%	30%	40%	10%	3%	20%	0%

2. 课堂上你最喜欢?

A. 答问　B. 讨论　C. 自由阅读　D. 老师讲解

A	B	C	D
7%	73%	0%	20%

3. 你知道要上的课的内容吗?

A. 都知道　B. 少数时候知道　C. 大部分知道

A	B	C
48%	20%	22%

4. 课堂学习中你用什么途径解决问题?

A. 独立思考　B. 与同学讨论解决　C. 听老师解决

A	B	C
20%	63%	17%

5. 当你学习新的一个章节时,你知道大体的内容么?

A. 非常清楚　B. 知道一点　C. 不知道

A	B	C
76%	16%	8%

6. 你知道什么是中观课么?

A. 知道　B. 不知道

A	B
100%	0%

7. 你认为老师上中观课对你的学习有帮助么?

A. 有很大帮助　　B. 有点帮助　　C. 没有任何帮助

A	B	C
77%	23%	0%

8. 你喜欢上中观课么?

A. 非常喜欢　　B. 无所谓　　C. 不喜欢

A	B	C
90%	10%	0%

9. 你上课时的状态大体如何?

A. 想记住老师讲的每一句话　　B. 把握知识结构,体会思想方法

C. 总是在思索为什么

A	B	C
10%	87%	3%

10. 你觉得中观课对你的学习有什么帮助?

统计分析:

一、学习方式

从第一个问题可以看出,学生更喜欢自主学习,占 30%;学生上课时喜欢探究未知问题,占到 40%;喜欢问题引领的学习方式的占到 20%;对于单纯的传统教学方式不太喜欢;其他的学习方式因为条件和实施的难度大些,学生不太喜欢。

二、学生课堂喜欢的学习方式

从第二个问题中可以看出,大多数学生喜欢课堂讨论,传统教学方式亟待改进。

三、课前预习

本问卷是中观课实施一年后的调查,从学生的学习习惯来看,48%的同学能做到课前预习,能大体了解下节课的内容,学生的学习习惯有很大改善。

四、学生课堂学习中问题解决的途径

学生处在一个集体当中,班级中每个人的层次和水平是不同的,学生对学习中碰到的问题更喜欢与同学进行交流的占到 63%,说明同学之间更有团结意识,也更容易交流,但层次较好的学生则喜欢独立思考,班级上总有一批尖子生,他们在习惯上更喜欢自己处理问题。

五、新章节提前自学

从问卷统计来看，76％的学生能做到提前自学，这跟教师持续开展中观课有很大关系，教师在学习方法方面的指导直接促成了大多数学生站在整体角度提前自学。

六、对中观课的认识

100％的学生都知道中观课，可见同年级的不同任课教师都在上中观课。

七、中观课对学生学习有无帮助

77％的学生感到中观课对自己的学习有很大帮助，23％的学生感到有点帮助。这跟学生的学业水平有很大关系。中上游的学生比较能领会中观的学习方法和学科思想；下游学生由于基础差认知水平不高，在应用学科思想和方法方面可能存在一定的难度。

八、对中观课的喜欢程度

90％的学生认为自己喜欢中观课，10％的学生对中观课感到无所谓，说明大多数同学对中观课喜爱，只有少数同学没有感受到中观课带来的益处。

九、学生上课状况

87％的学生认为把握知识结构、体会思想方法很重要，这也体现了中观课的理念已深入学生内心，只有 10％的同学依赖传统的教学方式，想记住老师的每一句话。

十、中观课对学习有何帮助(列举如下)

1. 了解整个章节的知识结构和知识的联系，形成知识网络，便于记忆。

2. 知道了一些好的学科思想方法，明白了怎样把已知和未知的知识连接起来。

3. 提高了学习兴趣。

4. 知道如何提前预习新单元的知识，把留有疑问的知识放在课堂上讨论。

附录三:《相交线与平行线》中观课学生调查问卷

《相交线与平行线》中观课学生调查问卷

本问卷不作为学生学习情况的评定,仅作为调查研究之用,采用匿名的方式进行填写。答题时,请仔细阅读,根据问题所述内容结合自己的感受认真作答,请同学们不要故意掩饰,谢谢合作!

1. 学习了《相交线与平行线》中观课后,你认为本章主要学习了哪些知识?

2. 以《线段》为参照,你觉得学习三角形会学习哪些知识?

3. 学习了本节课后,你觉得研究两个三角形从哪几个角度入手?

4. 对于本节课,你觉得和以前的课有哪些区别?谈谈你对这节课的感受(请写出你的真实感受)。